謙遜

讓自己從自戀世界的陷阱中解放

Humble

Free Yourself from the Traps of a Narcissistic World

戴瑞・凡・湯格蘭博士
DARYL VAN TONGEREN, PhD
——著

朱浩一
——譯

【推薦序】

西方文明沉痾的解方？

國立臺北大學社會學系前教授　王雅各

《謙遜》是一本難懂又矛盾的書。表面上看來，它似乎是在討論一個人們通常很欠缺的美德，但深入思考，我們卻可以發現謙遜其實是針對西方文明最大的缺失所做的深入反省。作者湯格蘭是一位在大學執教的社會心理學家。基於在生活中的體悟、工作上的長時期鑽研，以及（也許）對更好前景社會的追求，寫成一個從多面向思考和討論謙遜的文本。

《謙遜》從定義開始以三個部分構成：首先作者以三章——〈覺察與接納〉〈真誠的關係〉〈抱負與成就〉向讀者介紹謙遜的好處。其次有四章——〈尋求反饋〉〈減輕防衛姿態〉〈建立同理心〉和〈自律重要性〉的說明培養謙遜心的方法。之後則以三章——〈消弭分歧〉〈取得進展〉〈和蓬勃發展的社群〉解釋謙遜對於個人和團體（社會）所造成的影響。最後湯格蘭提出追求（達成）存在型謙遜的願景做為未來社會的美好關係。

西方文明最重要的基石就是愛，而在此原則無法圓滿落實的檢討中，最大的缺失就是沒有人能「愛人如己」。之所以如此，是因為每個人最愛的都是「自己」。在「自我」過度膨脹下，虛妄、驕傲、自負的荼毒傷害了別人、社群和最終的每個自我。

其實適度的提升自我——包括個體和群體其實是維持人們存在的重要元素。「種／我族中心主義」（ethnocentrism）在不過份的前提下，是每一個個體活存的支柱。但在西方極端個人主義，自戀、自我行銷的文化地景下，絕大多數的人成為驕傲、自負，咄咄逼人的傷人機器。

我認為在為本書寫推薦引言的人們，都深刻地體悟到她們自身文化中的致命缺失，以及為何此時本書的出現饒富意義。湯格蘭以流暢通順的筆觸提到許多富學理的研究設計、成果、和推論。他也用自己和學術社群中其他人的對話，讓一般讀者也能恰當理解並掌握相關的討論。

儘管作者在學院工作，但在主題和寫作方式都通俗化的情形下（也許他想讓本書能夠接觸更多的一般性讀者），使得本書並不需要太高深和專業的心理學知識。《謙遜》的譯者朱浩一先生在很大的範圍內，相當成功地把它轉換成正體字中文。

以上的敘述，是在介紹本書的難懂之處。因為在自我中心思想強勢的西方社會，沒什麼人會把謙遜當成正面的自我展現。但在作者的「利誘」下，他的寫作策略會讓讀者油然生起「這樣好像也不錯，因為……」的想法。而這種功利主義式的意義鋪陳就形成了作者在謙遜上的第一個矛盾。因為理論上說，謙遜不該是為了「有利可圖」才表現的人格特徵。

本書的第二個矛盾是作者的論述方式其實和主題對立。他在許多地方宣示自己不夠謙遜，但在有多地方他的表現方式卻充斥著「洋洋自得」的成就感。這在我講到他下一個矛盾時會更清楚。

第三湯格蘭很「白」「男性」「中產階級」，和「異性戀」。每個人都會不自覺得站在自己的立場上發言，在說到種族上，他提到要體認到白人的優勢地位且不歧視（有些讀者甚是可能會拿黑人女學生和他談反槍時的——兩人都潸然淚下——做例子而說他有自省）。但作者在學院中是很難遇到真正最弱勢的少數族裔且有良好互動的。

也有讀者會拿湯格蘭獲得第一部車的故事說他出身勞工階級，但在多年後的陳述——尤其是看極光、參與超馬的故事，都說明他是站在「中產階級」「異性戀」和「男性」的立場上發言。

我提到湯格蘭的特定立場並不是要撻伐、批判或貶抑他，而是提醒讀者儘管有些人們充滿善意，但她的立場會受到許多有形和無形的限制。因此不論在推理、說明和建議上都有著許多的侷限性。用另一種方式講，湯格蘭的說法可能對許多像他一樣的白種男人有效，而

（用最難聽的方式來說）謙遜可能是他們才可以擁有的奢侈品。

湯格蘭是位基督徒。雖然我不確定他所屬的教派（極有可能是新教），但他的信仰肯定和其他宗教信仰不同。因此若從佛、回、祆、印度或者甚至在基督宗教中，但不屬於他信仰的古典猶太教和天主教，論述或施行「謙遜」的方式就大有不同。

另外，我在中文的語境中都普遍用她、她們、她的，和，是的「她者」（the others）作為代名詞，譯者朱先生可以參考。

整體而言，謙遜是每個人都必須關注的議題。即使我們有著巨大的文化差異，但在全球化的大潮流下（不要告訴我全球化已死，貝爾在出版了《意識形態的終結》之後，乃至之後陸續還是看到了「歷史」「文明」「政治」，和甚至「基督教」的終結，但這些東西，到現在都還與我們同在），全人類都有著越來越多的共／相同問題——包括謙遜在內。

在上個世紀已有汗牛充棟的「自戀文化」「自戀科學（和新科學）」論述的美國，有關謙遜的討論已然成了最新話題（甚至救贖）。在台灣的我們，能夠讀到這麼一本相關且有血有肉的書，是件很幸運的事。

最後，也是這本書最矛盾的地方，就是找了我這個「非常不謙遜的老朽」介紹這一本書。是為序。

【國內實用推薦】

謙遜無需卑躬屈膝，只是往後退一步，看到更大的世界

臨床心理師　劉仲彬

要怎麼讓一個人變小？很簡單，給他一個更大的世界。

一個稱職的心理師，必須試著讓自己變小。然而這並不難，只要在聽故事的時候，往後退一步就好。

後退一步，故事會被看得更清楚，只要不急著反駁，傾聽的心態，便會從「真的這樣嗎」，轉換成「原來是這樣」。少了一個問號的距離，就叫謙遜。

接納不同的價值觀，降低防衛的姿態，從互動中理解對方的感受。謙遜或許是老派的美德，但它無需卑躬屈膝，而是從眼前的世界退後一些，用同樣的臂展，去摸索更完整的弧線。

【國外真誠推薦】

「在一個自負心態無所不在的世界，謙遜這種美德的重要性，受到了最嚴重的低估。在這本思路清晰、面面俱到的書籍中，一位頂尖專家成功說服我們坦然面對自我的弱點——並且讓我們看見這如何能成為我們的力量之源。」

——亞當・格蘭特（Adam Grant），著有紐約時報暢銷書排行榜榜首的《逆思維》（Think Again），同時為podcast節目《工作生活》（WorkLife）的主持人

「曾幾何時，謙遜曾是飽受低估的一種美德。情況要改變了。引用最新的科學研究，戴瑞・凡・湯格蘭讓鎂光燈聚焦在這個陳舊又老派的美德上，讓它呈現出嶄新的風貌。他的文字清楚而具說服力，透過解說謙遜的諸多意義、層面以及層次，讓讀者看見謙遜在當今世界為何如此必要。乍看之下，謙遜如此深藏不露、安靜低調。但我們不應當被它的外表所蒙蔽。」

——羅伯特・艾蒙斯（Robert Emmons），《正向心理學期刊》（The Journal of Positive Psychology）總編輯，著有《關於感謝的一本小書》（The Little Book of Gratitude）

「自我迷戀及自我行銷的心態，誘引了數以百萬計的人浪費生命在假扮成一個不是自己的人。但是戴瑞・凡・湯格蘭博士讓我們看見了出路：透過謙遜，這個古老的美德。如果你對當代生活的膚淺感到厭煩，《謙遜》正是解藥。它能引導我們脫離虛渺，腳踏實地。」

——醫學博士丹尼爾・Z・利伯曼（Daniel Z. Lieberman），

與他人合著有《貪婪的多巴胺》（The Molecule of More）

「這是一個有趣又諷刺的科學真相：一旦明瞭謙遜的力量，你就能活出更有自信的面貌。無私竟能造就更好的自己——誰會想得到？」

——麥可・E・隆恩（Michael E. Long），

與他人合著有《貪婪的多巴胺》（The Molecule of More）

「在我們生活的世界裡，過度自信不單惹眼，似乎還能獲得好處。在他這本優秀的新著作中，戴瑞・凡・湯格蘭博士說服了我們謙遜確實是美德：謙遜不是逃避生命，而是以開放的心胸去面對自我、人際關係、周遭世界，同時願意接受自己並非全知。《謙遜》能激勵我們成長，並且讓我們得以塑造豐富而真切的人生。」

——W.・基斯・坎貝爾博士（W. Keith Campbell），
著有《自戀新科學》（The New Science of Narcissism）

「本書啟發我們去看見一個受到忽視的美德。以科學發現立論，佐以幫助理解的小故事，凡・湯格蘭讓我們相信，謙遜能讓我們把自己、他人，以及周遭世界看得更清楚，也更懂得如何去善待自我及他人。」

——聖地牙哥加州大學心理學教授麥可・麥卡洛（Michael McCullough），
著有《陌生人的善意》（The Kindness of Strangers）

For Sara

獻給莎拉

目錄 CONTENTS

Part 3

謙遜如何改變你的人生

引言

Introduction

何謂謙遜？

What Is Humility?

驕兵必敗。

這句古老的警語橫跨了文明、穿越了時間。希臘神話裡看得見它的蹤跡，宗教經典也宣揚過它。想想納西瑟斯的故事。他迷戀上自己的倒影，無視於美豔的追求者，最終渴求死亡。這個故事揭示了自戀的危險。至於阿拉克妮（Arachne）❶的神話，則告誡我們過度自信、不聽他人言、拒絕從他人身上學習很危險，會讓你從一介織女變成一隻蜘蛛，成天只能漫無目標地織網。各種宗教——從佛教到基督教到伊斯蘭教——都警告信徒切莫驕矜自滿。那些自大、狂妄、自滿的人都注定遭到擊敗、遇到挫折，或慘遭羞辱。妄自尊大，你就會被憤怒的神明或宇宙的正義力量痛扁一頓（或被變成一隻八腳昆蟲）。

關於謙遜，在當今時代，我們發展出了兩種看法。第一，開始將謙遜跟屈辱產生連結。我們學習到，自吹自擂的人最後都會有報應，例如當眾受到羞辱，或者覺得自己很丟臉。這可能演變成自我否定跟隱瞞功勞，讓我們既有抱負又怕出頭。在英文中，謙遜（humble）跟屈辱（humiliation）有相同的字根，但兩者大不相同。❷屈辱關乎丟臉、羞恥，或臣服。謙遜發自內心，無法由他人或外在環境強加。研究發現，人類對屈辱抱持負面觀點，對謙遜則抱持正面觀點。❸若將謙遜視為屈辱，它就成為了懲罰，猶如一塊肥皂，專門用來刷洗粗鄙的自誇心態，而且這塊皂開始發酸了。

第二種看法，來自那些長久以來拋棄了任何有關神明或因果報應想法的人。他們認為謙遜是種過時的思維，在當代毫無一丁點用處。真要說謙遜有什麼功用，那就是被用來壓迫少數異議分子，讓當權者的地位得以穩如泰山。有太多人聽過別人假「謙遜」之名，要他們墨守成規或噤聲不語。這個時代主張力量來自權勢、侵略或支配。「好人沒好報」，到頭來，在現實生活中，那些信奉謙遜精神的老頑固走到哪兒都碰壁。人活著最好還是自傲、膽大、有自信，就算你只是「弄虛作假」。

如你所見，謙遜經常遭到誤解或利用。

但是真正的謙遜既非屈辱，也不是壓迫。它既不是懦弱者的特質，也不是驕傲者該受的懲罰。它不是用來壓迫的工具。事實上，當代科學發現，貨真價實的謙遜，其實是對外在世界抱持穩定開放的心胸；能夠坦然地接納自己的能力跟侷限，也讓他人明白我們的能耐在哪裡，同時尋求並學習各種新觀點，而且真心關懷身邊的人。這不是羞愧或愧疚，也不是要你逆來順受。保持謙遜，讓我們得以靠近自我、他人，以及世界。這種怡然自足——無條件地認同自我價值——能讓我們敞開心胸，接納世界的本來面貌。二十年來的科學研究也同意：謙遜能夠幫助強化關係、增強工作能力，以及改善社會。它強而有力、促進轉化，而且十足反文化。而且很有可能，這正是我們需要的一帖良藥。

驕兵必敗？

我對謙遜產生興趣，是從讀研究所的時候開始。我加入了一個正向心理學研究小組，小組目標是試圖找出人類得以繁榮興盛的要素。我們的研究心力主要集中在寬恕上。不過在我加入時，我們開始進一步去探討各種性格優勢，以及這些性格優勢對人際關係產生的影響。我當時在研究生命意義以及寬恕。而我的論文主題，是我們如何透過寬恕情人，來維持一段有意義的戀愛關係。我的好朋友及研究所同學兼同事唐・戴維斯（Don Davis）的論文主題，是謙遜在人際關係中扮演的角色。謙遜在各方面的功效逐漸顯現。再加上另一位研究所同學喬許・霍克（Josh Hook），我們三人試圖在這個泰半遭到心理學忽略的領域，繼續往下鑽研。

在當時，心理學之所以尚未仔細研究謙遜，有兩個原因。其中一個阻礙，就是研究者認為，衡量謙遜，會是一場數值測量上的噩夢。畢竟，去問對方他們有多謙遜，不是很奇怪嗎？一個真正謙遜的人，會真心誠意地表示自己非常謙遜嗎？抑或他們會想到所有那些比自己更謙遜的人，進而表示自己普通謙遜？會不會一個無比自戀的人浮報自己的謙遜程度呢？研究者擔心自我陳述的謙遜十分不可信。幸好，他們找出了方法來處理這些問題，結果發現沒有原本想的那麼困難。事實上，數不清的學者加入了謙遜的實際調查，使得相關研究成了學術詢問度相當熱絡的領域。

但還有第二個阻礙，而且依我之見，比第一個阻礙還大：謙遜難以推廣。從表面上來看，許多西化的個人主義社會並不獎勵謙遜。「會吵的孩子有糖吃」，而且通常最吵鬧、傲慢、自信的人都能取得權力、資源、金錢；同時看似拿走了所有的好處，還不用付出任何代價。我們看重虛榮，讚揚炫耀；我們認為自戀式的排場是做生意的代價。事實上，我們變得十分崇拜類似的行徑，錯把這一切當成了自信的顯現。

但透過這種方式獲得的東西都膚淺又短暫。一段縱情自戀的自私人生既空洞又空虛。這種態度會導致人際關係的毀壞以及內在的混亂。簡單來說，我們的心理層面追求與他人之間的連結及意義，而這種追求與成為一個自戀狂互相牴觸。在過去的十年間，我們終於獲得了支持這項說法的心理學研究證據。我們明白了古代的哲學家及詩人所宣稱的：謙遜是值得培養的能力。撇開當代迷思不談，狂妄自大其實是種陷阱，會吞噬掉我們的時間及注意力，並且讓我們孤單又幻滅。然而謙遜卻讓人自由自在、自主自立、煥然一新。

因此，當我們問「驕兵必敗」這句話正確與否時，不妨想想：根據美國權威辭典出版機構韋氏公司（Merriam-Webster）裡的人指出，早期「驕傲」這個詞的含義為「過度自信」以及「優越感帶來的過分自負」。❹驕傲被囊括在七原罪的清單中。隨著時代變遷，這個詞的意義產生了轉變，使它也具備了自尊或群體中的自我價值。以前的人認為驕傲有害，心態上近似妄自尊大；後來的人則認為驕傲沒什麼危害。儘管如此，謙遜的對立面不是驕傲。謙遜需要源自安全感的健全自我意識。事實上，謙遜的相反是自負或自大；認為自己高人一等，其他人則地位低下，理當受到自己的支配。而這樣的心態潛藏在日常生活中數不盡的語詞中，持續受到社會文化滋養，被娛樂圈及政治人物奉為圭臬——而這最終只是一場空無。事實上，妄自尊大的人才注定失敗。但是謙遜能夠讓生命充滿意義、人際關係圓融，以及內心穩定踏實。當代文化也許告訴我們，擁抱自私及自負，是通往美好人生的途徑，但是科學研究則提出了不同的說法。

有趣而脆弱的自我

我是一名社會心理學教授，在一所校風開明、規模較小的藝術學院任教，學校離密西根湖岸邊不遠。我們這些社會心理學家研究的主題，是自己的想法、感受，以及行為，會因為他者的存在，而產生怎麼樣的變化。根本上來說，就是別人如何對我們產生影響。這項研究蒐集了各種線索，諸如團體之間為什麼要競爭、侵略行為的本質，以及遭到別人拒絕的感受。但在社會心理學家研究的各種主題中，有一種我們極感興趣——很有可能你也非常感興趣——那就是自我。我們可以把自我，視為回憶、感受、思緒、自我定義，以及身分認同的集合。我們這些學者把針對自我的研究像在切派一樣，切成了無數塊，研究例如自尊、自我意識、自制、自我疼惜等等。我們相當著迷於研究自我——大眾文化也很愛談這一塊。

過去二十年間，「自我」已經登上了神壇的地位。縱使十年前，自拍這個詞還沒出現在許多人的日常詞彙中，但想想看，過去六個月（對某些人來說，只要六天就夠了！），你拍了多少張自拍。我們使用的手機幾乎都有前後鏡頭，好讓我們能拍攝自己的照片。重視自我的流行文化，是由三個趨勢所推動，而這樣的流行文化，則讓我們變得比從前更為悽慘，也更為脆弱。

第一個趨勢，是更加透過外在世界，來尋找自我價值及自我肯定。我們把自我認同跟自我肯定交由自己以外的他人去評斷，從而勞心勞力地去獲得他們的認同。研究指出，有些人一天要在網路上分享八張自拍；❺而設計巧妙的實驗性研究則發現，隨機指定女性在社群媒體上分享一張自拍，會增加她們的焦慮，並且降低她們對自我魅力的評價，即便給她們修圖的機會也一樣。❻單單只是將自己交由他人評價這個行為，就足以對我們的心理健康帶來負面影響。我們不只是擔心別人如何品頭論足，也自然而然地將自己與他人互相比較。由於得以參照網路上幾乎沒有盡頭的各類典範，諸如美貌、財富、成就、功績、能力、幽默或建樹，我們經常發現自己不如他人。自我認同、自我肯定以及自我價值，是讓我們覺得活得是否有意義的核心要素；而我們將評量這些核心要素的權利，轉移到文化標準及外界觀感上。

我們把自己的生命意義及幸福快樂交到了他人手中。

由於他人對我們衡量自我價值的影響，你會覺得我們應當留心那些來往的對象。現實卻非如此。準確來說，第二個趨勢，正是交友圈的窄化，我們逐漸只結交看法、意見，以及信念與我們相近的人。我們嚴格篩選自己的朋友、新聞頻道，以及資訊來源——全部都要配合我們的既有觀點——使得類似的想法不斷聚集。我們創造出了一條應聲蟲，藉此證實自己長久以來的想法正確無誤，並且取消追蹤、解除好友，或者取消訂閱任何異己之聲。死守著自己看待世界的觀點（當然，我們認為那才是正確的觀點），於是我們再也聽不見不同的意見。到頭來，對於那些我們不同意其觀點的人，我們失去了好好跟他們對話的能力。生活中，要過濾掉那些讓我們不舒服的異己之聲很容易，而我們也將愈來愈無法容忍差異。有時候，這種意見的分歧會轉變成鄙視、敵意，以及暴力。我們認為那些跟自己不同的人愚昧無知，甚至野蠻。我們跟對方身在天平的兩端。

第三種影響，是我們強烈渴望自己獲得極高的正面評價，特別是牽涉到他人時。我們變得習慣認為自己優於常人、多對少錯、天賦英才、難得糊塗。這種傾向被稱為高人一等效應（better-than-average effect）。我是透過課堂練習來教導學生，你也可以試試看同樣的練習。我要他們想像一個一般人。這個人要跟他們同樣年紀，處在同樣的人生階段（我們學院的一般學生）。我要他們給自己打分數，分數從一到一百。一分表示，在我所指定的範圍內，他們的表現極差；一百分則表示，相較於那個一般人，他們的表現極好。我問他們，跟那個一般學生相比：

- 你有多聰明？
- 你多善交際？
- 你多會運動？
- 你多有魅力？

接著，我要他們記下自己的分數，然後算給我一個平均數。他們在索引卡寫下自己的答案後交給我，不記名。我從十幾年前在研究所教書的時候，開始進行這項練習，幾乎每次的結果都差不多。我把統計結果跟全班分享，同學們眼都沒眨地聽我說，大家給自己打的分數平均落在六十五分到七十五分之間。

明白了吧：我們都高人一等。

你不需要是數學天才，就能發現不可能我們所有的人全都高於平均值。統計上來說，班上有半數的人應該低於平均值。我把這個真相跟他們分享的時候，學生們都點點頭，臉上掛著微笑，腦袋裡想著：沒想到居然每個人都以為自己高人一等，幸好我是真的比一般人優秀。

你拿到幾分？你又有什麼想法呢？

想想看，不應該每個人的分數，都能超過五十這個中間數（這才是最準確的一般人標準）。而在某些項目中，有些人是應該把自己的分數打得比較高（舉例來說，在競技運動這個項目裡，學院裡的運動員或許會幫自己打九十分或以上）。然而，我們實在太習慣認為自己高人一等，從而使得我們變得不習慣聽從別人反饋、接納他人批評，或者承認自己的失敗，因為那可能表示我們沒自己想的那麼優秀。我們很快就會選擇忽略現實，或者讓自己對批評帶來的傷害麻木，而非選擇接納自己的缺點，並藉此讓自己成長、改變。

將這三股影響力——讓外在世界決定自己的價值、孤島式的意識形態，以及自我感覺良好——集合起來的結果，造就了一個脆弱的自我。我們持續去守護這個脆弱的自我，精挑細選親友，仰賴他們不牢靠的意見；更屏蔽掉那些可能會干擾我們對自己抱持正面評價的聲音。我們感到前所未有的不安與防備，匆匆忙忙地去保護我們的自我認知跟觀點，而非讓自己能跟持不同意見的人交流，或者接納那些看待世界的角度與我們不同的人所提出的批評。我們進入一個能守護自身信念的世界，而非從經驗中學習。與他人比較令人焦慮，自我評價令人恐懼，我們可能因而迷失。而我們把自己的注意力，統統放在探尋自我認可的無限循環中。我們所處的族群成員（外貌長得像我們，信念跟我們接近，以及說話方式跟我們差不多）的每一次認可，都給予短暫的多巴胺刺激，讓我們享有片刻的歡愉，但終歸只留下空虛跟遺憾。到最後，我們變得外強中乾，心裡悲傷、寂寞、焦慮，因為這樣的自我形塑方式，並沒有符合身為人類的任何核心需求。我們怎麼會走到這一步？

自戀性格的流行

在一九七〇及八〇年代，心理學家（絕大部分都是社會心理學家）開始研究自我認同。相關研究急速進展，到了九〇年代，社會政策的制定都根基於一連串的研究結果，聲稱自我認同是解決諸多社會問題的靈丹妙藥。問題在於，這些政策都沒有發揮效用。大眾還是跟以前一樣孤單寂寞、表現欠佳、爭強鬥勝，以及悲苦不幸。事實上，有些人認為，把政策的焦點放在自我認同上，反而還讓情況變得更嚴重。

研究自戀的頂尖專家珍・特溫格（Jean Twenge），針對一九八二到二〇〇九年自戀性格量表（用來測量一個人自我認知的膨脹程度，填寫者多半是美國的大學生）測得的全部結果，做了一份整合分析報告，發現嚴重程度明顯與日俱增。❼換句話說，美國大學生的自我認知之所以會大幅膨脹，部分原因可能跟一九八〇及一九九〇年代的社會政策聚焦在自我認同有關。由於這份分析報告，她跟另一位研究自戀的專家基斯・坎貝爾（Keith Campbell）認為，美國正處於自戀性格的流行期中。❽而其他報告發現，全球崇尚個人主義的西化國家（例如英國）的大眾自戀程度，都比東方國家嚴重。雖然這份報告招致一些批評，但所傳遞的訊息很明確：比起舊世代的人，新世代的人更為自戀。

而這種自視甚高心態的成長，又會導致什麼問題呢？研究指出與此同時，人們對他人的同情與關懷程度降低，而對寬容與公平的認可程度則增加了。[9]如今的人們更加關注自己，較不願意接納他人的觀點，即便他們心態上同意寬容與公平的概念。毫無疑問地，數十年來專注於膨脹自我認同的政策產生了適得其反的效果。這個政策沒有解決社會問題或個人的不安。相反地，我們之中的許多人反而覺得孤寂、焦慮，以及困惑。人際關係變質、衝突持續發生，人與人之間的鴻溝變得更深，也比從前更難建立連結。是時候該試點不同的方法了。

謙遜或許就是解方

縱使西方文化對自視甚高的心態著了迷，但我認為這種心態既不健康也沒什麼好處。我沒辦法想像，當民眾既孤單又不快樂，這樣的社會怎麼可能健康或繁盛。面對生命的孤寂或缺乏意義這種長久以來的問題，並且嘗試去解決的人，我們絕對不是第一批。這些都是人類古老的核心課題，因此我們已經積攢了一些如何去處理的智慧。

謙遜能夠大幅改善我們的生命與社會。許多偉大的思考家都誇讚過謙遜的力量。蘇格拉底曾說：「驕傲使人分化，謙遜使人聚合。」西元四世紀的基督教神學家聖奧古斯丁說：「驕傲讓天使變成了惡魔；謙遜讓人類變成了天使。」睿智的德蕾莎修女主張：「如果你是個謙遜的人，那麼什麼都改變不了你，無論是讚美或恥辱，因為你對自己是怎麼樣的人心知肚明。」愛因斯坦說：「真正的天才會承認自己一無所知。」曾獲普立茲獎的美國詩人瑪莉・奧利佛（Mary Oliver）寫道：「謙遜是這個綠葉世界的珍寶。自負則是我們，也就是人類，不幸的根源。」許許多多的人都瞥見了謙遜的價值，我所提到的只是一小部分；同時，他們也鼓勵別人去實踐謙遜。

此時此刻，當代科學已經證實了古老的智慧：謙遜是強而有力的優質催化劑。過去十年，跟謙遜有關的研究快速成長。如今，時機已然成熟，心理學界應當來談談，謙遜在我們的公私生活中，扮演了多麼重要的角色。科學界的興致跟付出雙雙提升，相關資料也清楚明白、有說服力：謙遜能改變人生。謙遜能促進健康的人際關係，也是工作場合內的必要元素。對任何尋求成長與改變的社會來說，謙遜更是相當重要的一環。

為了避免我們開始認為謙遜是一切難題的解方，讓我們先停下腳步，抑制一下我們都感受到的興奮（以及自負）。一如那些原本應該要能讓我們輕而易舉地增進自我認同的行為盡數失效一樣，謙遜也無法解決人生的所有問題。讓我們虛懷若谷地來看看謙遜的研究，明白謙遜這個概念雖然別出心裁又前途無量，但依據情況的不同卻又充滿細微的差異。有些人在日常生活的某些時候很謙遜（例如跟家人相處時），但其他時候則不然（例如在工作時）。而同一個人可能今天謙遜，隔天卻成了個混球。有些人沒來由地假借謙遜之名，意圖剝削或指使他人。人們也許會說，謙遜就是謙遜，沒什麼大不了的。可是相信我，真正的謙遜能讓人自由自在。謙遜能促進轉化、創造新局，值得我們在生活中用心培養。

何謂謙遜？

關於謙遜，研究人員提出了各種定義，但其中一個獲得了相對普遍的共識，那就是謙遜應該包含三種特質：準確的自我評價、能抑制自己的自負，以及能適應他人。[10]簡單來說，謙遜就是自知、自省，以及推己及人。我們來分別看看這些特質。

謙遜的第一個特質，就是清楚地了解自己，包括優勢與弱點，也就是自知之明。謙遜的人知道自己的優勢在哪裡，也知道哪些地方需要成長跟改進。相較之下，妄自尊大的人太過清楚自己的優勢（嚴重到難以承認自己有任何弱點），而自我否認的人則只沉淪在自己的弱點之中（忽略自己明顯的優勢）。謙遜的人知道自己的能耐到哪邊，同時欣然接納自己的優勢。[11]我們可以說，謙遜能讓人看清世界的真貌，而這就從看清自己的真貌開始。多數人誤以為謙遜的人不應當去想——遑論說出——自己的優勢，但並非如此。謙遜的人能接納真實的自我，包括自己的優缺點。這同時也表示謙遜需要一定程度的自我覺察。如果你對自己的思緒、感覺，或行為毫無知覺，那麼你就很難評估自我能耐。過著毫無知覺的生活，可能會讓你變得有點自私。然而，過度將注意力放在自己身上，可能也會有害，讓你沉迷自我，進而接近自戀。在覺察自我的同時，也不要變得對自我沉迷或執拗，在兩者之間找出一個平衡點，是走上謙遜之道的優良第一步。

謙遜的第二個特質，仰賴人們抑制自尊心。你必須要能自省。我們都傾向自私，希望獲得尊敬、讚美，以及榮耀。我們對自我認同的渴望相當深，有些人認為這可能是我們極為根本的驅動力之一。[12]畢竟，接受讚美並忽略指責是我們的天性。然而，謙遜顛覆了這個天性。一個謙遜的人能跟他人共享讚美與榮耀，也知道自己之所以能夠成功，背後有許多人都出了一份心力。當情況需要，他們也勇於接受責難或批評。要成為一個謙遜的人，就要接受自己也會做出半途夭折的決定、抗拒想逃避責任或找藉口的渴望，以及犯下錯誤時大方承認。最後，所謂抑制自己的自負，指的是你如何訴說自己的想法或成就。謙遜的人不認為自己值得特別關注，或者也不因為個人的成就而變得比其他人更重要。[13]記住，謙遜指的是覺察自己的優勢跟擅長；然而，謙遜的人不會成天巴望別人去看到他或她的優點。做人應當誠實又謙遜，路才能走得長久。

謙遜的第三個特質，就是為他人著想，或也稱為推己及人。謙遜的人心懷他人，會將他人的需求納入考量。相較於把注意力全放在自己身上，謙遜的人能夠同理身旁的人。這是一種無與倫比的舉動，能夠帶來改變，開拓人們的認知、做決定時考量的層面更寬廣，同時重新建構自己的世界觀，讓自身不再是世界的中心。這個強而有力的改變，可能正是謙遜在社會功能上的特點。這就是為什麼我們都非常喜愛謙遜的人：他們十分願意把我們及我們的需求納入考量。誰會不想跟這樣的人建立情誼呢？

能平衡謙遜三項特質的有效象徵，就是將謙遜視為恰如其分。謙遜的人能更準確地將自我概念與行動去對應真實情況。他們知道自己的優勢與弱點；就算有他人在場，他們也沒有必要自大或自卑。想要擁有這種「恰如其分」的心態，你得先建立安全感，也就是知道自我價值並非源自外在世界不斷改變的標準，或者他人難以企及的肯定或崇拜。這種心態源自怡然自足。這種明瞭自我價值與意義其實與生俱來的自信，能夠讓你不再尋求外在世界的認可。況且，外在世界的認同總是沒完沒了、嚴厲嚴苛、毫無意義，只會讓人做出狂妄又自戀的偏差行為。謙遜並非軟弱的表現，而是強大的標識。

謙遜有哪些表現方式？

讓大家看看謙遜的實際案例，或許能讓你們更容易理解。謙遜有多少種類？謙遜的基本特質有哪些？各家學者為此爭論不休。（研究者為了捍衛自己對謙遜的觀點而彼此爭吵，聽起來很諷刺，但我明白他們的感受。）依我之見，謙遜的研究集中在四個主要領域：人際、想法、生活方式，以及生命的大哉問。與這些領域相關聯的謙遜類型——依序為關係型、智識型、文化型、存在型——有各自的經驗時刻及行為表徵。列於表一。

關係型謙遜表現在我們與他人的互動上。關係型謙遜的人能夠接納反饋、為別人著想，以及知道自己的優勢與缺點。他們待人和善、關懷他人，我們喜歡這類型的朋友、同事、伴侶。

智識型謙遜表現在討論自己的核心信念及觀點上，也就是我們願意接納新知，認真從他人身上學習。犯了錯或事情超出自己的能力範圍時，智識型謙遜的人能夠坦然承認。他們也好奇心旺盛，樂於尋求證據，而非限縮於某種意識形

謙遜的類型	聚焦點	經驗時刻	行為表徵
關係型謙遜	人際	人際關係	為別人著想，經常自省
智識型謙遜	想法	各種想法	接納新知，思想開明，尋求學習
文化型謙遜	生活方式	文化互動	從他人身上學習，不覺得自己的文化較優越
存在型謙遜（宇宙型／靈性型）	生命大哉問	與自然、宇宙、神明相較，覺得自己很渺小	對比自己龐大的事物心存感激

表一：謙遜的各種類型

態。他們能夠在所處的世界中學習新知，而非僵硬捍衛自身觀點。

文化型謙遜會出現在比較不同文化觀點上。文化型謙遜的人明白每個人看待世界都有自己的角度，而他們很樂意去學習別人的觀點。他們並不覺得源於自身文化的觀點優於其他文化。他們會花時間聆聽他人的話語，並且會努力確保每個人都有一席之地。他們生性好奇，具包容性。

存在型謙遜出現在人們如何回答生命中的大哉問，例如：死了以後會發生什麼事？生命的意義是什麼？我的人生目標為何？存在型謙遜通常出現在我們感受到巨大的力量時，諸如大自然、天地萬物、宇宙，或者想到神明的時候。這種類型的謙遜，表現在面對比自己更龐大的事物時，會湧現的感激之心。存在型謙遜的人想要思索大哉問、深入生命核心，並且把思慮鑽進人類的存在意義上。他們知足常樂，接納自己的有限性以及在宇宙裡的位置。

當然，其他學者在選定目標時，也試過研究更小範圍的謙遜：世上可能還有其他種的「不同謙遜」。舉例來說，有人認為可能有一種「宗教型謙遜」，也就是關乎一個人宗教信仰的謙遜。然而，這可能只是智識型謙遜、文化型謙遜，以及存在型謙遜的一種組合。其他學者則提出「政治型謙遜」，這種謙遜關乎政治的意識形態以及表現方式，雖然這很可能只是智識型謙遜跟文化型謙遜。每當提到各種面向——人際、想法、生活方式，以及大哉問——我們就能想到相關的謙遜交織出各種區塊，但這些區塊總是能歸結到四種核心類型。

在不同的謙遜類型上，人們可能會呈現出程度高低的差異。舉例來說，有人可能是存在型謙遜——眺望大峽谷時，會覺得自己很渺小，同時感謝如此美景的存在——可是在表達自己對上帝的想法，以及個人在宇宙中的定位時，卻自信非凡，呈現智識上的傲慢。或者，一個認為另一半意義重大，會深切關懷對方需求的關係型謙遜伴侶，在牽涉到自身的文化觀點時，可能會相當頑固，不願意去思考其他文化的生活方式。或許有人可能工作時很謙遜，回到家就成了混蛋。因此，謙遜的特徵不是非此即彼。謙遜的差異不只在程度上，在不同的領域及表現方式上也多有不同。明白這一點，能夠幫助我們找出自己較不擅長的面向，從而更盡心去培養。一個真正謙遜的人會耗費時間與精力，去培養自己各方面的謙遜。

補充謙遜的二三事

培養謙遜，或許會讓人覺得氣餒。誰能真正而確實的自知、抑制自己的自負，並且不停為他人著想？而更令人擔心的，是謙遜在日常生活中能幫上什麼忙？你或許會想，是啊，聽起來都很好，但在現實生活中，謙遜壓根兒沒啥用處。

我之前提過，謙遜可能難以推廣。許多重視個人主義的文明，它們傾向於認為個人需求應該擺在群體需求的前面，因而明顯偏向鼓勵自視甚高。文化規範通常影響甚深，會讓你覺得自己彷彿站在通往自我迷戀與自我沉醉的電動步道上。類似「好人沒好報」的諺語假定權力、控制，以及自我中心，能讓我們在生活中超前一步。我們含蓄（或者明顯）地一一教導每個人，自私自利，方為上策：先搶先贏。

結果呢？許多人變得史無前例的悲慘。過去十年間，五十歲以下的人罹患焦慮症的比例大幅上升。[14]在美國，超過四千萬名的成年人——比例高於六分之一——以及超過四分之一的孩子（年齡介於十三歲到十八歲之間）罹患焦慮症。[15]研究不斷記錄美國人有多麼寂寞、憂鬱、孤獨，精神出狀況。[16]罹患精神疾病的比例暴漲。自殺率攀升。美國人的心理健康惡化。[17]以全球來看，有四分之一的人，會在生命的某個階段，因精神健康狀況不佳而就診。憂鬱症持續奪走人們生命的意義。每年有超過一百萬人不幸走上自殺一途。[18]我們喪失了與那些意見與我們相左之人好好溝通的能力。家家戶戶分崩離析。人際關係蕩然無存。人們活得不快樂。自我中心主義似乎產生了反效果。

這時候，謙遜脫穎而出，成了明顯的反文化宣言。謙遜讓你的注意力從自我沉迷中離開，鼓勵你去接納自己的侷限及缺點，也讓你能抑制自負。當然，謙遜無法解決所有的社會問題。可是研究證實，謙遜能改善人際關係、增進人們的工作能力與生產力，並讓通常處不來的團體好好相處。謙遜能促進開放、好奇，以及真心尊重他人，包括那些或許乍看之下跟我們截然不同的人。謙遜能帶來社會的改變、創新，以及發現。而且在這個嚴重分歧的世界中，若想找到一個共同基礎，謙遜或許正是我們所需。

消除迷思

二〇一九年秋天，我收到一位《紐約時報》撰稿人的電子郵件。他讀了我最近發表的一篇文獻回顧，因而想要撰寫一篇文章來談謙遜的重要性。我又驚又喜——終於等到了，針對謙遜，這個我研究了十年的主題，總算獲得了我認為它應得的關注。倒不是我覺得自己的工作應當獲得媒體的注意，而是我認為此時此刻探討這個主題時機正好、效果絕佳。在看過無數的臨床實驗所顯示的謙遜的益處後，我很期望也能讓全世界都看到同樣的成果。

我立刻心想（幸好對方聽不見）：「怎麼會是找我？」

我立刻開始檢閱心裡的一份名單，要撰文談論謙遜，我覺得名單上的每個人都比我有資格太多太多了。還有好多需要學習的地方，還有好多人如此了解謙遜這個主題。但諷刺的是，我後來想到：一個謙遜的研究者，明明在自己的專業領域針對單一主題鑽研了十年，居然立刻覺得其他研究者比自己優秀，而非自己踏進鎂光燈中。最後，我意識到自己當然夠格：正因為我工作認真，才會獲得這項權利，讓我得以跟全世界分享自己也盡了一份心力的研究成果。而我同時也意識到，要親身實踐謙遜有多麼困難。明明花了這麼多年研究這個主題，我仍然發現自己因過於敬重他人，而疏於肯定自我。

我會寫這本書，是想幫助各位獲得關於謙遜的真相。儘管跟謙遜有關的文化（以及希臘）迷思隨處可見，但謙遜跟弱點無關。事實上，你會學習到，真正的謙遜源自安全感。閱讀本書，你會看見要成為謙遜的人，你不僅要有安全感、有自信，還要能用實事求是的眼光去看待周遭世界。要實踐這項美德所耗費的心力，比實踐乏善可陳的自私自利還要多。要成為謙遜的人，你也要勇敢，因為實踐謙遜，需要你將本來透過不穩定的外在世界標準所獲得的自我價值，轉為尋求一個更穩定也持久的內在來源。

我經常聽到有人說，所謂謙遜，就是要去想自己一無是處。這也是一個誤導的想法。謙遜是要恰如其分：不多不少剛剛好。如果謙遜是一條公路，路旁一側的水溝是自大，另一側的水溝則是膽怯。記住，真正謙遜的人在衡量自身的價值時，就跟他們在衡量自己重視且尊敬的人一樣：他們都擁有與生俱來的自信。

我擔心，這些關於謙遜的諸多誤解，使得人們認為謙遜是一種過時的想法，在當今社會無任何實用價值。他們漠視謙遜的價值，認為它不適用現實生活。然而，我們比起過往更需謙遜的存在。相較於過往，如今的我們更焦慮、寂寞、悲慘。我們跟別人處不來。無止境的渴求讓我們覺得空虛又哀傷。我們的整個價值體系都以自我行銷為導向，而且似乎獎勵人們自戀。而這樣的價值追求徹底讓我們失望了。是時候來點不同的東西了。

因此，讓我們一起拋開對謙遜的誤解。這並非眾神的懲罰，也不是丟臉的羞辱，亦非弱者的象徵。這是一種強而有力的方法，能讓你接近自我、他人，以及世界，而且能夠轉化並改善你的人生。

第一部 PART 1

謙遜的益處 The Benefits of Humility

覺察與接納

謙遜能幫助我們擁有自知之明，接納真正的自己以及世界的本貌。學者長期以來認為，能夠認知現況，隨之接受現實，是健全心靈的核心功能。❶覺察與接納經常被視為正念的要素，也就是不帶評判的去覺察自身與周遭世界。❷一旦我們能夠看見真實的自我以及世界的本貌，就能做出基於事實的睿智抉擇。如此一來，我們就更能創造出別具意義且心靈富足的人生。簡而言之，謙遜就是能真切體認現實情況，而這樣的體認能帶來許多益處。

當然，現實有時難以接受。二〇二〇年九月，演員及 podcast 主持人戴克斯・薛普（Dax Shepard）坦承了一件他一度希望自己永遠不用提起的事：他又藥物成癮了。數個月以來，他對親友及聽眾都隱瞞了這件事，直到他終於決定說出真相。在該集節目中，他告訴聽眾，在經歷了將近十六年的戒癮生活後，他先前又染上了止痛藥的癮頭，不過已經戒癮七天了。

戴克斯所主持的節目名稱叫做《安樂椅專家》（Armchair Expert）。透過坦率又迷人的主持風格，戴克斯建立起了一個 podcast 帝國——他培養出了一群聽眾，他們都很欣賞戴克斯的脆弱與真誠。而也正因為想維持這份真誠，才會促使戴克斯分享自己再次成癮的故事。

想想看，這樣的告解潛藏多大的風險。二〇一九年，美國財經雜誌《富比士》（Forbes）評選他為收入排名第四高的播客。他當年度的收益約為兩億七千萬元，每月的聽眾多達兩千萬人。他的魅力之一就是戒癮。對許多認為戒癮難如登天的人來說，戴克斯是他們的偶像。有些人或許會認為，他的再度成癮是一種背叛行為；他的坦白以告褻瀆了彼此之間近乎神聖的情感連結；或者他屈服於癮頭的罪過不可原諒。他的舉動可能為自己帶來名望及財務上的巨大損失。

縱使如此，具備謙遜特質的戴克斯仍然優先意識到了自己的問題，進而接受事實。這並不是一個能夠讓人欣然接受的處境。我們或許會覺得，對他來說更有利的，其實是隱瞞自己再度上癮的真相。但是迴避真相並拒絕接受這個艱難的事實，讓他付出了代價。戴克斯在該集節目中描述，自己變得心神不寧，人際關係也惡化，因此再也無法戴著那張假面具了。謙遜的心態讓他承認自己的無能為力、接受自己的過錯，並且公開分享他內在的掙扎。這麼做需要勇氣，也需要面對自己的脆弱。坦然接受自我需要覺察及洞見，而我們會隨著時間過去逐漸獲得這一切。戴克斯知道，要讓心神安寧，唯有誠實以對。唯有這麼做，其他人才有可能對他伸出援手，讓他能夠再一次戒除成癮。此外，個人的道德操守，也要求他在自我價值及行為表現上應當表裡如一。真誠的心態一方面激勵他成長，另一方面也帶給他強烈的痛苦。我們對他的痛苦，以及隨之而來的踏實感同身受；同時也自問：如果我們都能那麼誠實——還有，那麼謙遜——地承認自己的錯誤，也坦然接納自己的侷限，那麼我們的生活，包括個人的跟集體的，是否會過得更好？

謙遜之路始於準確的自我認知：坦然無偏地去看待自己及世界。這通常都是從明瞭自己的認知偏誤（biases）❸、承認自己的弱點，以及清楚自己的長處做起。我們要能說出自己的優勢、接納自己的侷限，並認清哪裡需要做得更好。誠實須從心開始。接著，誠實就能讓我們開始看見世界的本來面目，而非只是我們想要看見的模樣。明白自己的認知傾向及痛點何在，能讓我們更自在，也能變得更加開明、誠摯，並降低防衛姿態；不僅能把現實的真貌看得更清晰、增進我們與他人之間的關係，也對健康有整體性的幫助。

謙遜有益健康

健康假說（well-being hypothesis）指出，謙遜有益身心健康。研究顯示，那些有在培養謙遜心的人，在日常生活中的幾個層面，包括情緒與身體健康，都比一般人要來得好。一份以美國長者為研究對象的報告顯示，謙遜的人更健康。[4]以親密關係間的謙遜為主題，同事跟我研究了初為父母者的壓力應對，以及那些需要處理持續性爭端的伴侶。[5]在新手父母的部分，我們發現在寶寶剛出生幾個月大時，若伴侶雙方都具備謙遜心，那麼相對於兩者之間有一方或雙方有自負性格的伴侶來說，他們感受到的壓力與焦慮都會比較少。同樣地，我們在實驗室裡，讓伴侶針對某個具爭議性的主題進行爭辯，並藉此檢視這種會不停產生衝突的情況時發現，若伴侶雙方都具備謙遜心，那麼相對於那些性格自負的伴侶來說，他們不單對自己另一半的滿意程度更高，在生理反應上（例如血壓）也更健康，更不容易起伏。沒錯，研究人員的結論是，謙遜有益於身心健康。[6]但謙遜為什麼會帶來更健康、更快樂的人生呢？

請回想一下，謙遜的第一個特質就是清楚地了解自己，也就是自知之明。具備謙遜心的人明白自己的優勢與弱點，也知道不管是拿手或棘手的領域，自己都還有成長空間。犯錯時，他們也能承認自己的錯。要做到這樣，有兩個關鍵的要素。要真正認識自己，首先你要培養自我覺察。習於自我覺察的人偏好了解更多的自我，以及弄清楚自己做事情背後的動機。他們想要獲得一張照片，照片上有自己的真實面貌；並且努力去理解自己的弱點與優勢。他們會研究自己的動機及行為，意圖藉此找出自己的行為模式。他們會檢閱自己的思緒及感覺，並且對身體的感覺很敏銳。簡而言之，他們是自省的專家。其背後動機，就是渴望每天都能更理解自己一些。同樣地，謙遜的人對周遭世界有清楚的認知。之所以如此，是因為他們想把世界看得更清晰透徹，而非只是遵循過往的成見，未審先判。他們會透過經驗證據及資訊來做出抉擇，因為他們認為現實比想像重要，即便現實不斷變動。縱使變動的真實令人無法安適，他們仍義無反顧，因為他們想要以誠摯的態度去與他人及世界互動。

自知之明的第二個關鍵要素是自我接納。唯有具備明確自知——知道自己的優勢與侷限、行為模式與行為動機，以及還有成長空間的領域——後，你才能接納自我。唯有誠實且徹底地覺察到要接納的自我是怎麼樣的面貌之後，你才能做到真正的自我接納。而這樣的接納能帶來心理上的安全感，促進你的身心健康。

多數人都仰賴外在世界的評斷來衡量自我價值。我們總是在想，唯有賺了足夠的錢、有夠多的朋友，或贏得足夠的讚美，生命才無所欠缺。追逐根基於外在世界評斷的自我價值，會令人疲憊不堪又永不饜足。尋求他人認可的心態，會讓我們陷入僵死的循環，不僅行為舉止虛假，心裡也快樂不起來。一旦我們將對自我的認知，全部放在他人的認可，抑或不斷改變的文化標準（諸如美貌、財富，或者成就）之下，生活將變得多麼灰暗啊。然而，那些透過茁壯內在的自我覺察來培養謙遜心的人，能夠利用將注意力專注在自己身上，以及接納包括黑暗面的自我，來避開這個陷阱。清楚看見自己的本貌，包括負面的以及正面的，能夠幫助我們學會自我接納。一旦我們將自己生命中的一切拿去與他人生命中的部分相比較，生命就會變得十分悲慘。若把自己的運動能力，拿去跟那些因為才華洋溢或技巧高超而能領薪的職業運動員相比，泰半會覺得自己差人一截，畢竟我們成天都在做一份平凡的工作，而職業運動員的工作則是精進自己的運動能力。相較於網路紅人度假時的奢華，我們的假期看起來沒有那麼光鮮亮麗，食物看起來沒那麼美味。一旦落入會對心理健康帶來極高風險的社會比較行為陷阱中，我們就會覺得自己的生活乏善可陳。然而自我接納能讓我們產生安全感，而安全感對心理健康來說至關重要。

謙遜能協助你打破不停尋求外在世界認可的循環。透過幫助你自我了解與自我接納，謙遜能夠減輕焦慮、減緩紛擾的思維模式，並且立刻讓人停下防衛姿態。當真實的自我讓你覺得自在，你就不必大費周章去尋求他人的肯定。你知道自己值得受到關愛；也清楚明白自我價值，更知道這樣的價值是與生俱來。你就是自己的圓滿。

這樣的接納並非意味著你將停下改變的腳步，也不表示你已經明白生命中的一切。這樣的接納反而需要你承認自己有所侷限，同時明瞭自己還有哪些地方有成長空間。你將比別人早一步承認自己的無知，同時展現學習的意願；你會承認自己的恐懼，同時表示希望自己能更勇敢；你會承認自己的懷疑，同時表明自己願意試著去相信。這不是毫無根據的自信或過了頭的確信。相反地，謙遜是讓你接納真實的自我，以及讓你相信自我的價值源於你就是你。不需要額外做什麼才需要被關愛或被接納，你是圓滿的。這樣的體認能讓你自由，並且改變你的人生。

為什麼自我覺察及自我接納如此遙不可及？

只有少數的人辦得到以不帶認知偏誤的眼光去看待現實世界，或者能夠從純然客觀的角度去看待自身。我們慣於戴上有色的眼鏡來看待自身以及世界。自我覺察及自我接納有兩個大敵：自慚形穢及妄自尊大。在多數情況下，自慚形穢會讓我們沒有辦法誠實地看待自己及周遭的世界。每當我們覺得自己的某些舉措不受歡迎或令人不快，因而認為自己差人一等時，自慚形穢的感覺就會油然而生。❼這樣的感覺，會讓我們認定自己本質上很糟糕，而非只是某些行為或舉措有待改進。簡單來說，所謂的自慚形穢，就是當我們因為自己沒有達到某些標準，而覺得自己一無可取之處的時候。類似的標準可能只是空想或根本不可能達到，例如期望自己魅力無法擋；運動能力高超；富可敵國；或者上知天文、下知地理；抑或從不在社交、智識或道德層面上犯錯。自慚形穢的感覺，會出現在沒有做到我們自認應該做到，甚或做得更好的時候；一旦沒有做到，自慚形穢感可能就會從我們已然內化的完美主義思維中產生，創造出一種以自我表現優劣為評斷基準的自我認同——我們會認為，他人只有在我們達到某些標準時，才會喜愛我們。於是我們可能會變得不願意去接受自己的缺點或接受批評，因為擔心自己會因而惹人討厭或失去價值。我們或許會忽略那些需要改進的地方，因為深深覺得那些地方是自己的缺陷；而那些缺陷的存在證明了我們沒有達到期望。自慚形穢感會在事情出了差錯而自責時產生，因此我們有可能無法承認任何錯誤。為了自衛，我們可能會逃進正向偏誤中，也就是否定或忽略任何負向事物的存在。

這種源自缺乏安全感的自慚形穢，會讓人對自己產生曲解，或者陷入防衛姿態中。一方面來說，由於自慚形穢，我們可能會曲解對自己或現實的觀點，藉此迴避那些由於沒有達到某些標準而產生的負面情緒。我們可能會拒絕看到自己的負面面向，因為那會讓我們自慚形穢，縱使自慚形穢並非「沒有達到標準」時一定要有的情緒。確實，更簡單的做法，就是承認類似的標準根本就不合理，而我們只要做自己就夠了。源自缺乏安全感的自慚形穢可能會讓我們找藉口、正當化自己的行為，或者合理化自己的反應。另一方面，因自慚形穢而產生的負面情緒，可能會導致我們對他人大發雷霆；並在聽聞不順己意的訊息——不管那訊息所指涉的對象是自己或已認定的世界觀——時，展現出防衛姿態。我們可能會抗拒任何讓自己不舒服的意見，因為我們覺得自己受到了譴責，而那表示自己既惹人厭又沒有用。我們可能會沒來由地覺得受到冒犯，並因出於恐懼及憤怒而大為光火。而且可能會抗拒任何顯示我們的觀點可能有誤的跡象，死守偏差思維，因為這麼做能暫時減輕我們的自慚形穢感。希望沒有人會發現我們心底潛藏的恐懼：如果有人看見「真正的我」，他們就會不喜歡我了。

自我覺察的第二個敵人，是我們希望自我拉抬及提高自我肯定的驅力。❽雖然有些研究質疑，這樣的驅力在集體主義文明（例如日本）❾，以及個人主義文明（例如美國及英國）

之間的強度是否相當；不過多數研究者同意，我們都想看見最完美的自己。這種驅力的主要表現形式之一，就是透過各種複雜的認知偏誤。我們的心智，是被設計來保護那些自己十分珍視的自我正面評價。數十年來的研究揭示，我們心智的基礎運作模式，是帶有偏誤的自我認知，這使得要培養謙遜心的難度非常高。

這樣的驅力，會讓我們在自我觀察時，產生偏差。我們之所以傾向於給予自我正面評價，是因為高自尊心有許多的功用。舉例來說，自我感覺良好，是那些覺得生命活得有意義的人的核心特質。[10]每當覺得自己既重要又有價值，就會連帶認為生命變得更有意義。事實上，每當我們覺得自己為世界帶來了深遠的改變，人們也將因此記住我們時，這樣的感覺會賦予象徵性的永生感，進而幫助我們去處理對死亡的焦慮——其概念為，即便肉身已死去，我們仍將因為自己的事蹟和成就，而長存他人記憶中。[11]自我感覺良好能讓我們感受到生命的意義。

內在動機也影響了我們如何看待世界。事實上，自我拉抬是面對逆境及壓力時的自然反應：人們深信生命會變得更美好、會過得比悲劇發生之前更好，而且將會戰勝苦難。[12]這種用來適應逆境的想法，統稱為正向錯覺（positive illusions）。類似的錯覺，會將我們接收到的資訊予以正向解讀，縱使相關的事實不會導向此種結論。這是一種為了生存而產生的妥協性策略。一方面來說，這樣的錯覺能讓我們朝看似無法達到的目標邁進；我們通常需要相信自己有辦法改變世界，才得以在那些需要付出諸多心力的領域鍥而不捨地前進。另一方面，卻有可能為了完整保有對自己的正面觀感，而不予理會警訊或忽視現實。那些面對逆境及壓力時沒有產生這種反應的人，稱之為憂鬱的現實主義者；他們不會自我拉抬，因此能將世界看得更清晰，代價則是他們的正面情緒。

徹底相信諸如此類的正向錯覺及認知偏誤能讓人心情愉快。這樣的思維——即便或許缺乏足夠的證據——能夠拉抬我們對自己的看法，而且通常都是偏往更正面的方向。話說回來，並非每個人都擁有高自尊心，有些人的確苦於自己的低自尊心，甚或臨床上被判定為憂鬱症。這也是另一個問題。憂鬱常讓人覺得麻木，彷彿身處五里霧中、缺乏改變的動力，並且不相信生命值得不斷去嘗試前進。在嚴重的案例中，憂鬱症會導致自殘行為。我當然絕對不是在鼓吹低自尊心的好處或建議大家罹患憂鬱症。相反地，請記得謙遜是一條不偏不倚的道路，路旁一側的水溝是妄自尊大，另一側的水溝則是過度的自我貶低。

謙遜是一條中庸之道，介於不顧一切追求高自尊心，與因自慚形穢而陷入的自我厭惡之間。為了獲得對自己的正面觀感，而無視鐵錚錚的事實；或者因害怕自己無法達到或超越一些不切實際的高標準，而自慚形穢進而過度反應；這兩種心態都會讓我們步入險境，並使得我們更不願意承認自己的錯誤、接受值得信賴之人的反饋、在符合自身利益的情況下選擇改變，或者從他人的觀點及經驗中學習，因為類似的反饋會讓我們自然而然地覺得受到威脅。這樣的心態會讓我們孤立於他人與世界之外、危害我們的生命，讓我們變得悲慘、哀傷、寂寞。

唯有透過真誠的自我評估來明瞭自己，才能進入自我接納的過程。同樣地，唯有看清現實的真貌，才能夠真正地去接納周遭的世界。這種澄澈的思維能轉化我們的自慚形穢之感，並且讓我們不再追逐代價高昂的外在認同。要徹底理解謙遜能帶來的益處，我們得檢視自己心理的一些傾向；我們慣於帶著認知偏誤去看待自己及世界，而這麼做會產生問題。也就是說，我們必須先理解自我，並且能夠辨識出一些會造成妨礙的思維模式，才能達到自我覺察的境界。

自我理解之路

如果謙遜心得透過自我覺察及自我接納才能獲得，那麼關鍵的下一步，就是去檢視一些常見的心理模式，因為這些模式會讓自己難以對自我及世界進行客觀的自我審視及評估。接著，我們將討論一些常見的障礙；就是這些障礙，讓我們難以不帶偏誤地仔細檢視自己的人生。我們每個人都有類似的認知偏好，研究顯示，明白自己帶有這些認知偏誤，是擺脫它們的良好第一步。[13]我們無法改變那些自己不知道其存在的事物。

第一個用來保護脆弱自我的常見認知傾向，叫做自利性偏誤（self-serving bias）。這種認知傾向，會讓我們只接受自己成功時的功勞，遇到自己失敗的情況，就會把過錯轉嫁到他人身上。生活順遂時，我們自然而然地會認為是自己的功勞，可是當事情出了差錯，我們會很快找出那個應當為我們的不幸負起責任的罪魁禍首。透過這麼做，無論發生什麼事，都得以維持對自己的正面看法。問題在於，如果我們沒有為失敗負責（而是怪罪他人），那麼我們就沒有辦法學習及成長。如果任何差錯都跟自己無關，那麼未來遇到類似的情況時，我們要怎麼避免？或者怎麼會有機會培養需要的能力，以獲得不同的結果？無法接受自己的錯誤，會阻礙我們成長；但我們卻會在成功之時忙著搶功勞，而忽略了其他讓我們得以成功的要素。我們沒有看見他人的貢獻，也沒有看見其他形塑現實的外在因素有多麼重要。

明白這個認知傾向後，我們就有辦法對抗它：透過謙遜，承擔應負的責任及過失，同時與他人共享讚美與成就——承認他人對我們成就的貢獻是一種謙遜的表現。透過明白這種自私自利的反應通常源自下意識，我們就能夠選擇推翻掉它：先停下自己的思緒，接著更大範圍地去思考針對特定結果，我們應當負起怎麼樣的責任。到最後，或許會因為他人為我們的幸福所付出的努力，而心懷感激。

第二個偏誤是高人一等效應，我們稍早在引言的部分提過。認為自己優於常人——即便知道不可能所有人都如此——的心態，會讓我們無法接受自己需要學習、成長，以及進步。我們覺得自己優於多數人，即便這樣的想法其實僅能指涉部分範圍。在多數體育項目上，我並不認為自己高人一等。在籃球、橄欖球，或任何需要我站好並手腳一同行動的運動（例如滑水）中，我十分確定自己差人一截。而我也慢慢接受這樣的自己。但在某些我十分在意或涉及自我核心的範疇上，我的認知偏誤就會比較強。我八成覺得自己是個高人一等的教授、高人一等的丈夫，以及（稍微）高人一等的跑者，因為這些面向是我形塑自我概念的核心。或許，在那些你最在意的領域裡，你也會發現自己自認高人一等。而也許，你在那些領域裡的技能的確琢磨得高人一等，進而以那些自我特質形塑你自我概念的核心部分。但即便我們很有可能是對的，在跟他人比較時，依然有自我膨脹之嫌，從而低估了仍然能夠學習並且成長的空間。

謙遜的人會保留一些成長空間給自己，即便是擅長的領域也不例外。他們明白，自己在有些領域顯然比他人拿手——但當然不是每個領域都如此。謙遜請求我們承認自己的侷限，並且明瞭自己在哪些領域還有成長及進步空間。這讓我們得以在自己還不那麼拿手或鑽研得還沒那麼透澈的領域能夠做得更好。由於鬆綁了自我價值與自我肯定跟自身成就之間的連結，謙遜的人活得很有安全感。他們明白，即便自己在某個領域不是「頂尖」，依然擁有與生俱來的自我價值。而藉由知道自己在哪些地方還有成長空間，就能在那些領域中茁壯，並且經驗更豐富、圓滿的人生。

人類的認知所玩弄的第三個自私伎倆，猶如一枚硬幣的兩面，稱之為錯誤獨特性（false

uniqueness）跟錯誤共識（false consensus）。一方面來說，我們（錯誤地）相信自己的能力與才華獨一無二；論及自身的性格、技能與才華的光明面時，我們總會高估自己。一如自利性偏誤，每當事情往好的方向發展，我們很容易就會認為是自己的緣故：我們既聰明又有才華，獨一無二的能力能夠讓人生過得一帆風順。可是當事情的發展不順，就會傾向於（錯誤地）高估有多少人會跟我們犯下相同的錯誤，或許跟我們有同樣的缺點。舉例來說，每當沒有遵守自己的運動計畫，我們或許會告訴自己，沒有人會這麼規律地持續鍛鍊身體。我們也會高估他人與我們之間的共識，進而以為任何聰明或細心的人，都會相信我們相信的所有事情，也會跟我們用同樣的思維去看待這個世界。在我們的想像中，唯有大腦進入冬眠的人，才會有不同的想法。這時的問題在於，沒有意識到自己的能力其實平凡無奇。我們就跟每個人都一樣，擁有自己的弱點；而透過自發性地追求自我成長，就能面對自己的弱點，進而成長進步。

或許一個更謙遜的回答是，接納我們的平凡。謙遜的人清楚知道，自己跟別人一樣，都有不完美之處。不會因為別人的成就或能力，而感到威脅；相反地，他們會跟別人一同慶祝。他們所擁有的安全感，容許他人發光發熱。他們充滿信心地知道，自己跟別人一樣都是凡人，都會犯錯。他們善待並疼惜自己，同時也善待並疼惜他人。

第四，幾乎每一個人都過度自信，也就是傾向於高估自己的能耐。如果被問到完成一個易位構詞（字謎遊戲的一種）需要多久時，多數人都會大幅低估自己所需的時間，因為認為自己對這種遊戲很拿手，實則不然。我自己也有同樣的毛病，經常低估自己除草或摺衣服需要花費的時間。對自己的能力過度自信，會導致我們更容易失敗，因為我們不會試著去學習，或者不會在膠著的時候找人來幫忙。這種過度自信也會讓我們陷入規劃謬誤（planning fallacy）的困境：會低估自己做事情所需的時間。大學生都很清楚這種困境。他們總以為自己只需要幾個小時，就能完成期末報告；到頭來卻發現時間遠超乎預期，只好開夜車應付。而一如學生匆匆忙忙地趕作業，計畫制定上的失誤（因為忽視了那些大大小小可能及必然出錯的事物，或者處理相關事項所需的時間超過預期）會導致更大的壓力及更高的失敗率。面對壓力時，多數人無法好好工作，最終完成的劣質成品就是明證。或者為了把事情做好而忙得焦頭爛額，從而忽略了家人、朋友，以及自己的健康。

謙遜能幫助我們好好判斷自身的能耐，讓我們較不容易過度自信。這不是因為謙遜的人較缺乏自信，而是可以更清楚知道自己的能耐，因此制定的計畫就會比較周全。我想再次強調，他們所擁有的自知之明，讓他們得以把世界看得更明白，進而利用這樣的資訊，做出明智而有意識的抉擇。

有時候，透過比較自己與他人的行為，能讓我們將自己的偏誤看得更清楚。所謂的行動者－觀察者效應（actor-observer effect）所指稱的就是，我們傾向於認為發生在自己身上的壞事，都是因為那些超出掌控的外在情況所導致，例如丟了工作，是因為經濟衰退。可是當同樣的事情發生在其他人身上，那就是因為對方性格上有缺失——他們之所以丟了工作，是因為懶散或不負責任。因為這樣，我們可能會逃避責任、瞧不起他人，把自己的能力看得比周遭的人崇高。所有這些證據表示，我們必須更努力去站在別人的立場思考；並在面對他人的苦難時，培養出真正的同理心。面對他人時，我們總有點傾向於批評他們的不是。

抱持同理心，則是謙遜者會有的反應。只要把那些能讓我們變得更好的、對自己思維背後真相的疑惑，也套用到他人身上，那麼我們就會停止批判他們，並且開始自問如何提供幫助。我們不再視他們為麻煩，而是開始把他們視為人，就跟我們一樣，其實已經盡力了。我們的行為動機變成了同情與關愛，而非源自自我質疑及缺乏安全感的批評責難。

以上，我列出了人類共有的認知弱點。更慘的是，即便知道了這些偏誤的存在，我們依然傾向於認為自己沒有跟其他人一樣存有偏誤。我們總是偏袒自己。心理學家艾蜜莉・卜羅寧（Emily Pronin）稱這種現象為偏誤盲點（bias blind spot），這使得我們要去討論及應付自己的認知偏誤變得加倍困難。[14]在讀這份認知弱點清單時，你或許會有些抗拒，或進入防備姿態……接著，你或許會告訴自己，雖然你的思維的確具備某幾種偏誤的特質，但你肯定不會跟其他人一樣，帶有上述所有的偏誤。相對於其他人，你稍微開明一些、公平一些。這樣的認知傾向恰恰顯示了這些偏誤蟄伏得多深。光是談及這些偏誤還不夠。必須做出行動來修正，或者詳加理解這些認知傾向。

謙遜的人能以較不防衛的心態來接受這樣的反饋，因為他們意識到所有人都有相同的困擾。一旦明白這些言論並非譴責，而是常見的心理障礙後，我們就可以開始利用這些資訊，來改善自己的心理反應。可以查查看這些行為會如何顯現在生活中，並開始去削弱它們。表二列出了這些認知傾向的運作方式，以及我們為什麼會因而受限。

把這些要素合起來看，顯示我們通常對自我及現實抱持不準確也不健康的觀點。多數情況下，我們偏向正面觀點。雖然這確實對心理健康有所助益，但效果有限。若將這些偏誤置之不理，心理會變得脆弱，從而容易受到傷害或感到失望。要是心理機制本來就設計為維持對自己的正面觀感，即便那意味著否定現實、貶低他人，或者無論如何都要捍衛自己的言行，那麼當我們因批評、相反觀點、失去、哀傷、折磨、關係壓力，或者任何形式的情緒型傷痛，必須面對無庸置疑的嚴酷現實時，或許會（也通常是）無力承擔現實。在生活中，每當我們遇到需要吞下負評或因應負面事件的情況時，總是缺乏彈性。到頭來，對世界抱持過度正面的觀點，只會讓我們憤怒痛苦、支離破碎。

表二：一些常見的偏誤

偏誤傾向	運作方式	帶來的限制
自利性偏誤	只接受自己的成功，並且把自己的失敗怪罪到他人或外在局面上	如果無法為自己負責，就沒辦法學習並且成長
高人一等效應	認為自己優於常人	沒有誠實看待自己的真貌，以及還需改進的地方
錯誤獨特性	認為自己的才華及能力獨一無二	自我膨脹，沒有意識到他人的才華及能力
錯誤共識	認為別人會跟我們有同樣的看法	無法想像別人為什麼可能會抱持不同的看法
過度自信	高估了自己的能耐，低估了困難度	同意去做超出自己能耐的事（過度承諾），並且沒有給自己足夠的時間
行動者——觀察者效應	會在自己失敗的時候找藉口，在他人失敗的時候歸罪於他們的缺陷	疼惜自己，卻沒有把同樣的疼惜給予他人
偏誤盲點	在認得各種偏誤後，偷偷地認為自己的偏誤程度沒有他人強	拒絕接受批判性的資訊，即便那能讓我們成為一個更好的人

諸多的情緒型傷痛，其根源都是缺乏自我覺察，以及自我認知與真實情況不協調，兩者相加所導致。早期的心理學家記錄了數不清的自我防衛機制，那些都是人們在面對冰冷的現實世界帶來的痛苦時，用來武裝自己的。無法看清世界的真貌，或者不清楚自己的立足之地，會讓我們不快樂、憤恨，以及孤寂。有人認為，要找出逆境與痛苦存在的意義，唯有透過自我接納。[15]努力去接納自我及世界的真貌——無論是好是壞——是邁向良好的心理健康與幸福感的第一步。而謙遜心能讓過程更順暢。

自我覺察與自我接納如何促進身心健康

培養謙遜心，能夠讓你覺察並接納根基於現實的世界真貌。這需要下工夫，但是值得。缺乏對自我及世界的準確理解，注定會落入社會文化構築出來的自戀陷阱，也很可能會因自身的錯覺而遇到麻煩：我們將停止成長、持續與他人有紛爭，並且把自己的精力耗費在膚淺的認可與讚美上。雖然聽起來無甚關聯，但擁有自知之明、對世界有明確認知，以及減少正向偏誤，其實跟促進心靈健康脫不了關係。我們來看看為什麼。

謙遜賦予我們自主權。培養自我洞察至關重要。熟悉自己，以及明白自己對現實的了解程度，相當重要；透過這兩者，才能知道自己的擅長（以及不擅長），進而充分利用人生。

知道以及接受自己什麼地方不拿手，能夠讓你將時間使用在其他地方。舉例來說，有些大學生遵照父母的心願，去選擇自己的主修科目，後來卻發現這樣的自己違背本心，也跟自己的志趣與熱情所在不符。我進大學時，本來主修經濟，但很快就發現，這樣的生涯規劃對我而言很空虛。要跟父母表明我把主修科目換成了心理學，需要鼓足勇氣；而我知道有些學生寧願遵照父母的心願，過著鬱鬱不得志的生活，也不願承認自己犯了錯，或者做出會讓他人不開心的選擇。我不敢想像，如果堅持自己最初的（而且絕對是錯誤的）選擇，踏進了經濟學的領域，人生會是什麼樣子。一定會很悲慘。但是謙遜能讓我們從桎梏中解放，讓我們過著更貼近自身價值與才華的人生，同時發掘出生命中那些需要成長與進步的地方。擁有自我覺察，讓我們得以主動塑造自己的生命，而非被動地因應周遭世界而活。

謙遜也能讓人明瞭自己的極限在哪邊，從而設下界線。自我覺察讓你得以發現自己的無知。研究發現，相較於自視甚高者，智識型謙遜的人更容易發現自己的無知。⑯謙遜的人更了解自己知識的寬廣與極限。也正因此，他們明白如何費工夫讓自己學習、成長，也知道何時該尋求協助。而他們這麼做，是因為好奇心及學習心，而非源於不知答案的自慚形穢或羞愧難堪。沒有人全知。許多人透過自主的訓練及有意識的努力，培養進而專精部分知識，有些人甚至是特定領域的專家；但若妄想習得所有的知識及能力，無異於痴人說夢。培養自我覺察的能力，能幫助我們明白自己在各個領域的極限；而謙遜心，則能夠幫助我們視自我極限為精采可期的成長「空間」，而非銅牆鐵壁般的界線。

同樣地，透過自我覺察及自我接納，謙遜能夠幫助我們設立更合情合理的目標。在知道了自己的能力及侷限後，就能設立更容易達成的目標。之後，隨著逐步前進，也能依據執行狀況，進一步（向上）調整目標。先前的研究發現，自尊心過高的人，在感受到危機的時候，就會設立不合理的目標。舉例來說，沒有感受到危機的時候，自尊心高的人能做出相當準確的預測，多數複雜的差事也都能做得很好；可是一旦自尊心感受到危機，他們的行事風格就會變本加厲，同時過度自信，導致他們無法達成自以為容易的困難目標。[17]每當我們過度自信，危機感就會促使我們努力去證明自己是多麼有能耐。過度放任——並且感受到危機——的自尊心會讓我們表現失常，因為我們會試圖加倍努力，只為了再次讓自己跟別人知道我們有多棒。如果缺乏自知之明，或者傲慢地迷戀自我，並使出渾身解數來試圖保護自己脆弱的自尊心，我們就會錯失成長與進步的機會，並且在事情不順己意時抨擊他人。記住，謙遜是一種安全感，其根源於知道並接納自我。但擁有自知之明，也能幫助你設立合情合理的目標，並且讓你能夠在朝目標邁進的過程中觀察自我，還能讓你承認自己的進度落後了，或者也許需要他人的幫助。

謙遜也能促進身體健康。如果你聽不進去實話，或者看不清世界的真貌，要怎麼學習或成長？如果你無知而不自知，要怎麼有新發現，或者習得新知識？你的思緒與行為會一直陷在正向錯覺裡，藉此來保護固有的我，以及看待世界的固有眼界。謙遜能讓你與真真切切的世界互動，進而使你得到貨真價實的個人成長。你對他人的評論能有更開放的心胸，也會尋找各種學習的機會。此外，你會養成一種漸入佳境型的思維模式——相信你能改變自己的個人特質，而非視個人特質為根深蒂固、一成不變——研究人員發現這對幸福[18]及成功[19]來說至關重要。

除此之外，還有一個好處：自我覺察與自我接納後，人才能學會自我疼惜。謙遜不單只是幫助你面對這個冷酷的世界；相關研究還發現謙遜與自我疼惜之間的明確關聯。[20]那些對自己（以及對於世界的看法）更誠實的人，通常也更善待自己。由於這份研究有其侷限，我們無法確知，究竟是看見真實的自我，能夠讓我們變得更善待自己；或者自我疼惜可能是讓我們將自己看得更透澈的必要元素（或者還有其他的因素導致上面兩種情況的發生）。無論如何，千真萬確的是，謙遜心跟善待自我息息相關。要從自我認識邁向自我疼惜，自我接納是關鍵，這樣才能以更加客觀且較不戒備的態度，去跟世界互動。

其他研究支持這樣的主張：雖然壓力有害身心健康，有幾個研究指出，謙遜的人較能面對困境。一份具代表性的全國性大型研究發現，壓力向來會導致幸福感低落、對人生不滿，以及症狀較嚴重的焦慮與憂鬱。[21]然而，這些負面效果對謙遜者的影響較輕微。相較於更不謙遜的人而言，在面臨各種壓力環境時，謙遜者更能維持較高的幸福感及心靈健康。在另一份報告中，研究者發現，謙遜所帶來的保護效果，能幫助減緩人在信仰過程中面臨的懷疑。[22]

相比於較不謙遜的人而言，維持謙遜心能幫助人們慢慢接受生命裡的客觀現實，從而不會為自身的宗教信念帶來深層的影響。他們能看見並接受世界的本貌，也更能處理壓力情緒。

邁向真誠

保持一顆謙遜的心，能夠帶來許多好處，初期的好處就包括了自我覺察與自我接納。在培養自我認識（看見真實的自我與世界）進而接納這些事實後，我們就會開始注意到謙遜的好處。如果能夠克服自己的自慚形穢感，並且避免虛榮自負，我們就對自己及生命有了自主權，能劃出合宜的界線、設立合情理的目標、尋求個人成長，也能更疼惜自己。我們本來的認知傾向，使得我們難以用客觀的方式，去跟這個世界互動，但踏上謙遜之路的第一步，便是要求我們真誠地去評價自己，以及我們所處的現實。這麼做可能很痛苦，畢竟這些認知偏誤之所以會以現在的方式發展，就是為了要讓我們能夠維持對自己的整體性正面觀點。乍看之下，鞏固自我原先的視角，讓世界變得更循規蹈矩，更符合我們的預想，似乎更好。但如今，我們知道由自身的偏誤所塑造的世界不過是一場幻象（並非客觀存在）。謙遜引領我們用疼惜及誠實的態度勇敢接受自我，也接受我們在世界裡的位置。一旦這麼做，生命將活得更真切，也更有意義。

Chapter 2 — Authentic Relationships —

真誠的關係

謙遜能增進人際關係。我們生來就是社交性的生物，每當人們被問到生命的意義源於何處，人際關係通常都是首選答案。我們最鍾愛的回憶——那些退休後依然存在，讓我們緬懷、留戀，經常令人醉心不已的記憶——通常都跟他人有關。人際關係能帶給生命意義，並創造出深層而持久的歡愉，但有許多人也在人際關係中體驗到相當多的不協調。有些人難以跟他人建立深度的連結，而其他人則發現自己苦惱於接連不斷的衝突與不快樂（不幸地，在美國，每年的離婚市場價值將近三千六百億元；自一九七〇年代以後，離婚率攀升了兩倍）。為什麼有些關係成功茁壯，其他關係卻困難重重？為什麼有些人能跟親友共享深層而有意義的情感關係，而其他人卻在親密關係中苦苦掙扎？我們又要如何增進自己在生活的各個領域中的人際關係呢？

答案或許並不令人意外，想要擁有健康的人際關係，自尊心經常是阻礙。當我們過度關注自己，就沒辦法接受反饋、言行總是充滿防備，也毫不考慮他人的需求：這會為人際關係帶來極大的危害。我們要耗相當大的氣力，才能保護一顆脆弱的自尊心；而每當這麼做，通常都會傷害到我們所愛的那些人。另一方面，心理學領域近十年的研究認為，無論是應對哪種類型的人際關係，從朋友到同事，以及家人到戀愛對象，謙遜都是相當必要的思維特質。如果人們擁有自我覺察的能力，能夠承認自己的侷限與錯誤；如果人們能夠反思自己的自尊心，並且約束自己的自私傾向；如果他們能想到他人的需求……研究發現，我們就會想跟他們建立關係。我們被擁有這種特質的人吸引，而我們跟他們之間的關係將別具意義、非同小可、充滿活力。接下來，讓我們來看看謙遜如何幫助人們建立並維持真誠的人際關係。

謙遜如何強化人際關係

在謙遜的所有好處中，最為顯著的是轉化人際關係。社會連結假說（social bonds hypothesis）認為，謙遜能夠持續幫助增進我們與他人之間的人際關係——從初識及有好感，度過各種挑戰及高低起伏帶來的壓力，直到長期夥伴關係的確認。因為謙遜的人會約束自己的自尊心，也會考量身邊人的需求及幸福，他們的人際關係得以蓬勃茂盛。

第一次見到我的朋友凱文（Kevin），是在我就讀研究所的時候。一個共同的朋友介紹我們認識，並說他認為我們會成為好朋友。在許多方面，凱文跟我相當不同。他會打鼓、是一所小教會的牧師、喜歡拍照、十分熱中於賞鳥。雖然我們的興趣不同（不過賞鳥成了我最近開始的休閒活動，這要歸功於我太太），我們的友誼能夠滋長——而且可能也是這麼多年來能夠維持的原因——源於凱文是個十分謙遜的人。他真心想要理解我；他詢問了我的家庭狀況、對我的研究很好奇，也經常聯絡我，問問我的近況。就讀研究所的最後一年，我的手足過世了，而凱文這位朋友展現了他的體貼與仁慈。多年以後，他寫了一首深深打動人心的詩給我，供我在父親的葬禮上發表。他既有同理心又為人著想，而且在自己不確定、有疑惑，或者就只是不知道的時候，勇於馬上承認——考量到他的社會地位，這是種非常罕見的特質。他時常為人著想，也接納他人的反饋，樂於讓自己成為一個更好的人。他很真誠，並渴望與他人建立真正的關係。雖然離完美還很遙遠，我時常將凱文視為謙遜的典範。能夠成為他的朋友，我認為自己很幸運。

要建立一段健康且快樂的人際關係有許多必備要素，而在所有的要素中，謙遜會是我的前兩名之一，位於共同價值觀的旁邊。心理學研究顯示，許多有益於人際關係的特質，其源頭都是謙遜。早期針對戀愛關係的研究發現，剛進入一段情感關係的人，基本上通常傾向於把自己的需求擺在最前面。❶他們通常優先考慮自己，盡可能將自己的快樂與滿足最大化。

以短期、暫時的戀愛關係來說，這樣的策略也許不算壞；但如果要追求一段健康而公平的長期關係，這樣的做法就不可行。到最後，人們必須改變自己的動機，將注意力從自私自利轉移成為互信互助。❷也就是說，他們的思維從只在乎自己，變成會去考量伴侶及關係；而這麼做之後，言行上就會開始變得關係化——在考量自己需求的同時，也會去考量伴侶的需求。

謙遜有益於關係的成熟。反之自戀者，也就是那些顯然不謙遜的人，情感關係對他們來說有如一場遊戲。❸進入一段情感關係時，謙遜的人會帶著極大的真誠、照顧伴侶，並且在乎關係的品質。此外，更有自知之明——心理學家稱為「自我概念清晰度」（self-concept clarity）——也會大幅提升關係品質。❹由於謙遜的人有自知之明，他們得以好好地與伴侶互動，而非躲躲藏藏、擺弄各種花招。

由於謙遜能促進關係的發展茁壯，謙遜的人通常都是高品質的戀愛伴侶。謙遜者的言行能讓別人知道，一旦與他們進入情感關係之後，他們想要獲得怎麼樣的對待。縱使伴隨著自戀心態而來的自以為是及自私自利的行徑一開始可能對我們有些吸引力，幾次之後，就會覺得了無新意；而自戀型的伴侶，也會開始把心力都耗費在找出各種理由，證實他們比我們更優越，從而保護一顆虛胖又脆弱的自尊心。真正的自信並非心高氣傲或輕蔑他人，而是根源於真誠及安全感。唯有具備安全感的人，才能為伴侶的成功喝采、承認自己的錯誤，並且細想自己的行為會對伴侶帶來怎麼樣的影響。當一個人的言行恰如其分——既不過度膨脹，捍衛自己的自尊心；也不會太渺小，在關係中畏畏縮縮——就能造就一段豐富多彩、互信互愛的感情關係。他們能夠接受逆耳忠言，不會總在尋找證據來捍衛過度膨脹的自我，也樂於重視伴侶的需求。

研究結果支持這樣的看法：具備謙遜心的伴侶受到青睞——證實這人或許會是個優良的長期伴侶。一項參與者超過九百人的大型研究顯示，謙遜被評為理想伴侶的最重要人格特質，其重要性超過體貼、隨和、嚴謹及開明。❺這樣的擇偶取向適用於短期與長期伴侶關係，只不過後者的傾向更強。研究人員的結論是，值得信賴可能是情感關係裡的核心關鍵特質——而謙遜的言行恰恰顯示了一名伴侶是否值得信賴。

雖然謙遜心對情感關係有益，但無論是看待自己或對待他人，我們的基本方針卻不是謙遜。我們之中的許多人將自我肯定建基於外界那些未必會發生的不確定要素上，藉此蓋起一棟搖搖欲墜的撲克牌塔，等待批評如同一陣風來將我們吹垮。我們抱持的認知偏誤扭曲了眼中的世界，藉此捍衛對自我的正面評價，也讓我們變得不願意，或是不能夠去接納具有建設性的意見。為了讓謙遜為我們帶來真正的轉變，我們得去面對自己脆弱的自尊心，以及為了捍衛自尊心而不斷湧現的強烈防衛姿態。

自尊心在人際關係中會產生的問題

脆弱的自尊心會徹底毀掉一段關係。人們在腦海中花了過多的時間跟精力，來維護那個光彩奪目、光芒刺眼的自我形象。但對多數人來說，這個過度膨脹的自我形象，以及必然存在其外的防衛姿態，根源於內心深處的不安全感及脆弱感，而這會損害我們與他人的互動關係。當外界的讚揚或認可不足以確立自我時，我們會匆忙地去蒐集證據來肯定自我，而非相信自己與生俱來的圓滿。在這個過程中，為了維持自我的正面形象，言行會變得防衛，進而嚴重損壞人際關係。倘若自尊心失控或脆弱，我們在人際關係中就會出現四個非常危險的行為模式：自私、缺乏安全感、有害的衝突，以及停滯不前。

自尊心脆弱的人最明顯的特徵，就是行為自私。為了確保自己的需求獲得滿足，自私不是件壞事；事實上，這麼做才是理所當然。可是若凡事只考慮自己，而且也危害到生命中的其他人，那就是個問題了。自尊心脆弱的人只在乎滿足自己的需求。他們只管確保自己的需求獲得滿足，絲毫不考慮他人的需求，也不在乎至親好友的感受。只要能夠領先，他們不在乎把他人踩在腳下。他們是第一個受到讚美的人，也是最後一個負起責任或受到責罵的人；他們通常會怪罪他人，並且規避責任。他們最常用的口頭禪是「不是我的錯」。倘若一個朋友、伴侶，或者同事不願意一同承擔責難，或者不願意為所作所為負起責任，那麼他或她就陷入了不健康的行為模式中。這種自私心態，也會誘引出其他人的自私心態，創造出一個有害的循環，裡面的每個人都自私自利。當每個人都只在乎自己，人與人之間就只剩下競爭，鮮少合作。而戀愛對象很快就會受夠這種不成熟的自私心態。

自尊心脆弱的人也會成為缺乏安全感的朋友及伴侶。由於從未真心相信自身的圓滿，他們便傾向於透過各種方式，將這種不安傳達出去。他們通常對伴侶抱持不信任。可能會試圖控制伴侶，或者言行中帶有欺瞞。同樣地，他們可能會試圖掩蓋真實的自我。他們的言行不真誠，或者隱藏了部分自我；畢竟，那些無法愛上真正的自己的人，發現自己很難相信別人會愛上真正的他或她。他們跟伴侶的相處可能很焦慮、依賴性很強、善妒，不然就是心事重重。類似的舉動可能包括不停確認伴侶人在何處，並且質疑伴侶的意圖跟動機。最後，他們可能會迴避真正的親密關係，與戀人間的互動只停留在表層、只尋求玩樂型的親密關係，或者藉由埋首於工作或耽溺於其他事物，來讓自己分心。所有這些舉動，都是為了讓他們不用表露出，以及接收到真正的親密關係及深度的情感連結。他們利用防衛姿態，讓自己無法從情感關係裡得到純然的快樂與愉悅。

自尊心也會造就有害的衝突（toxic conflict）。倘若人們把自己（脆弱）的自尊心擺在第一位，他們就會優先證實自己的觀點，而不去聆聽他人的意見，也不接受其他的證據。這也就是說，當意見產生分歧，人們自然而然就會傾向於不計代價捍衛自己的立場，勝過聆聽伴侶的想法，或者試圖尋求其他人的觀點。對他們來說，證明自己是對的比關係的穩定更重要。而聽到反饋時，他們傾向於展現出防衛姿態、為自己的行為辯護，合理化自己的行為，而非吸納反饋，圖求改變。對他們來說，承認自己的錯誤，或者為自己的行為道歉，相當困難。如果伴侶犯了錯，他們通常傾向於以牙還牙。如果伴侶因沮喪而斥責他們，他們會立刻加倍反擊。他們可能會想方設法來增加自己對他人的影響力或權力，因為他們擔心自己對自我的正面評價可能虛假不真，而他們需要更高的地位來肯定自我。綜上所述，這些行為會導致衝突加劇。一旦牽涉到自尊心，人們爭執時的言論會很不理性（比起與伴侶一同找出難題的解方，他們更在意輸贏）、抗拒他人的反饋、無法給予他人應有的尊重、捍衛自己的立場及行為、拒絕寬恕他人，以及迷戀於權力。這樣的行為模式會創造出兩人間雙向的有害對待，摧毀掉一段又一段的情感關係。

最後，這可能會導致自尊心脆弱的人面臨人際關係停滯不前的局面。他們不願意成長或改變。缺乏自我覺察的能力，沒辦法自問哪裡可以改進，也不夠了解自己——缺乏安全感或勇氣——以承認自己的短處。他們只專注在自己的強項，並認為自己一切都很好。再者，拒絕接受反饋及根深蒂固的防衛姿態，讓他們沒辦法思考或接納新觀點。倘若忙著捍衛自己的觀點，就很難對新的想法產生好奇心。因此，一旦自尊心介入，人們就無法用有意義的方式來調整或校準自身的諸多面向，以促使自己成長。他們會陷入僵局。當身邊的人都在成長，他們或許會覺得自己的成長幅度已然超越朋友或伴侶。

謙遜的轉變力量

以自尊心為核心的情感關係有上述四個負面特徵，而謙遜心能夠直接展開對抗。謙遜包含以安全感為出發點——怡然自足。謙遜的人相信自己擁有與生俱來的自我肯定及自我價值，超脫於外界不必然的讚美或認同等等。緊接著，謙遜也包含了準確的自我認知、約束自尊心，以及看重他人的幸福。在情感關係中，其表現方式為重視共同利益、心理上的安全感、有益的衝突（healthy conflict），以及成長茁壯。根源於自尊心及謙遜心的情感關係之比較，請見表三。

謙遜的伴侶能夠約束自己的自尊心，因此他們希望情感關係是雙方具有共同利益。他們會去思考他人的渴望及需求，也會考量他人的幸福。他們想要的是一段相互依賴、彼此對等的情感關係，而非把心力放在爭權奪利或相互批評對方的不是。他們不會只擔心自己的需求是否獲得滿足，因為與此同時，他們也會去考量他人的需求或渴望。謙遜者一旦相信自己圓滿無缺，就能結交穩固的朋友及伴侶。換句話說，心理上的安全感讓他們得以內省、承認自己的侷限、接受並採納反饋，以及承擔責難及責任。他們相信其他人。不會用緊迫盯人的妒意來讓伴侶窒息，也不會逃避親密關係及開誠布公。他們能夠坦然對待他人，藉此塑造深層而有意義的情感連結。

謙遜的伴侶並非完美無瑕，而且，一如所有的情感關係，衝突同樣常見。但是謙遜的伴侶明白如何擁有有益的衝突。他們不會以捍衛自身的觀點作為衝突的開端；相反地，他們希望聆聽他人的意見。他們承認自己的無知，也渴望學習。對他人的觀點抱持好奇心，也願意依據新出現的證據來改變自己的信念。歡迎他人的反饋，也不會持續追求權力。正因為如此，他們很容易成長。他們會依據從他人以及周

表三：兩種情感關係的比較圖

以自尊心為核心的關係	以謙遜心為核心的關係
自私：把自己的需求與渴望擺在第一優先順位	**共同利益**：同時考量自己與伴侶的需求與渴望
缺乏安全感：缺乏信任、盛氣凌人或迴避溝通、不真誠、有所保留	**具安全感**：信任、真誠、開放、追求親密，以及開誠布公
有害的衝突：防衛姿態、拒絕接受反饋、否認犯錯、追求權力	**有益的衝突**：開放、尋求反饋、對他人的觀點感到好奇、追求平等
停滯不前：不願成長或改變，膠著於固定的行為模式	**成長茁壯**：對新想法保持開放的心胸、依據反饋產生改變、成長與適應

遭世界所學習到的經驗而改變，樂於知道未來的自己將與此刻的自己有所不同，而這完全不是壞事。事實上，他們歡迎這樣的轉變。當我們不再耗費心力保護自己的自尊心，就能敞開心胸，發現感受愛以及參與世界的嶄新方式。

謙遜如何幫助情感關係

那麼，到底謙遜是如何促進我們的情感關係呢？過去十年內，心理學家都在鑽研這個問題，也生產出了不少資訊。研究人員透過各種不同的方法來找出答案，做法從要求人們來評量伴侶的謙遜程度；到直接利用個人填寫的報告，來衡量伴侶雙方的謙遜程度；到提供人們各種選項，選項中包括謙遜或者自負的程度，來讓他們選擇理想的伴侶形象。綜合各種不同的研究方式所獲得的結果顯示，人們更傾向於想跟謙遜型的人當朋友❻；更傾向於想跟謙遜型的伴侶（相對於自負型的伴侶）開展並維持戀愛關係❼；對謙遜型的戀愛對象更滿意也更願意付出。❽事實上，針對親密的戀愛關係所做的研究（包括自我評量及同儕評量）發現，即便將人格的其他面向也納入統計的考量，謙遜能提高情感關係的滿意度。❾有鑑於謙遜在一定程度上關乎優先考量他人的需求，這也就難怪無論是想要交友或擇偶，謙遜的人都充滿魅力：他們的謙遜表現，昭示了與他們建立關係，將會是如何的樣貌。在無數有益於一段健康又美好關係的人格特質中，謙遜獨占鰲頭。可是謙遜之所以對人際關係來說彌足珍貴，有可能會是什麼原因呢？

為了嘗試去解釋為何謙遜對一段健康的關係如此重要，同事跟我詢問了超過四百名受試者，問及他們的伴侶的謙遜程度，以及他們對情感關係的滿意度及願意付出的程度。[10]結果顯示，如果另一半稱得上具備謙遜的特質，他們的伴侶對這段關係的滿意度就會比較高。換句話來說，擁有一位謙遜型的伴侶，與擁有一段更美滿的情感關係有直接的正向關聯。此外，這份研究結果也表示，對情感關係愈滿意，人們也就願意為這段關係付出更多。倘若伴侶謙遜，人們就更願意付出。這份研究報告不單證實了社會連結假說，也標示出人們將謙遜視為建立關係的對象是否值得信賴的指標。當伴侶具備謙遜的特質，我們就會全心付出。

謙遜為何能夠提高關係的滿意度呢？有其他的研究試圖找出原因。其中一個研究獲得了跟上述相同的答案，再次確認了若要知道人們對一段關係是否滿意，關鍵就在於他們對伴侶付出程度的高低；但也同時補充了另一個可能的機制：關係中所抱持的感激之情。[11]這份研究發現，伴侶具備謙遜的特質時，人們更容易對這段關係抱持感激之情，而這也進而提高了關係的滿意度。擁有一位謙遜的戀愛對象，能夠讓人更願意付出，也對該段關係更充滿感激，而這兩者都是提高關係滿意度的祕訣。

這些研究有個不足的地方，就是他們都仰賴相互關係；也就是說，我們沒辦法得到任何因果關係型的結論。也許只要人們對關係感到滿意，他們就會更傾向於認為伴侶很謙遜：畢竟，如果一切都很順利，我或許會假定自己的伴侶一定是個非常謙遜的人。或者，也許人們只要愈付出，他們彼此間的言行就會愈謙遜。甚至可以說，人們之所以會心存感激，是因為彼此的關係進展良好。因此，要決定一項實驗是否符合因果關係的黃金標準，就是要能夠操控這份研究的部分特性，並且觀察人們會做出什麼樣的反應。我就主導過一個這樣的計畫，這個研究所假借的名目，是讓人們去評量約會對象的個人檔案。⑫

我們想知道，當人們握有選擇權的時候，是否真的會傾向於謙遜型而非自負型的伴侶。我們邀請受試者來到研究室，一次一個人，來參與一場有關約會對象數據圖的研究。首先，受試者要為一個約會網站撰寫一份自我簡介。接著，請他們做一份偽造的人格測試，其實裡面寫了什麼根本不重要，這只是用來讓受試者更相信我們希望他們相信的研究目的。然後，我們告訴受試者，這份研究的受試者需要幫彼此的個人檔案評分，要先評完一份，才能接著看下一份。他們在閱讀的那份個人檔案顯示，對方是個大二的學生，用了一些簡短又含糊的措辭來形容自己，例如「我運動神經還不錯，但還不算超級厲害」，搭配一份似乎是從測驗結果產出的數據圖表，圖表上列出了那個人在各個人格面向上的百分比成績。所有的受試者都閱讀了同一份個人檔案，除了一個關鍵的差異：在半數受試者拿到的數據圖表中，電腦計算過的人格測驗顯示，這個人的謙遜值在百分比中列於第八十七位；而在另外半數的數據圖表中，謙遜值則列於百分比的第二十四位。

結果反映了真實情況。在評量個人檔案時，如果受試者認為對方很謙遜，就會評分對方為較有魅力、更願意跟對方分享自己的個人檔案及電話號碼，也強烈表示想跟對方見面。為了增加我們對這些研究結果的自信，我們重複了相同的實驗，這次的受試者樣本數更大；也不再是使用一份僅有百分比差異的個人檔案，而是用一份具備自負型性格的個人檔案，去跟一份具備謙遜型性格的個人檔案比較。研究結果再次證實了原先的發現：絕大多數的人都想跟謙遜型的伴侶展開戀情。謙遜型（而非自負型）的伴侶廣受好評，而人們都很樂意主動跟他們開始一段嶄新的浪漫關係。

為了確保愛情關係健康，謙遜也相當重要。謙遜不單只是讓人更具愛情魅力，謙遜也對強化彼此之間的羈絆有所助益。針對各種讓伴侶會為了感情關係更加付出的研究發現，相較於自負型的伴侶，謙遜型的伴侶比較不會仰賴各種詭計，包括欺騙、剝削，或者操控等。⑬由於謙遜關乎心理上的安全感，謙遜型的人不需要仰賴控制另一半，或者採用一些不正當的伎倆，來讓伴侶離不開自己。他們知道自己圓滿具足，也知道他人尊重這樣的自己。當關係中充滿這樣的安全感，就能促進誠實與想法上的一致，也降低了不健康的操控或欺騙手段出現的可能性。而倘若伴侶雙方都謙遜，並且彼此都用圓滿具足的安全感與願意採納反饋的態度來對待另一半，這不單會讓這段健康的情感關係能安然度過多數的風暴，最終也能讓兩人共同成長。

展現真實的自我

渴望有所歸屬，是一種強烈的動機。事實上，這可能是人類最強的驅力之一，而且有個很好的理由：這是一種演化適應。⓮我們需要其他人來繁衍，並且增加生存機率（相較於單打獨鬥，加入群體比較容易擊退掠食者或其他威脅）。對孤獨一人的恐懼，是我們核心的存在焦慮之一。⓯因為如此，遭到排拒猶如芒刺，受到排擠讓人痛苦。我們不喜歡覺得被人排除在外、遭到遺棄、受到忽視，以及被人孤立。

由於極力希望能避免遭到排拒，我們時常沒辦法在別人面前展現「真實」的自我。由於擔心別人會因為某些面向而排拒我們，我們隱藏那些面向。賣力展現最完美的自己，心底深處希望沒有人會看見任何不完美的地方，進而導致他們離去。這個深層的恐懼不單只是受到排拒，而是被看見完整的自己而受到排拒。當人們窺見我們真實的一面——那毫無遮掩、凌亂不堪、有所缺憾的自我——並且決定離開，就會在我們的心裡留下長久的痛楚。出於恐懼，我們戴上了面具，也避免展露完整的自己。我們的動機是出於自我保護。

自我保護的渴望壓抑了快樂，讓我們無法完整體驗愛情與接納的豐富與深度。因為擔心受到排拒，掩蓋了真實的自我，沒有給予自己一個機會，讓一個人可以愛上真正的我們。要是真的能找到一個人，這個人看見了完完整整的我們，也願意接納這樣的我們呢？這樣的愛情與接納，能夠帶來轉化及療癒。但如果我們永遠不敞開自我，將永遠也不會知道那種感受。而且因為隱藏了部分的自我，我們或許會總是在猜想，那些愛我們的人，如果在徹底知道了我們的一切之後，是否還會愛我們如昔？

我們讓自己落入了一個陷阱。害怕遭到排拒，因此我們隱藏自我，讓自己免於受傷；但一旦我們隱藏部分自我，就沒辦法徹底去感受愛情，而且可能總在猜想別人對我們的愛是否有條件；如果展露出真實的自己，這樣的愛情是否就會消逝。無論怎麼做，這樣的防衛機制都讓我們無法獲得一段豐富而真誠的感情關係，也讓我們沒有辦法去體驗愛情的深度。我們的內在守衛不斷起身，讓完完整整的痛苦及愛情都不得其門而入。

謙遜或許能為這個過度防衛的問題提供解方。如果人們不再缺乏安全感，知道他們擁有自我價值，就比較不會被他人的評價所吞噬。當然，受到排拒依然痛如芒刺，但如果能不再欠缺安全感，如果人的心安了，就能更有勇氣，敢於試著表露真實的自我。同樣地，只要對自己有足夠的理解，敢於揭露自己的好與壞，有助於加速彼此間真心真意的開誠布公。一旦明白自己的優點與價值，他人的排拒就只成為了對方的選擇，我們不會歸咎為自身的問題。而當他人展露真實的自我時，我們若能報以同理之情，對方也將接納我們，從而創造出一個人人都能敞開自我的安心環境。確實，謙遜與真誠總是結伴而來。

謙遜是一段關係真摯與否的關鍵特質。當人們能夠安心地將真實的自我——他們的本來面目——在他人面前展露，就能讓關係變得更真摯。當然，在感情關係中，這樣的安全感必須同時來自雙方；一段最具安全感且真摯的關係，其關鍵特質通常是彼此的謙遜。研究報告顯示，真誠與謙遜息息相關，兩者的關聯性遠勝過其他人格特質之間的關聯。[16]我們在一段情感關係的進程中，看見了謙遜貨真價實的魅力。在這個章節中，我會探討謙遜如何在人際關係的進程中，幫助形塑一段嶄新（而且可能也更真摯）的關係。

謙遜有益於形塑嶄新的人際關係。[17]在一份研究報告中，同事跟我找了一些大學生來實驗室，並安排他們分成不同的小組。從未見過彼此的他們，被指派完成三個不同的任務，藉此激發他們的謙遜心。一開始，他們大聲地跟小組成員說明身為領導人的優勢與弱點。接著，他們參與了一項團體活動：他們得要想像自己是太空人，緊急迫降在月球上，距離原本計畫的會面地點三百多公里遠，必須決定如何分配資源來完成這趟遠行。在經過一輪的討論，決定了要帶哪十五樣能夠確保存活的物品後，他們完成了最後一項任務，也就是眾人集智面對一系列富挑戰性的考題。而在這場一題接一題的考試中，唯有眾人一致同意了某個答案，才能繼續挑戰下一題。這樣的情境很容易出現權力的不對等及爭議性的辯論。研究結果顯示了兩個重要發現。首先，真正謙遜的人不會浮報自己的分數，但是自大的人會。也就是說，自大者給自己的謙遜值評分，高於其他人給他的謙遜值評分；相反地，謙遜者給自己的謙遜值評分，跟他人對謙遜者的謙遜值評分較接近。再者，也是最重要的，人們都欣賞也尊敬那些具備謙遜心的小組成員，並且表示希望未來還有機會跟他們共事。簡單來說，謙遜的人廣獲接納，他人也希望能繼續與他們保持關係。這樣的結果顯示，在初次會面時——特別是處於一個可能會遭遇衝突的共同活動中——謙遜心是能夠吸引可能的朋友及隊友的重要標誌。

讓關係得以茁壯

謙遜也能幫助關係茁壯。有一些研究在探討謙遜如何對關係維護作用（relational maintenance functions）——那些能保持關係的完整與健全的行為——帶來益處。相關的例子包括有益衝突（以有益的方式爭論）的存在；在冒犯他人的行為發生後，以寬恕的方式來修復關係；伴侶的言行很自私時，以建設性的方式去應對；以及建立信賴感。關係的建立只是第一步，還有許許多多的作業待完成，方能維持關係的完整與茁壯。

無論是在任何關係中，衝突都是不可避免的，但重點在於如何去處理衝突。謙遜能促進有益衝突的發生。一份研究報告檢視跨族群的伴侶處理文化相關的爭執時，謙遜心如何提供協助。[18]有時候，來自不同族群或種族的伴侶，會針對文化相關的主題產生爭執，但重點在於他們如何去爭執。如果落入無效的爭執模式，也就是爭執不斷發生，導致伴侶雙方都覺得自己的想法沒有獲得聆聽或理解，關係的滿意度及心力的付出都會隨之衰減。然而，謙遜型的伴侶能推翻這樣的模式。如果伴侶是謙遜型，在處理文化相關的爭執時，兩人的爭執模式就不會那麼停滯不前。起爭執時，謙遜型的伴侶能夠以較有益的方式去進行：他們直言不諱、傾聽伴侶的想法、坦然接受反饋、努力去理解伴侶的觀點，並且以同理與尊重的心態對待另一半。此外，一如我們已經讀過的，擁有一個謙遜型的伴侶意味著關係的品質會更好。在爭執過程中，謙遜的人聆聽、接納，並且懂得欣賞自己與伴侶間的不同。謙遜能夠讓爭吵更為有益，因此有助於提升關係的品質。

謙遜還能幫助人們修復關係中受到的傷害。有時候面對自己所愛的人，我們會說出傷人的話，會做出不體諒的行為。我們的言行可能既自私又無禮。衝突與壓力可能會引發冒犯的行為。謙遜能幫助我們去寬恕。在一場研究中，同事跟我以近距離關係型伴侶及遠距離關係型伴侶去進行比較。[19]我們請他們回想另一半如何冒犯了他們，接著說明自己寬恕了對方幾成，以及他們覺得自己的伴侶有多謙遜。我們同時也蒐集了以下資訊：那次的冒犯行為有多嚴重，以及受試者通常有多容易寬恕對方（寬恕特質）。即便將冒犯的嚴重程度及日常的寬恕傾向納入控制項，結論依然顯示，人們較不容易寬恕遠距離關係型的伴侶，除非另一半是謙遜型伴侶。由於要處理各種繁雜事項所帶來的壓力，因此遠距離戀情會使人不願意寬恕對方，除非另一半是謙遜型伴侶。我們更容易寬恕謙遜型的伴侶，他們可以稍稍平緩遠距離戀情所帶來的各種挑戰。

透過促進寬恕的可能性，謙遜能夠提升我們對關係的滿意度。同事跟我還有另一項研究，我們透過長時間追蹤受試對象，來觀察謙遜為寬恕行為帶來的益處。[20]我們刻意找來一些人，他們在過去的兩個月之內，都有被伴侶冒犯或傷害的經驗。他們寫下了伴侶的冒犯行為及伴侶的資訊。在接下來的六週之內，我們每週都會調查他們，詢問他們對伴侶的冒犯是否又多寬恕了幾分，以及他們對伴侶的想法。研究結果對謙遜的效力提供了強而有力的證據：在研究的過程中，如果伴侶是謙遜型，那麼在隨後的幾週內，他們獲得寬恕的機率便大幅提升。謙遜者能讓人更願意去寬恕。

還有另外一項研究，能夠凸顯寬恕的重要性，研究對象是正處於親密關係中的女性，她們均曾經冒犯過自己的伴侶，也認為自己有錯。[21]謙遜型的伴侶，在犯了錯以後會坦承自己有錯、為犯錯負起責任，也更願意寬恕另一半，因為他們明白自己有錯，因此也更願意接納另一半的觀點。這些行為模式能鞏固關係，並且有益於確保雙方的心理需求都獲得滿足。

謙遜也能建立信賴。謙遜跟真誠猶如一枚硬幣的兩面。研究顯示，謙遜的人傾向於更信賴自己的伴侶，較不謙遜的人則較不容易信任伴侶，也經常會要求朋友協助，以確保自己的伴侶沒有出軌。㉒謙遜的人之所以較願意去相信伴侶，有可能是因為他們對關係更有安全感，或許他們認為自己的伴侶更滿足於這段關係。不論答案為何，跟一個謙遜的伴侶交往，意味著兩人的關係能更穩定持久；互信互重（而非玩弄心理遊戲或詭計巧詐）的關係，也讓另一半更投入也更付出。

最後，謙遜也是堅定的長期關係的基石。研究發現，在結了婚的伴侶中，謙遜能建立起信賴感，促進兩人找出各種和好的方法，進而提升關係的滿意度。㉓也就是說，認為婚姻中的另一半具謙遜心時，人們會更願意相信他們；而他們也會在關係出現裂縫的時候，更容易感受到另一半嘗試修補的各種行為。重要的是，在評量是否謙遜這件事情上，相較於伴侶自己的評量，倘若評量者是另一半，那麼正面結果的出現機率會更高。光是你認為自己謙遜還不夠，必須是伴侶認為你謙遜才行。但若他們認定你謙遜，就能讓諸如婚姻這一類的長期關係變得更信賴也更滿足。

避開可能的陷阱

謙遜的伴侶有可能會遇到一些陷阱。把自己想得太卑微——一種既不準確也不謙遜的自我認知——會削弱情感關係，因為這些人完全不會去考量到自我的需求。請記住：謙遜的人有精準的自知之明——既非自我膨脹也不是自我否認——而且能夠把別人的要求放在優先，但程度不會嚴重到危害自身的福祉或關係的健康。舉例來說，如果在一段關係中，一個人總是在付出，從未考量自己的需求或渴望，就可能會導致彼此的界線變得模糊，或進入不健康的相互依存關係。在一段健康的關係中，擁有清楚的界線仍有其必要性。每個人都應該知道自己的底限在哪裡，而伴侶的界線又從哪裡開始。當然，最終的目標是相互依存：我影響你，你也影響我；我們非常在乎對方，但我跟你並非綁在一起。你跟我各自依然是獨立的個體。因此很重要的一點是，謙遜不會導致自己迷失在關係中。由於具有自知之明，謙遜的人活得很有安全感；也因為這份安全感，他們能夠同理他人，並且關愛他人。

另一個相關的陷阱是，謙遜的人遭到了自負型伴侶的剝削。多數研究都將重心放在個人的謙遜上。即便考量到謙遜對關係帶來的影響，仍只有少數研究將重心放在伴侶雙方的謙遜心上，因此同事跟我就直接著手了。[21]作為博士後研究的一環，我跟研究寬恕的專家埃弗雷特・沃辛頓（Everett Worthington）合作，我把研究重心放在新手父母上，藉此想更理解在面對壓力時，寬恕與謙遜所扮演的角色。沃辛頓博士想要看看，如果在壓力事件尚未發生前，受試者就已具備謙遜心，那麼在壓力事件發生的過程及之後，是否能帶來更好的結果。初為人父母，是人生中少數的特殊情況，因為（一）必然存在「前壓力期」，我們知道受試者的人生即將面臨重大改變，也有時間在改變發生之前，邀請受試者來到研究室，以及（二）幾乎能確定受試者要面對相當的壓力。在一次這樣的分析中，我們先在懷孕三期（懷孕後期）評估了新手父母們的狀況，接著則是寶寶三個月大、九個月大，以及二十一個月大的時候（距離最早的「基線」評估兩年過後）。[25]這個研究發現，雖然多數受試者的壓力都隨著時間攀升，但擁有一個謙遜型的伴侶（經過我們的評量）與經歷較少的壓力息息相關。一份不同的分析報告上也出現了類似的模式，該份報告的研究對象，是寶寶剛出生時的父母。[26]謙遜能幫助人們免於受新生寶寶所帶來壓力的部分影響，也讓伴侶雙方更能適應新的生活型態。

這些研究結果顯示，如果伴侶雙方都是謙遜型，人們在第一個孩子出生以後的那段壓力時期，心理健康狀態會比較好，對關係的滿意度也較高，面對爭執所起的生理反應也會比較輕微。然而還有另外一件事：這樣的結果，唯有發生在伴侶雙方都是謙遜型的時候。如果伴侶的其中一方是自負型，所有的效果盡數消失。在面臨為人父母或持續性爭吵所帶來的高度壓力時，自負型的伴侶有可能會想要主導，或甚至剝削謙遜型的另一半。如果其中一方總在給予，或甚至總想著要付出或讓步，不滿的情緒可能會累積，精神上的消耗可能會對關係造成傷害。在這種高風險的情況下，伴侶之間極度需要的，就是雙方的謙遜。會考量對方並且相對謙遜的伴侶雙方，不僅能從這樣的情況中受益更多，也能建立更強的情感關係。

這項研究有一些重要的意義。其中之一是，慎選伴侶很重要。謙遜不單對關係來說很重要，擁有一位謙遜型的伴侶更是十分必要。隨著生活壓力的累積，或者伴侶雙方發現自己為了金錢、性愛，或者（很諷刺地）溝通等問題而爭吵時，能擁有一位謙遜型的伴侶幫忙處理這些問題，會讓一切情況大不相同。此外，相關研究強調了建立關係價值（relational value）的重要性。[27]所謂關係價值指的是，當伴侶雙方認定了另一半，並接受對方在自己的生命中扮演一個關鍵的角色。他們認為這段關係有其意義。他們在乎伴侶以及這段關係。這樣的關係價值能夠避免積怨、報復，以及剝削。如果人們珍視情感關係以及關係中的伴侶，就不大會去剝削或意圖控制另一半。最後，這項研究揭示了謙遜有其極限：謙遜沒有辦法修復關係中的所有疑難雜症。就算伴侶的其中一方盡可能謙遜，一個自負的另一半就能毀掉這一切。

一如多數的情況，謙遜只是我們得以依賴的眾多美德之一。你要擁有智慧，才能知道何時要優先仰賴勇氣與正義。當信賴已經受損，關係已不再讓人覺得安心，謙遜可能不是最有幫助或最健康的優先選擇。此外，如果想確保自己的界線沒有遭到侵蝕、需求獲得滿足，以及個人的身心健康被納入優先事項，那麼你可能需要挺身而出的勇氣，來面對一個自我中心的伴侶；你可能也需要行動力，來確保這份關係沒有落入剝削的模式。比較謙遜的做法是保持自我覺察的能力，來判斷一段關係是否已經不再令人覺得安心；以及擁有往前走的安全感，來決定那段關係是該通盤檢修，還是就到此為止。

如果能處於謙遜帶來的安全感中，避開驕傲自大及自我否認，那麼情感關係可能會為我們帶來極大的好處。劃定能夠保護自己免於受到伴侶剝削的界線，以及努力去培養這段情感關係中的價值，藉此創造出一個雙方都能自在做自己的環境；雙方的成就都能獲得慶祝，雙方的損失都能獲得慰藉。在一段健康的情感關係中，我們能充分感受到平等、互惠、互相依賴。這些特質將深深影響我們與其他人之間的連結。

讓我們更可能擁有健康的關係

謙遜無法解決所有感情關係中的疑難雜症，但在所有能帶來助益的諸多美德中，它可能位居要職。從建立安全感、摒棄防衛姿態做起、真誠地分享自我想法、把他人的需求納入優先考量，以及信賴、尊重他人等等，能夠讓伴侶更投入、更感激，也更滿足，也能讓關係的運作更順利。謙遜的人通常是更好的朋友、員工，以及伴侶。他們對反饋敞開心胸，也願意去改變及成長。有鑑於日益嚴重的孤單與寂寞，各種可能強化人際關係的方法都值得努力嘗試。如果人際關係能夠更穩固、健康，人生或許甚至會因此變得更有意義。

抱負與成就

查克・菲尼（Chuck Feeney）在工人階級的家庭長大。在結束康乃爾大學的學業以後，他跟夥伴共同創辦了環球機場免稅店集團ＤＦＳ（Duty-Free Shoppers），後來集團擴張到超過四百個營業據點，幫他在職業生涯中賺進約兩百四十億元。許多國際旅客都在各國的主要機場見過這些商店，也很熟悉這個品牌。比他那充滿勤勉及毅力（或許還有一點運氣）的成功故事還要驚人的是，他順利在還活著的時候，把他賺到的幾乎每一分錢都給了出去，而且多半都是祕密進行。

有錢人把部分財富捐出去並不是罕見的事。然而，只有極少數的人（如果還有其他人的話）能把全部都捐出，且多數富翁都會透過冠上自己名字的基金會或是其他方法，讓大家知道捐款人是誰。醫院的大樓或是大學的建築，經常都以主要捐款人的名字來命名。然而，菲尼這人不一樣。美國商業雜誌《富比士》形容他是「慈善界的詹姆士・龐德」。要到了一九九〇年代後期，由於一起商業糾紛，才揭露了他與一個十分慷慨的慈善基金會有關，他打算藉由該基金會將財富都捐出去。《紐約時報》記錄了他一生捐出財富的事蹟，提到他總是過著簡樸的生活，飛機經常搭經濟艙；避開昂貴的館子，都在小咖啡館裡點漢堡。他捐款時通常都會有附帶條件：不要提到他，也不要讓他的名字出現在任何計畫中，即便這些計畫都有他的慷慨贊助。如今，他跟太太過著相對安靜的生活。他們夫妻兩人住在一戶租來的公寓裡。在祕密捐出了近兩百四十億元後，他的存款只剩下近六千萬元，對比他本來的財富可說是九牛一毛。許多人認為菲尼是謙遜的典範，捐出了這麼多的財富，卻不尋求大眾的稱揚或讚美。有沒有可能，菲尼在事業上之所以能夠成功，至少有一部分或許跟他的謙遜有關呢？

批評者將謙遜與缺乏成就或安於平庸劃上等號。畢竟總是把關係搞得一塌糊塗、徹頭徹尾的自戀混蛋賈伯斯，協助創辦了名聞天下的蘋果企業帝國、貢獻出實用也廣泛獲得運用的技術，而且讓自己跟公司股東一路上賺進了大把鈔票。他的成功故事意味著自負能搞定一切，對吧？但這樣的論述之所以有問題，有幾個原因。首先，它讓「成功」的定義變得很狹隘，單一而流於純粹的資本主義；無論財富或事業的成功，都不是身心是否健康的關鍵指標，對個人的人際關係也未必有益。再者，它讓謙遜落入了成就的泥沼。然而，研究證實，在團體或公司中，若想獲得相當程度的成功，謙遜是個普遍或甚至是必要的特質。謙遜是轉型領導（transformational leadership）的基石。第三，類似的說法誤將謙遜視為膽怯。在抱負與成就的領域中，自負確實有其重要性，但光有自負還不夠。自信跟能力是事業成功的關鍵，但光靠這兩者通常還不足。野心十足的領袖可能會榨乾下屬，力求表現的職員可能激怒同事，除非他們夠謙遜。

如菲尼所展示的，欠缺抱負與事業心，一個人不可能從一個永續型的事業賺進約兩百四十億元。但謙遜在他的成功故事中扮演什麼樣的角色？甚至，謙遜如何帶來傑出成就，並且幫助有野心、有抱負的個人、團體，或公司茁壯成長？在詹姆・柯林斯（Jim Collins）極富創見的《從A到A⁺》（Good to Great）一書中，他提到了「第五級」（Level 5）領導，這種領導人物結合了不容妥協的願景（或意志）與謙遜。謙遜型的領袖會將公司的價值與運作擺在第一優先，而非著重於個人的成就，因此通常能夠從員工身上引導出強烈的信任與投入。❶最近的研究強調了謙遜在職場的重要性，以及完全仰賴自己的陷阱；畢竟事業體的經營本來就仰仗各種人際關係。❷相關研究成果讓學者們將謙遜視為領導者與經營者應該擁有的關鍵特質，也是應當加倍珍視的員工特點。❸謙遜通常意味著更好的客戶服務品質、滿意度更高的員工，以及更有彈性的組織結構。縱使如此，企業界卻經常忽視這件事，❹這樣的疏忽可能會讓企業付出高昂的代價。

謙遜與權力

最需要謙遜的地方通常也是最難實行的地方，例如在握有權力的時候。人際潤滑假說（social oil hypothesis）認為，當權力不對等或極有可能發生衝突時，謙遜能協助避免關係損耗。這件事情，可以在領導的本質上看得清清楚楚：畢竟領導者通常位高權重，隨時都有面對衝突的可能。可是謙遜型的領導有什麼特質呢？臨床研究認為，謙遜型的領導者能夠在競爭目標裡的服務（能夠退一步）與採取行動（賦予他人權力、實施責任歸屬，以及資源的調度）之間找到平衡。❺這看起來非常像站在人們的背後指揮他們前進。說起來，這個研究揭示了在領導者手握大權時，謙遜的重要性也隨之無可比擬。愈位高權重，謙遜對員工的精力、付出，以及參與程度的影響就愈大。換句話來說，握有相當權力時，謙遜型領袖的效用就特別大。

謙遜能幫助人們關注他人的需求，使得他們能成為更優秀的領導者。謙遜的領導者能感知到下屬的需求，他們提供的答覆也更符合所需，藉此促使工作環境運作得更順暢。他們知道接受責難與共享讚揚的重要性；同時廣納反饋，做得好的就繼續，需要改進的就改進。在容易衝突或權力嚴重不對等的情況中，我們通常都會想著盡可能去保護自己的自尊心。我們可能會想要確保自己獲得關注及讚美，我們的觀點也獲得接納，即便那意味著可能會拋下自己的同儕。誠然，核實及公平分配讚揚與資源一事很重要。可是在高壓的環境中，我們的自尊心感受到的威脅感會加強，因為我們會覺得有太多的風險。這可能會導致人際關係嚴重毀壞。養成謙遜的思維，能夠平衡自身的抱負，讓路走得長遠。兩相搭配，謙遜跟抱負會是強力組合。

如果領導者的領導風格問題百出，或者組織結構缺乏效率，謙遜通常都是解方。同時具備謙遜及好性情的上司，多數情況下不會被認為粗暴無禮。❻相同地，領導者如果具備謙遜心，就會更願意將權力下放給下屬（或雇員），這樣的上下關係會更為鞏固；雙方在本質上，也都接受階級組織中權力的流動性。❼當個人握有權力，謙遜能幫助他們保持自制。

一個很巧妙的實驗研究，證實了謙遜在平衡權力一事上所扮演的重要角色。研究團隊採用了一種稱為「獨裁者賽局」（dictator game）的經濟學遊戲，來創造權力的不對等。在獨裁者賽局中，參加者可以決定如何把金錢分配給自己跟一個虛構的夥伴，研究發現，謙遜與剝削行為的減少有正向關聯。❽當握有絕對的權力時，相較於自私自利的傾向，謙遜與慷慨大方的心態有正向關聯。權力是個麻煩的課題，握有權力的人能夠輕而易舉地剝削他人或做事不留餘地，謙遜能幫助他們避免鑄下這類大錯。

從我變成我們

一個謙遜的領導者會把思維從我轉移到我們。研究者認為謙遜之所以是魅力領導者的關鍵要素之一，一定程度上是因為這類型的領導者較不會把注意力都放在自己身上，對他人的觀點也保持更開放的心胸。❾事實上，除了寬恕與正直以外，謙遜能促進轉型領導——領導風格的一種。這種領導人物能夠激勵追隨者、鼓勵個人成長，並且通常得以製造出優良的成果——的誕生，也讓人們更有意願去追隨該位領導者。❿謙遜能讓人的思維觀點變得寬闊，從只在意自己，到考量他人的需求，以及更大的組織或社群的需求。

謙遜型領導者的思維從我變成我們，已經證實會對員工產生影響。在謙遜型領導者的帶領下，員工更願意分享——親口說出——具有建設性的質疑觀點及創新的想法，藉此促進組織的茁壯；因為他們會覺得身為追隨者，這是應當參與的行動。⓫根據研究，擁有一位謙遜型的領導者，員工會對個人的權力有更明確的認知，這會促使他們大聲而公開地表達自己的意見。⓬身處謙遜型領導者的麾下，人們會覺得自己被賦予了話語權，也知道上司鼓勵（若說不是期待的話）他們這麼做。這樣的賦權會產生什麼結果呢？團隊會變得更積極。一份研究了超過五十名領導者與三百名下屬的報告發現，如果下屬認為領袖很謙遜，他們在心理上就會覺得自己比其他員工更有權力，而這與更積極主動的行為有正向關係。⓭謙遜型的領袖會以身作則，把權力帶來的好處跟人際關係中的每一個人分享，從而使得團隊的能力更優秀。

謙遜型領導風格的優勢，面臨壓力時最清楚明瞭。同事跟我進行了一場質性研究，研究對象是人道救援組織內的領導者——他們經常必須處理災難發生之後的危機——我們藉此詳細說明了謙遜的益處。[14]這些領導者——被形容為坦蕩開放、虛心受教、意識到自身的人道背景及使命感，以及品行端正——不會獨占功勞、坦承犯錯，並關注他人需求。這會為員工、夥伴、組織及受惠對象帶來大量益處。謙遜型的領導者會覺得工作更有意義；員工的認同感更強，工作品質也更高；組織的運作更順暢，比較不會彈盡援絕；而更重要的是，他們服務的對象會覺得自己被看重。

在備受壓力的情況中，領導者會陷入各種傳統而可靠的思維模式中，這雖然省時間也省精力，但可能會帶來嚴重的問題。我們會變得比較不去尋求，甚至不會去留意新的資訊，導致我們輕而易舉地就老調重彈、故技重施——即便最後的成果泰半不如人意。在有壓力的情況下，我們可能會變得動彈不得。然而，謙遜型的領導者能夠做出不同而有效的成果。因為在決定時，他們會努力尋找，並接納那些更客觀的資訊——研究者稱之為平等資訊處理（balanced processing）。[15]他們充分體現了廣納反饋的精神，聆聽對象從員工、同儕到上司都不例外。仍舊缺乏經驗時，自負型的領導者會變得僵化而封閉，反之謙遜型的領導者則富彈性而接受新知，他們可以藉由請益、學習，以及聆聽，來克服自己的經驗不足。[16]為了讓組織更好，他們拋開自尊心，也獲得了更好的成果。

這種開放的心胸有幾種不同的表現方式。一項針對商業領導者的研究揭示，謙遜的人有兩種特質：成長心態（growth mindset）及關係認同（relational identity）。[17]前者所指的是，視一個人的性格與特質為可塑或可變，而非不變或固定。具備成長心態的人可能會說：「我現在做得還不夠好，但我可以去學。」後者所指的是，認為自己與他人互相連結，並且重視群體關係的健康及運作狀況，無論這裡的群體指的是兩人關係，或者是更大的團體或組織。謙遜型的領導者認為自己的特質與能力都可以培養，而且他們也知道自己隸屬於更大的群體，也對該群體負有責任。因此，謙遜型領導者的下屬表示，在這樣的上下關係中，他們覺得自己更有精力，較不會情緒耗竭（emotional exhaustion）[18]，這又與更好的工作表現——包括主觀認定與客觀衡量——息息相關。領導者是謙遜型時，人們就更有可能把工作做好。

謙遜能為職場帶來什麼好處？

我們已經見識過了，謙遜型的領導風格，能夠讓員工在多方面變得更優秀；可是對組織而言，又能帶來什麼好處呢？研究發現，如果領導者是謙遜型，人們表示自己對工作更投入、對工作更滿意、對團體的目標更有完成意願，自願離職率也會下降。[19]人們想要為謙遜型的領袖效力。畢竟，謙遜型的總裁，會確保最高經營管理團隊內的薪水較為均等，從而使得組織的財務表現更佳。[20]事實上，透過財富的分享，謙遜型的總裁能夠幫公司製造更多的財富。而謙遜型的領導者不單只分享財富，也更傾向於分享領導權——一種更具交流的合作模式，讓團隊成員彼此依靠、每個人都有影響能力，並且共同決定為了達成團隊目標的前進方式。[21]謙遜型的領導風格很適用於商業環境。

我們不妨來看看，在職場中採用謙遜心會有哪些主要的效果。請記住，工作環境本來就仰賴眾人，近似於我們在第二章討論過的情況——有關謙遜如何促進親近的人際關係——將會發生。更重要的是，這個研究的背景是設定在工作場合，關注的點在於有效的領導風格。我接著用俯瞰的方式，來呈現研究的發現。

謙遜心能激發真誠。一系列的研究發現，如果領導者是謙遜型，下屬會覺得較安心、不會覺得受到威脅，更容易感覺到上司的真誠，自己的言行也會變得真誠。[22]謙遜不單只對領導者來說重要，下屬也會受益。一項研究發現，謙遜型的人會避免「印象管理」（impression management）——也就是用來操控他人的行為。[23]那些非常謙遜的人較不會自我推銷（自吹自擂或誇大其辭）、逢迎拍馬（故意做出讓別人喜歡自己的事情）、居功自傲（透過「超出預期」的表現來讓人覺得自己工作很認真）、威脅恫嚇（試圖展示自己的權力或讓別人覺得不安）或者楚楚可憐（公開示弱，讓別人關懷並可憐自己）。從這些例子中，我們可以總結，在職場上，謙遜型的人很真誠。

至於在人際關係方面，謙遜能夠在職場上促進信任。一項針對超過二百五十組工作夥伴的研究發現，下屬很信賴謙遜型的領導者，除非他們認為上司是行謙遜之名假操弄之實。[24]不管在組織的內部或外部，信任都至關重要。在我的研究中，我們發現人們認為謙遜型的領導者更值得信賴，從而使得人們願意為了完成謙遜型領導者的目標，捐出更多的金錢。[25]人們如果想從事慈善行為，要把辛苦賺來的金錢捐獻給例如非營利組織時，他們有一部分會考量到，自己是否信任該位領導者（或者該組織）。謙遜意味著值得信賴。

謙遜能促進創新與創意。一項針對超過一百五十人的研究發現，謙遜型的領導者，很能夠激發出下屬更多的創意。[26]另一項研究的重點，則在於謙遜型的領導者如何對下屬的創意帶來正向的影響。[27]之所以能激發更多的創意，源於人們覺得可以安心地分享資訊，到最後則分享了比預期的還要多，嶄新而截然不同的創意便由此而生。[28]一旦人們的交流增加，提供給彼此更多的反饋，尤其是在更多形形色色的團隊中，這會讓創意更為五花八門。[29]謙遜能提供人們一個分享想法而不會受到批判的空間，讓人們能夠彼此交流，並且透過鼓勵所有人自在地腦力激盪，加強了團體內各種想法的誕生。

謙遜型的領導者，能培養出有彈性、以成長為導向的團隊。田野調查與實驗性研究均證實，領導者如果是謙遜型，下屬會更有彈性。[30]當人們覺得組織內部的政治行為偏向高風險的情況時，這點尤其重要。[31]這樣的工作環境可能會帶來壞處，但是謙遜型的領導風格，能夠透過幫助人們變得更有彈性，來降低任何的負面影響。不單如此，這些領導者還能促進發展與成長。[32]長久下去，員工的適應能力將大幅提升，這對促進公司的盈虧狀況有正面的影響。[33]創造出人們可以透過適應壓力，來克服難題的公司文化，能夠讓組織變得更靈活；也能讓組織更上下一心，共同面對新的挑戰。

所有這些益處，都能增強員工的工作表現。一份針對人格因素與工作成果的整合分析報告，分析了七十七份研究報告，涉及了超過兩萬兩千名受試者；分析結果顯示，謙遜心在相當程度上，能夠減少適得其反的工作習慣出現，還能促進組織公民行為（organizational citizenship）[34]的發生。[35]謙遜能夠產生的影響甚至遠勝於人格特質、智慧，甚至誠實。謙遜的獨特性，能讓工作更有效率，以及成為更優秀的團隊成員。其他研究發現，謙遜型的領導風格，能夠增進下屬的參與感，也與更深的心理安全感有正面關聯。[36]一旦員工不再擔心自己需要為犯錯受罰，而他們的領導者也展現開闊的心胸、犯錯時大方承認，也願意持續學習，人們就會覺得更安心，更願意將心力傾注在工作上。

最後，組織內的謙遜會傳染。一項針對十三個組織、超過兩百名員工的中國研究調查顯示，謙遜型領導的下屬對工作的滿意度及工作的投入程度都較高；他們也表示自己變得更謙遜了，證實謙遜型的領導者可能會創造出謙遜型的員工。[37]如果這些領導者的工作效率很強，這樣的影響就會更深刻。另一項針對超過八十個團體的研究發現，謙遜型的領導者能創造出更謙遜的團隊，而團隊的謙遜能夠讓工作更有效率。[38]謙遜型的領導者不只能增進下屬的工作狀況，還能激發下屬的謙遜心。謙遜能帶動謙遜。

我們來談談幾個需要注意的地方。如果員工的謙遜程度跟上司的謙遜程度有落差，這種情況就會讓人很沮喪；人們如果覺得自己比上司還謙遜，他們的感覺就會很差。[39]這樣的情況合情合理：當人們試圖培養自己的謙遜心時，誰會想要在一個自負型的領導者底下工作呢？這可能會引發剝削的行為。因此，身為領導階層的人，培養謙遜心至關重要。此外，雖然謙遜心很珍貴——現階段，在學習到它的諸多益處後，都明白謙遜的重要性受到了低估——但光只有謙遜，仍不足以邁向職涯的成功。成功者必須要擁有技能、遠見，以及很強的職業道德。就算是謙遜，也挽救不了缺乏投資挹注的計畫，或者能力的不足。謙遜不是仙丹。你仍需要其他要素來平衡。

找到平衡

謙遜與能力不會互相牴觸。同樣地，有健康的自知之明與保持謙遜並非彼此對立。當然，自信與堅定通常是職涯能夠獲得成功的重要元素：社會需要這些不只有遠大的志向，也渴望在世界留下長遠改變的人。自尊心也可以很健康。一項採樣自超過兩百名總裁及八百名經理的中國研究項目發現，謙遜可以抵銷領導者的自戀表現，致使創新行為產生——部分原因可歸功於這些領導者的高個人魅力。[40]另一個在美國的研究發現了類似的結論：以謙遜去中和領導者的自戀心態，會為組織帶來正面的結果。[41]簡單來說，關鍵在於在自尊心與謙遜之間找到平衡點。謙遜能幫助控制強大的野心。沒有受到約束的自尊心，就像心態封閉的堅定或膽大妄為的忠誠一樣，可能有害處。關鍵在於用對新觀點的開放心胸、願意聆聽以及學習，還有更充分考量他人的需求，去平衡堅定的自信心與強大的事業心。當目光放在遠大的獎勵時，謙遜能幫助我們腳踏實地。

領導者有可能過度謙遜嗎？有些研究發現，領導者的謙遜所產生的益處有其極限：在過了頭的超高謙遜心情況中，它所帶來的益處會減弱，原因多半是人們覺得這樣的領導者競爭力較差。[42]在許多人的觀念中，謙遜與能力似乎互相牴觸。然而，讓我們把焦點放在三個重要的觀點上：首先，謙遜要高到益處盡失，反而開始對組織產生傷害，那程度得要很強（你可以想像那樣的謙遜已經達到了超過八十分的等級）；領導者可以也應該展現自己的謙遜心，以優化工作場所與員工的工作體驗。第二，確保領導者的競爭能力至關重要。如果領導者的能力夠強，超高等級的謙遜所帶來的劣勢也會隨之減少。這意味著關鍵在於要培養出既謙遜又有競爭力的領導者。第三，組織的文化很重要。會幫助員工的組織能夠減輕任何可能的負面影響。在能力與謙遜之間找到平衡，是獲得最佳工作成果的良方。

另一個謙遜型的領導者需要避開的陷阱是偽謙遜。如果下屬意識到上司表面真誠、實則虛偽，那麼這樣的謙遜就會引發較負面的結果。[43]換句話說，如果領導者的謙遜其實只是用來操弄，員工就會立刻對那樣的謙遜表達反感。唯有真誠而持續的謙遜才能促進轉化，促使人們感覺到個人的成長以及獲得巨大的成功。此外，當一個非謙遜型的領導者試圖表現出謙遜心時，通常會感覺情緒耗竭。[44]要成為不是自己的自己，會讓人心力交瘁。我們應該要從這些研究中得到哪些訊息呢？謙遜是（一）領導者真誠性格的展現，（二）平等對待所有下屬，而所有下屬也都覺得上司很謙遜，以及（三）會對員工提供幫助的組織文化的一環。如果組織能將謙遜融入核心價值中，組織就能獲得諸多好處。相同地，在工作的領域中——無論我們的角色為何或者能力高低——謙遜都會帶來益處。

最後談一下謙遜與能力的相互影響：雖然兩者並非對立，但在一些案例中，謙遜可以彌補能力的不足。在一些對領導者的能力有所質疑的情況中，如果領導者針對自己不懂的地方提出疑問——這個過程傳達出他們的謙遜心——能夠增加下屬對該位領導者的信任。[45]事實上，研究人員無法清楚知道，一旦領導者提出問題，是會讓下屬覺得他愚笨，或者覺得領導者的能力受到了折損（雖然他們會支支吾吾地說，這種情況並不存在）。其實，這樣的行為能夠彌補能力的不足。領導者遇到不知道的事情時，自負型的人會自顧自地著手，不尋求反饋，最終惹禍上身；而那些謙遜的人知道自己不足，因此會詢問團隊其他成員的見解。

體現謙遜的野心

即便腦子裡想要獲得顯赫的成就，我們有時卻可能目光短淺、以管窺豹；有時也會需要付出一些社會成本。然而，謙遜能在迴避上述兩者的狀況下，讓我們追尋遠大的計畫，並且力圖帶來巨大改變。那麼，在追尋遠大的目標時，要如何體現謙遜心呢？

首先，要為自己的工作找出一個使命或願景。我的導師之一埃弗雷特・沃辛頓把自己的職業使命寫在桌上，以便每日細想：「讓每顆心、每個家庭，以及每個人的祖國都能更懂得寬恕。」這個句子幫助他篩選每一個抉擇。每當有人請他加入一個新的計畫、承擔新的責任，或者擔任一個新的角色，他都會捫心自問，這是否能讓他在使命之路上走得更遠。如果答案是肯定的，他就會接受；如果不是，他就會禮貌地婉拒。如此無比的專注讓他得以不偏離自我的價值。他的使命與自己無關。既不是「變成知名人士」，也不是「成為世界上最頂尖的寬恕研究者」。不過透過專注而認真的工作，他兩項都得到了。如果他的使命專注在自己身上，就會追尋能讓他獲得短暫虛榮的研究計畫，而非規劃出豐富而富有意義的研究項目，從而改變了許多人的生命，並且給予了數不清的他人希望。聲名遠播與職業上的榮耀只是副產品。謙遜讓我們得以去思索那些比自身更遠大的東西。

第二，為了完成自己的使命或願景，我們必須知道自己的力量跟弱點以及計畫。謙遜的第一步是自知之明。明瞭自己在職業上的長處、創意，以及努力，並據此開拓自己的道路。同樣地，要承認自己的弱點，並且想辦法處理，不管是透過刻意地精進，或是組成一個團隊，讓其他人的能力來平衡及補充我們的不足。每個人都有自己的成長空間。你不需要為此自慚形穢。相反地，可以藉由時間的投入，來改善這些不足。

第三，需要傾聽他人。雖然專注於使命與願景很重要，但永遠都不應當盲信自己的想法，進而停止傾聽他人。縱使我們堅信不疑，依然需要傾聽他人；如果他人有所困惑或者不明白，就表示我們的使命或願景不夠清楚。必須用清晰明白的話語跟他人溝通。如果對於應該要怎麼做才最合適的想法有所分歧，那麼我們應當為了自己跟不同意我們的人再多想想，不要囿於現有的觀點。數不清的團體迷思（groupthink）㊻案例，指出了從不質疑主流意見的危險性。我們不是房間裡唯一的人，也肯定不是最聰明的。必須歡迎他人的質問、尋求反饋，並且開放各種溝通的管道。智者不只傾聽，而是認真傾聽。

第四，邀請並且堅持健康的合作關係。多數工作都需要跟他人好好相處，通常是組成合作小組。其他人的觀點彌足珍貴，而且他人的能力多半能補足我們的不足。相較於過往，我們如今跟他人的連結更深，也更彼此依賴。與其抗拒他人的加入或者與他們競爭，不如想看看怎麼合作。而一旦進入合作模式後，一定要把維持這樣的關係放在最優先。隨著風險攀升到高處，衝突可能變得很常見；但身為謙遜的人，我們不會忘記，不管工作進度或產品有多重要，人遠比這些事情更重要。因此如果自己犯了錯，我們理當道歉；如果他人犯了錯，我們理當寬恕。透過寬恕，將讓這些關係完好無損又走得長久。

最後，謙遜心建議我們服務他人。這裡所謂的服務他人，指的並非低聲下氣，或者放棄自己的榮耀或讚揚。而是因為考量他人的需求，並且將眼光放得更遠大。有效的合作方式就是透過服務他人的行為，讓他人看見自我價值。從一些簡單的手勢，到更顯著的動作；透過這些利他動作，讓他人知道我們在乎他們。這樣的關係不單走得長久，也能建立信賴感，並且增進工作環境的合作氛圍。一旦這樣的互動方式進入團體或組織的文化中，就能創造出獎勵服務他人的工作環境。讓服務他人成為日常，而非罕見。

誠然，在我們追逐成就與表現創意的過程中，還有其他展現謙遜的方式。我在這裡提供的清單，只不過是個引子，讓你能思考出更多的可能性，來培養自我覺察（自知）、虛心（自省），以及關懷他人（推己及人），我們的工作方式可能會因而產生轉變。

謙遜帶來的自由

人類歷史上諸多不可或缺的進展，都需要雄心壯志，以及為了追求共有的美好未來而展開合作的團隊。謙遜的人不需要錯過改變世界的機會。相反地，我們需要謙遜型的領導者來掌管技術進展、倡議行動，以及醫療發現。我們需要那些重視提問、廣納反饋的人；也需要他們考量集體的福祉，大家攜手為了創造更美好的全球化社會而努力。人們有所不知，需要謙遜心，才能勇於提問，並且承認自己的短處；需要勇氣，才能在自己失敗或者犯了錯的時候，勇於修正錯誤；需要安全感，才能明瞭在職涯中最寶貴的一課：功成名就乃身外之物。縱使工作與職業上的貢獻或許非常重要，那依舊不能代表我們。我們在這個世界上的價值，遠超過那些我們所創造的。謙遜賦予安全感，讓我們知道自己有與生俱來的自我價值與尊嚴，無涉於我們的成功或成就。

這種對與生俱來的自我價值的體認，讓我們得以自由自在地把目標放在高處——以及品嘗失敗。如果我們在工作上所遭受到的拒絕、失敗，以及錯誤只停留在工作層面，而不涉及個人，兩個轉變就會發生。其中一個巨大的轉變就是，我們願意為了更大的抱負，承擔更多的風險。為什麼目標不放在最高的地方呢？我們有什麼會失去的嗎？如果能夠意識到任何否定都不是針對我們，而是針對我們所做的事情，就能真的無所畏懼；我們應當深信此事，從而提升自我能力，並且在未來的日子裡，貢獻出更美好的事物。另一個巨大的轉變是，能夠免除遭到拒絕與失敗時所感受到的切身痛楚。這並不是說，當我們的想法遭到否定、創意沒有獲得欣賞，或者沒有達成自己的目標時，我們不會感到痛苦。那是沮喪，可能會讓我們垂頭喪氣。但那樣的否定並非針對個人，哪怕我們或許曾被告知過這樣的文化迷思；只要知道自我價值並非取決於個人的工作成果，就能保持心理上的安適。當有朝一日真的完成自己的目標，或許就會意識到，自己最大的阻礙源自自身的恐懼。現在正是時候放掉那樣的恐懼，心平氣和地明瞭，我們已然圓滿。

一如身為一個自大又自戀的人，必然會毀掉我們的人際關係一樣；擁有一顆脆弱的自尊心，也會阻礙我們設定並達成心之所向的高標準目標的能力。為了成功，我們需要一張厚厚的臉皮——不是對反饋充耳不聞或冥頑不靈——對新的觀點或想法保持敞開的態度，因為我們清楚知道任何異議或反對都不是針對我們個人。這樣的安全感是自信與願意成長及改變的完美結合。有一句形容是這樣說的：世界繞著你在打轉。當我們不再這麼想，並且意識到並非所有事情都跟自己有關時，就不再受到這種想法束縛，轉而能回到初心，去做那個我們所熱愛的、真正重要的事務。而這會讓一切都變得不同。

謙遜的野心

不是每個人都非要成為像查克・菲尼那樣的慈善界祕密情報員不可。就算是為了表示自己很謙遜，我們也不需要把自己的財富全部捐出去或者藏起來。但是菲尼那種避免慈善的鎂光燈打在自己身上，以及尋求做正確的事卻無須大眾讚揚或關注的精神，值得我們尊敬。這能提醒我們，依循自己的價值觀而活，比追逐虛榮或他人的認可來得有意義許多。他的例子證明了強烈的信念跟謙遜可以是好搭檔，而且不用犧牲個人的成功。事實上，我們現在知道，謙遜可以幫助我們做到先前以為不可能的事情。我們可以嘗試跟身旁的人合作、聆聽他們的想法，以及賦予他們權力，來完成遠大的目標。天底下的大事，單靠一個人是辦不到的。面對壓力爆棚，風險極高的艱鉅環境，謙遜會是我們的好幫手。

第二部 PART 2

培養謙遜心 Cultivating Humility

Chapter 4 — Seeking Feedback —

尋求反饋

二〇一九年的新年當天，我報名了自己的第一場鐵人三項比賽：距離是半程，包括了一點九公里的游泳、九十公里的騎自行車，以及二十一點一公里（半馬）的跑步。我太太對鐵人三項比賽產生了興趣，報名參加了幾場下個夏天將會舉辦的賽事。我心想，一起訓練說不定會挺有意思的。我正在休假研究期，之前跑過兩場馬拉松，最近剛騎自行車來回大峽谷，所以覺得半鐵的挑戰對我來說剛剛好。只不過有個小問題：我不會游泳。

七歲的時候，父母在當地的學校幫我報名了游泳課程，但我是個差勁的學生，即便經過一星期每天下午的學習，還是成了班上唯一沒學會游泳的人。幾年後，我們全家去亞利桑那州出遊時，我父母請求一名飯店的員工來教我游泳，但我依然沒有學成。成年以後，我學會了某種古怪的游泳方式：我的頭在水面上，我雙手雙腳同時擺動，讓我能夠在水裡緩慢地前進。我需要專家的指導。

距離我決定參加這次半鐵比賽後的幾個星期，就是我二〇一九年的生日，我太太買了四節游泳課送我，負責教學的是我們那州最頂尖的三鐵比賽游泳教練。她告訴對方，當年度的夏天，我打算完成一項半鐵賽事。因此，在我生日當天，我在雪中開了一小時的車，去跟這位傳奇教練碰面。教練很快就指著館內所有懸掛的旗幟，那些都是他的學生創下的錦標賽或州立比賽紀錄。我又興奮又緊張，但我知道，如果想要完成在開放水域游泳一點九公里的目標，自己需要協助。

在彼此簡短的自我介紹，以及他快速簡介自己優異的教學史後，教練叫我進泳池裡游到另一側。我表明自己不知道怎麼游泳，所以才會來找他幫忙。他沒理會我說的話，要我先游就對了。我划了兩下，他大叫：「停！」

他一臉不可置信，咒罵了一段我此生聽過最有創意的粗話，然後問我剛剛在做什麼，同時說我剛剛的動作不叫游泳。我表示他觀察得沒錯，我確實不會游泳，這也是我為什麼會報名這門游泳課，以及我稍早就想跟他說的。我需要他的幫忙。我很快就明白，他以為我太太是要請他幫我提升泳速，或者增進我長程游泳的能力。他以為我是大學裡的游泳選手，或者有過實實在在的游泳經驗。我的無能讓他大受打擊。在我人生接下來的一個小時之內，他不是語帶髒字地訓斥我，就是心口不一地誇我竟然沒在他眼皮底下淹死。在一小時的「課程」

來到尾聲時，他表示我們倆不適合彼此，我應該要去找其他人。接著他相當清楚地表明，如果我想要完成半鐵裡的游泳賽事，唯一的可能就是搭乘水上交通工具。

開車回家的路上，我的情緒起起伏伏，腦海裡不停在想，登記參賽這件事情真是個大錯，離我的舒適圈實在太遙遠了；但同時，我又想證明那個自大的混蛋說的話是錯的。我覺得自己被占了便宜，而我很生氣。我下定了決心，非做到不可。但我依然需要幫忙。光靠我自己一個人辦不到。

我覺得自己應該要打電話給當地的社區活動中心，問看看能不能報名參加團體游泳課程。他們說我運氣很好，剛好有一門新的游泳課要開；可是後來他們問我，我想要報名參加的孩子是幾歲。我很不好意思地承認，想上課的人是我自己。他們於是說，團體游泳課程有年齡限制，我得報名個人課程。幸運的是，他們可以幫我安排給其中一個老師。梅麗莎是當地國中的游泳教練，她同意在監督游泳隊在一旁的池子裡練習的同時，為我上六堂課。她有耐心、溫和，又無比誠實：她清楚地表示，我不可能成為群體裡泳速最快的那位（就算只是想超過半數的人都有難度），但要游完比賽不無可能。每當我需要的時候，她就會提供清楚的建議跟明確的評論。過程中，她叫來手下的王牌中學生（年紀肯定不超過十二歲）展示如何游泳以及水中換氣。

我在自己執教的學院練習時，梅麗莎所教的一切充斥腦海。我嘗試結合她所有的建議，從頭部的位置應該要在哪邊、手臂擺動的正確姿勢，到如何善用我僵硬的雙腿。練習了幾個月以後，我記住了。慢慢地，我可以游到泳池的另一側再返回。如果不疾不徐，我可以游個幾圈才休息。我極其緩慢地成長，最後終於可以一次游超過五千公尺。二〇一九年八月，我完成了半鐵賽事，在開放水域裡游了一點九公里。回家路上，我發訊息給梅麗莎，感謝她的信任，以及傾注在我身上的時間。如果不是她，我不可能辦得到。

故事發展有可能會截然不同。我也可能不求助於任何人，希望能靠自己弄懂怎麼游泳。我有可能會以為自己同手同腳的游泳方式就夠用了，也有可能會覺得自己沒有任何成長或進步的空間。或許，我也有可能在追尋過程中的很多時候陷入自慚形穢又羞愧難當的情緒：當自吹自擂的游泳教練不停訓斥我又嘲笑我的夢想時；當我要讓一位國中游泳教練幫我上課時；或者當一名泳技堪比奧林匹克選手的十二歲孩子對比出我的無能時。我大可狂妄地緊抓著自己的自尊心不放，拒絕接受任何反饋。

尋求並且接納反饋改變了我的人生。它讓我得以克服一個巨大的恐懼，而這件事將成為我永遠的珍貴回憶。沒有他人的反饋，我永遠也不會經歷成長，也沒辦法完成如此困難的事情。這次的經驗改變了我，讓我知道在面對困難挑戰——在我缺乏相關知識或能力，或是在我覺得自慚形穢（我認為多數的成年人都會游泳）的時候——時，我應該怎麼做。但提供反饋的人是誰——以及對方是如何提供的——影響甚鉅。從一個缺乏安全感的暴君口中所吐出的威嚇性言語永遠也無法幫助我學習。而一位體貼、具有同理心的游泳教練所說出的溫和、信任又誠實的反饋，即便有時嚴厲，依然強而有力且讓人樂於接受。我能夠完成那場賽事，梅麗莎的反饋占了極大的功勞。我發現接納反饋，是謙遜心的關鍵要素。

謙遜幫助我完成了一件我原先認為遙不可及的壯舉。為了要認清自己在游泳方面的侷限，並且尋求反饋——或許心胸還要再開放一些，才能接納那些來自不友善來源的反饋——我得保持謙遜。沒有那些反饋，我不可能有辦法學會游泳，也絕對不可能完成三鐵賽事。我大可以讓自尊心介入，阻止我跟一位國中游泳教練或她的學生學習，可是我真的需要那個程度的訓練。我並不具備足夠的能耐去接受一名教育班長的指導——儘管他假扮成專教大學畢業生的游泳教練。而倘若我試著仰賴自我學習，那麼在開放水域游泳一點九公里這件事情就會變得很危險，甚至九死一生。如果真的想讓謙遜進入我們的生命，我們不單需要尋求反饋，更要對反饋維持敞開的心胸。

極度透明幫我們上的一課

橋水基金（Bridgewater Associates）是全球最大的對沖基金。它的創辦人透過一些具創意又富啟發性的方法，在財務上獲得了非常可觀的成功。他的核心價值之一是「極度透明」，這種反文化的做法強調直率誠實、接受批評、自我提升，以及負起責任。想像一下：簡報結束以後，同事毫不遮掩地表達對你的能力的看法；每個人的薪水高低人人都知道；你跟同事用直來直往的方式面對衝突；如果有人覺得你懶散，對方會明說（你也可以對別人這麼做）。這種情況讓人既恐懼又亢奮。對話的節奏會變得很快，而要做到極度透明，人跟人之間必須要有深度的信任跟對彼此的尊重。一開始，要聽進讓人難堪的反饋或接受批評，可能並不容易。但你就不用把時間花在揣測別人怎麼看待你。你會明白知道，如果有任何疑慮，可以說出來，大家共謀協商。這麼做能讓我們跳過那些毫無必要又日復一日的溝通迴圈，讓大家有更多時間來做手邊的重要事情。

想當然耳，對於這樣的做法，大家看法不一，並非每個人都認為極度透明是個好主意。我也不會想要建議任何人沿用這樣的方式去對待親友——尤其是在還沒有說清楚自己這麼做的動機之前——或者只是單方面地不斷批評對方。但想像看看，你的安全感是如此踏實，而且由於渴望成長，你尋求赤裸而真誠的反饋：你接受自己的侷限，主動改變；你想要克服自己的認知偏誤；你真心希望別人跟你說實話。

接納反饋，是培養謙遜生活的第一步。如果拒絕聆聽自己對他人的傷害或自己的缺失，就會持續傷害那些我們珍惜的人，並且深陷在自己那目光短淺又自我中心的世界觀中。我們需要生命中的他人，來幫助我們看見真實的自己，以及世界的真貌；那些能幫助我們的人，其實比我們自己還更了解我們。當他們提出反饋時，應當謙恭有禮地接受。

反饋可能令人畏懼，而有些反饋會讓你覺得感受到了威脅，或非常刺耳。但如果慎選提供反饋的對象，就能開始遠離自戀主義的狂潮及意識形態的單一化，同時朝著謙遜的生活更進一步。想學習接納反饋，需要大幅改變過往的生活方式：對許多人來說，抗拒接受那些不中聽的話，即便這些反饋對我們來說不可或缺。這樣的改變需要勇氣，因為你會需要推翻我們人類發展出來保護個體自尊的強大認知傾向。但這樣的勇氣有所價值——如果我們拒絕擁抱反饋，人生會變得更形狹小，也會更沉迷於自己的世界觀，而且通常是到了有害的地步。少了反饋，我們就會故步自封，停止成長。

因此，讓我們來看看自己要面對的是什麼，以及應該要怎麼做，才能接納對人生有益的反饋，藉此讓我們更明瞭自我、從錯誤中學習，並且成長為我們想要的模樣。

只看得見我們想要看見的世界

我們之所以需要反饋，是因為所有人都下意識地只想用特定觀點去觀看世界。由於自知是謙遜的關鍵特質，為了獲得覺察的能力，以及不囿於那會籠罩我們的思維及感知的偏誤傾向，我們需要他人幫助，這就是為什麼尋求反饋如此重要。我們從來都不是誠實的偵探，反而更接近有野心的律師，只看得見我們想要的世界，並且放大一些特定的觀點，以使這些觀點符合腦海裡業已形成的論點。無論何時，都有大量的動機介入其中，藉以改變觀點，以及扭曲我們清楚認知自我的能力。這些觀點每一個都有它重要的存在目的，但也同時讓思維受到了限制，這就是為什麼反饋如此重要的原因。

或許在我們意圖更理解自我及培養謙遜的道路上最強大的敵人，就是那只想看見正面的自己的渴望。事實上，這個動機是如此強烈，致使我們經常因此喪失生命中其他重要的層面，並且導致我們的心理健康付出巨大的代價。❶研究人員珍妮佛・克洛克（Jennifer Crocker）跟蘿拉・帕克（Lora Park）指出，如果把追尋正面自我的觀點擺在最重要的位置，那麼這種持續不懈追逐自尊心的思維，將迫使我們付出沉重的代價。這並非表示擁有自信心或適當的自尊心會產生任何問題。事實上，對自己抱持正面觀點很正常。相反地，克洛克跟帕克列出了把自我觀點視為第一優先時，要付出的代價。首先，我們放棄了對自我的自主權。一旦尋求高自尊心的方法，是嘗試透過符合某個文化所訂出的高標準，或者將衡量自我價值的權力放在他人手中，我們就喪失了對生命的掌控。缺乏了自主權，就再也沒有自由或能力去做我們想做的事情。相反地，行為會受到外界標準及期望的影響。我們會變得徹頭徹尾都在取悅他人。我們會痛苦而焦慮地想要去滿足他人的需求，然後才有辦法喜歡自己。相反地，追尋謙遜的人生，能夠開啟一段享有自由的人生。能從文化對於成功、富有，或自我價值的狹窄期望中解放。我們開始能活得既有自信，又有安全感，並且知道自己已經圓滿無缺：對自我圓滿的認知，並非仰賴不斷變動的文化期待，而是建構在我們與生俱來的本質上。我們能夠決定如何使用自己的時間、想要把心力投注在什麼地方，以及想要跟誰維持關係。我們能夠拿回生命的掌控權。

盲目追尋自尊心要付出的第二個代價是，喪失學習的渴望及能力。如果擔心自己看起來很愚蠢，或者在意自己會因為初嘗試就沒把事情做好而受到批評，那麼就會很難去學習新的事物。每個人都是某個領域的新手，而要學習新的技能需要付出努力。如果把過多的自我價值建構在對什麼事情很擅長——例如學校課業或工作表現——一事上，就很有可能會抄近路，或有一些不正當的行為，只為了維持自己的良好形象。想像一個人把自我價值都放在工作上，結果卻只換來負面評價。理當坦承自己或許在某些專業領域上需要進修，但可能感受到強大壓力，決定抄捷徑，做出不道德的抉擇，或者「用盡一切手段」搶先，只為了要再次獲得主管欣賞。一旦自尊心太高，就沒辦法接納反饋、力圖改變，也會失去成長的能力。

第三，狂熱地追逐自尊心會傷害人際關係。那些脫離不了高自尊心的人，都會需要再三的保證、對受到拒絕過度敏感，也有可能出於被遺棄的恐懼而糾纏不放，或者出於對親密的恐懼而漠不關心。他們可能做出各種吸引注意的事情，或者明明伴侶違反兩人共有的價值觀——例如兩人其實想要償還債務，伴侶卻把錢揮霍在昂貴的晚餐上——卻依舊讓對方留在身邊。這將會導致一段又一段不健康又空虛的情感關係。相反地，如果人們在擁有安全感——知道自己圓滿無缺——的情況下進入一段情感關係，較有可能擁有健康又互重的關係，雙方都能感受到另一方的支持。

最後，這件事情對健康也有影響。如果主要目標是追逐自尊心，那麼生理跟心理都有可能受損。一旦人們將自我認同建基在他人的認可以及符合非常高（而且仍在攀升中）的價值標準之後，他們可能會願意為此做出任何事，包括一些不健康的行為。比如說，很可能會過量飲酒、抽菸，以及有危險性行為。也可能會動整形手術或其他美容手術，採用蔚為風潮的極端飲食方式，或者注射類固醇，來符合文化認定的美的典範。如果沒有達到這些高標準呢?他們可能會經歷憂鬱，或者透過其他不健康的調適行為來減輕不適。簡單來說，一旦被捲入追求高自尊心的遊戲，人人都成了輸家。它奪走了我們的自主權，弊大於利。而且它讓我們看待自己及世界的目光變得片面。

在追尋謙遜的旅途上的另一個敵人是，我們本能地將注意力放在符合對世界的成見的事物上，研究人員稱之為確認偏誤（confirmation bias）。❷我們有種傾向，會努力尋找能夠驗證或符合已知事物的資訊。事實上，為了方便我們使用，大腦較常儲存與自身獨特世界觀點相近的資訊，較少儲存那些與信念牴觸的資訊。❸對大腦來說，儲存與我們對世界的基模（也就是認知結構）相吻合的資訊較為容易。由於確認偏誤，我們眼中世界的樣貌與預期相符。

舉例來說，兩個具有不同政治觀點的人，在看一場選舉期間的激烈辯論。在這場辯論中，雙方候選人都提出具說服力的觀點，但也都犯下嚴重的錯誤或說出錯誤的陳述。客觀來說，雙方辯論或許勢均力敵。然而，保守派的觀眾會認為他們的候選人贏了當晚的辯論；反之，自由派的觀眾則深信他們的候選人是贏家。當各種證據出現在眼前時，我們會看見較多符合自身觀點的證據。

有一個很巧妙的研究，是要兩個立場敵對的球迷，在觀看同一場比賽的時候，分別提供各自的觀點，藉此測試這種傾向。❹時間是一九五一年，一場普林斯頓大學對上達特茅斯學院的足球賽事引發了一些爭議，導致雙方累積數不清的犯規次數，還有數人受傷。兩位分別來自普林斯頓大學與達特茅斯學院的研究者，讓學生觀看了同一部賽事影片。普林斯頓足球隊的支持者「看見」的達特茅斯足球隊犯規次數，是達特茅斯支持者看見的兩倍。雙方球隊各自的支持者，看見了兩種不同版本的賽事。而一如忠心的支持者，我們「看見」了自己想要的世界：符合我們平常的想法。回到先前所舉的例子（我們是律師，而非偵探），我們先有結論，然後才去拼湊證據。這同時也意味著，一旦得到自己想要的答案後，就有可能會停止尋找資訊。我們很早就透過極少的證據就做出了決定，同時不再調查那些與信念相違背的資訊。

兩相加總，由於徹底相信有條件的自我接納這個文化迷思，導致我們強烈渴求高自尊心；同時，一心只想用能夠讓我們保有完整正面自我觀點跟其他偏誤的方式，來觀看這個世界。這讓我們難以企及謙遜的心態。這意味著，很有可能會忽略掉任何讓我們質疑自身卓越性的反饋；而且會努力去尋找那些能證實我們有多棒的資訊，同時只將注意力放在這些資訊上，進而讓思想陷入狹隘的循環中。這樣的結果證實，我們生來就傾向於自我迷戀加上自視甚高。想要尋求謙遜，對我們來說是個艱鉅的任務。

跟我說我想聽的話

我們或許沒有追尋真相的天性，也不怎麼珍視純淨無瑕的誠實。在準確看清世界的真貌一事上，我們的動機通常不怎麼高尚，通常也不怎麼希望別人來告訴我們真相。有時會想聽見真相，但多數時候，會希望他人的反饋符合我們的目的或自我的認知。由於我們變得過度沉迷於某種想法、相信自己是正確的，或者只想聽正面的反饋，使得我們放棄去追尋真相，只為了強化那些讓我們覺得自己更優秀的認知，或者鞏固舊有的觀點。我們變得沉迷於單一觀點，不願思考其他觀點。事實上，針對我們所尋求的、能幫助我們作為自我評價之用的反饋，研究人員找出了思維背後的四種不同動機。❺讓我們來逐一審視一下這些動機，看看在培養謙遜的道路上，有哪些動機會產生幫助，又有哪些動機會成為阻礙。

首先，我們會尋求自我強化型的反饋。會尋求能夠保護自尊心，並且讓我們更喜歡自己的資訊或反饋。這類的資訊或反饋很悅人，能夠增強自信，並且讓我們維持對自己的正面觀感。我們可能會有意或無意地尋求這種反饋。可能會透過一些方式，來削弱那些會貶損我們的反饋或資訊，例如批評它的源頭、找藉口反駁，或者一開始就不予理會。我們喜歡自我感覺良好，因此會努力尋找能強化正面觀感的反饋，同時迴避任何暗示相反情況的反饋。在某些狀況下，會特別對自我強化型的反饋毫無招架之力，例如自尊心受到傷害、感覺受到威脅或不安，或者焦慮的時候。如果一心只想著自我感覺良好，就等於關上了一扇門，使得那些能幫助成長的誠實反饋進不來。迴避所有帶來負面情緒的反饋，會讓我們變得空虛又不成熟。渴求自我拉抬的心態，會扭曲我們清楚看見世界的能力，也是要培養謙遜心的重大阻礙。

我們同時也會從他人身上，尋求自我證實型的反饋。希望確認自己固有的想法正確無誤。一旦深深投入一件事（想想政治及宗教）、擁有一個公眾身分，或者已經確認自己在世界上的位置，就會想要別人來證實我們是對的。總是想讓自己的信念再強一些，就算是負面的也一樣：如果更看輕自己，就更有可能內化這樣的感覺，去符合我們對自己的悲觀看法。對於那些強烈渴望自我證實，或者對不確定感到很焦慮的人來說，這或許是一種舒服的思考模式。同樣地，這種根深蒂固的，對於自我、他人以及世界的特定觀點，會讓我們缺乏彈性，無法思考新的想法、相反的例子或異議之聲，即便這些觀點總括來說都更正面，或者比原先的觀點更開闊。不顧一切地尋求自我證實的心智模式，會讓我們太快排除其他想法、跟沒那麼好的解決辦法妥協、要那些提出異議的人噤聲，或者抑制了成長能力。

這兩種動機——自我拉抬與自我證實的渴望——能輕而易舉地掩蓋其他動機，也可能成為思維的基本運作模式。這可不是一件好事。幸好在尋求反饋時，還有其他種類的動機，能夠促進成長，並且幫助我們用更謙遜的心態去面對世界。

每當擁有一個目標，並且在評估目前的進度時，就很有可能會尋求自我提升型的反饋。每當渴望改變，就會尋找並求取這種類型的反饋，用以明白自己離目標是更近或更遠。想像一下，為了參加賽跑比賽，你正在訓練。你想在三十分鐘內跑完五千公尺，大概就是比六分速再快一些。訓練的第一天，你出門慢跑，記下自己的時間是每公里六分九秒。每個星期六的早晨，你都會再次確認自己的速度；兩星期過後，每公里需要耗費的時間，降到了五分五十五秒；隔週，再跳過了兩次的訓練後，時間增加到了六分一秒。在提高了水分攝取並增加一些速度的訓練後，你讓時間降到了五分五十三秒；幾個星期過後，你的最終時間是五分四十六秒。在你嘗試將精力都用在準備賽跑時，會去蒐集反饋，來確認自己的方法是否管用。我們在許多領域都會做出同樣的行為：一旦發現一些缺點，就會尋求反饋，來彌補這些侷限或缺憾。依據不同的情況，可能會求取客觀資訊（例如一支跑步運動手錶）或者主觀資訊

（例如他人的評價）。想要尋求這些反饋，需要（一）知道在哪些領域遇到了瓶頸，並且有成長的潛力；（二）對這類的反饋秉持開放並接納的心胸；（三）從值得信賴的來源取得這類的反饋，以及（四）持續跟這些可靠的來源確認，明白自己有多少進展。在那些自知不足的領域，可以透過努力來彌補不足。

最後，如果我們既敞開又積極，卻對自己有些不了解，就可能會去尋求自我評估型的反饋。其背後的動機是要獲得準確的資訊，好讓我們更充分地理解自己，並且幫助我們知道自己所處的位置，以及他人對我們的想法。那些尋求這類型資訊的人，希望得到詳細又具分析性的反饋，以待有朝一日派上用場。由於這類型的反饋十分有用，在尋求的時候，最好是諮詢自己信賴的人，或是某個領域的專家（或者對方兩個條件都滿足）。舉例來說，我們希望心臟科的專家來告訴我們心臟健康的真實情況。這類資訊或許不會讓我們自我感覺良好，也無法鞏固舊有的信念，卻彌足珍貴。有了它，就能決定需不需要減少鹽分的攝取，並且提升晨間運動時的強度。

不妨透過一個例子，來看一下這四個動機如何運作。想像一下，這星期的某一天，你將在一場重要的會議上簡報，而你正在準備，因此請同事給你反饋。由於即將到來的會議，你可能覺得很不安，希望能獲得自我強化型的正面反饋，來讓你知道簡報無懈可擊。或者你可能很確信簡報的主要內容十分紮實，但不確定開場白是不是需要再加強；如果是這樣，那麼你想要的是自我證實型的反饋，藉此確認你固有的想法，並且證實接下來的決定沒有錯：你將把今天剩下來的上班時間，都用在微調簡報的頭五分鐘。或者，你可能在尋求自我提升型的反饋：你信賴這位同事，並且希望能提升簡報的品質，也決心要在會議到來之前，讓同事看看調整過後的簡報。或者你也可能只是想要聽誠實無欺的真相，簡單明瞭，沒有其他動機：對於這份簡報，他們真正的想法是什麼？有沒有哪邊需要修改？

所有這些動機，到底跟謙遜有什麼關係？首先，明白我們並非隨時尋求誠實一事，對我們會有幫助。有時候，我們會希望他人奉承我們，或者說出我們想要聽的話。問題在於，這類型的反饋——雖然讓我們在主觀感受上相當愉快——對克服缺點或提升自我沒有幫助。相反地，它滿足了自尊心，欺瞞了我們帶有偏誤的想法，讓偏誤更形嚴重。再者，找出值得信賴的來源，然後聆聽他們毫無修飾的反饋，這點相當重要。我知道自己寧願從信賴的人口中聽到不那麼好聽的話，即便那個角色是由我的另一半來扮演，即便那可能會讓我很受傷。換句話說，如果是個對我一無所知的人，說了一些不好聽或是有違我固有信念的話，很可能我會徹底不予理會。跟一些能給予誠懇反饋的人建立信賴關係很重要，這讓我們能大方地接納他們的想法。最後，這些動機顯示無論在任何成長過程，這些反饋都很重要。我們無法只培養謙遜心，還會需要支持、鼓勵，以及有時候一、兩個誠實到有點殘忍的朋友，這些朋友能在我們有所欠缺或是有所進展時，讓我們知道。

我們通常如何去處理不好聽的反饋？

有鑑於反饋是如此重要，別人跟我們分享逆耳忠言時，我們會怎麼辦？簡單來說，不是太好。我們的心智傾向與自我評估的動機藏藏躲躲，如果沒有細心留意的話，它們會在覺察不到的地方悄悄運作。事實上，它們的力量是如此強大，導致我們會刻意忽略自己不想聽見的話。對於那些會給自我價值帶來威脅的反饋，我們就是完全記不起來。

我之前讀博士班時的導師傑弗瑞・葛林（Jeffrey Green）是自我保護記憶的專家。這個研究領域是調查為什麼不記得那些會讓我們產生威脅感的資訊。❻有研究者將研究目標放在人類基本記憶功能中的自私偏誤上，葛林延伸了這項研究，聚焦在記憶忽視（mnemic neglect）上。所謂的記憶忽視，指的就是選擇性遺忘與自身相關的負面資訊。❼他的基本研究方式差不多是這樣：受試者會拿到一張行為清單，清單上的行為從正面（「被要求的話，會保守祕密」）到負面（「會因為外貌而嘲笑他人」）都有；這樣的行為對於他們的自我觀感來說也許重要（核心），也許不重要（次要）；而這些行為所指涉的對象可能是他們，也可能是其他人。一段時間過去後，研究人員請受試者盡可能回想這些行為。他們發現人們很容易記起自己是個「會遵守跟朋友約定」的人，遠勝於自己是個「會對老婦人做出猥瑣動作」的人。這是因為相較於對老人家做出不雅手勢的敘述，值得信賴或和善等這類的正面敘述，更符合我們對自我所抱持的光鮮亮麗的認知。因此，我們會記得那些自己喜歡的敘述，忘記自己不喜歡的敘述。

這些研究得到了一個驚人的結論：有關自己的資訊，我們是真的會忘掉自己不喜歡的那些。自私偏誤存在感知層面，它會扭曲組成記憶的素材，也會扭曲我們能憶起的部分。進一步的研究發現，以這個現象出現的範圍來判斷，會引發記憶壓抑的那些行為，都連結到我們所認為的自我概念最核心之處。❽事實上，研究人員發現，心智把那些對自我產生威脅的反饋，跟有關我們的其他訊息切開了。❾這意味著我們非常容易忽視，或遺忘那些與自我認知相關的最重要訊息。這種偏誤存在於它能造成最大傷害的地方：那些最重要的反饋，通常也是最容易被我們忽視的。

真誠的反饋所蘊含的解放力量

雖然我們對不好聽的反饋有典型的排斥反應，但如果說出口的人值得信賴，那麼歡迎這些話進入生活中，並且努力讓它們去自我調整，這件事情至關重要。事實上，研究人員發現，相較於陌生人，我們更容易接納自己心愛或在乎的人所提出的反饋，並且記在心中。這件事情顯示了從人際網絡中的親近成員尋求這類反饋的重要性。❿一旦可以克服認知偏誤，這些反饋就能幫助我們找出能夠成長的領域，也可能促使我們用更真誠的態度與他人相處。我發現自己的人生中也發生過這樣的事情。

二〇一八年夏天尾聲，我跟幾個大學時代的朋友約在洛磯山國家公園碰面。我們四個人共度過一段成長歲月：大學的時候都住在同一間寢室、出席了彼此的婚禮，也都見過彼此的小孩。這趟旅程讓人心神嚮往。整整三天，我們計畫要在山裡露營、玩尤克牌（Euchre）[11]、喝威士忌，還有聊天。我們一起煮飯、談笑、緬懷過往，還打了很多場牌。

第二天晚上，我的好朋友丹突然把對話帶到了一個截然不同的方向。

「我們到底在這裡做什麼？」他問。我以為這是一個展現我喜劇天分的好機會，於是回了一段挖苦他的話，大意是在高緯度的地方玩牌會如何如何云云，沒想到卻只讓他的回答變得更嚴肅了。

「不是，我的意思是說，我們為什麼在做這些事情？難道真的只是要坐在這邊，聊點往事、互相挖苦，還有打牌，就這樣？為了這趟旅行，我們拋下家庭，而且我們好幾年沒見了。難道就要這樣虛擲光陰？如果真的是這樣的話，我以後不會再來了。」

在當時，這些話很嚴厲。為什麼我們這幾個大學時代的老朋友，就不能夠沉溺在往日情懷中，輕輕鬆鬆地玩一種流行於美國中西部的經典撲克牌遊戲？但他沒說錯。我們都在逃避。對我們來說，與其談論現在，遙想往事要安全得多。互相取笑，要比面對自己的脆弱不堪輕鬆多了。而將注意力放在撲克牌遊戲上，要比將注意力放在各自的人生上簡單多了。二〇一八年當時，我的人生一團亂。我爸的健康已經走了四個月的下坡，而我知道他活不久了。我的生活充滿壓力，我爸那翻天覆地的健康狀況震得我頭昏眼花。我覺得很寂寞，快被壓垮了。我想用這趟旅行來整理一下自己的紛雜情緒。如今我人在這兒，明明是跟一群我喜歡而且他們也熟悉我的人分享自己心情的絕佳機會，我卻藏匿在一個安全的地方不出來。

丹的反饋道出了刺人的真相，也刺穿了我。在挖苦了他幾句後，我意識到，透過淚水滿溢的雙眼及罪惡感，他的質問不是譴責，而是接納。他邀請我們敞開心房，面對真實，儘管他的話語直言不諱，但他是想告訴我們，大家都在逃避。

那個時刻是那趟旅程的轉捩點，或許也影響了我們四個人後續相處的方式。我們把手上的牌都放下，真誠分享彼此的人生。那樣的人生既混亂又艱難，既美麗也哀傷。基於對朋友的尊重，我不會提到更多細節，但是丹呼籲我們應當真誠的勇敢舉動，不只帶來療癒的效果，也轉化了我們的關係，縱使讓人痛不欲生。而我很感謝他把話說了出來。

反饋可以既強而有力，又蘊含解放的力量。一開始，我恨透了丹的反饋，但我需要聽見他這麼說。我最初的反應是閉上嘴、捍衛自己的言行，然後築起一道牆。但假若我沒有趕快修正自己，就會錯過跟朋友們誠實分享人生的大好機會，也會錯過聆聽他們訴說自己的人生，遑論去感受跟我真心在乎的人享有真誠無欺的聯繫。我也就不會意識到自己意圖迴避痛苦情緒的傾向，或者試圖讓自己變得更脆弱不堪的思維。我會浪費掉那趟旅程。無視反饋，你將無法感受到生命光譜上的所有體驗。

說出反饋需要勇氣，聆聽並接納也需要勇敢。多數情況下，你信賴的來源之所以會提出反饋，是因為他們關心你，想要幫助你成長，或者讓你獲得更可貴的人生經驗。他們會這麼做，是因為在乎你、關心你，而且也愛你。

想想看，透過接納反饋，生命中許多不同的領域，說不定都有提升的可能。一如第一章探討過的，有一部分的謙遜，指的是真誠地去理解自我的優勢與侷限；鑑於認知偏誤，要看見自我的優劣，通常都需要他人的幫助。倘若可以在不涉及自我價值評斷的狀態下，客觀地看待自我的能力，就能幫助我們更理解自己，最終讓能力得以提升。知道自己的優勢能藉此開展人生，接受自己的侷限能幫助我們成長為自己想要的模樣。

培養謙遜：張開你的雙眼

那麼，我們要如何避免可能的自慚形穢、減輕防衛性，以及開始接納反饋？如果要開始過擁有謙遜心的人生，得真正地了解自己。我們需要清楚評量自己的優勢與缺點。相關研究讓我們清楚知道，這是一場艱難的戰役：我們帶著偏誤的眼光去看待世界、選擇性地遺忘至關重要的資訊；明明是自己已經相信的事情，卻尋求他人的認可。但我們還有希望：有幾種有效的方法，能讓我們接納反饋。

方法一：採取成長心態

改變我們思考自己的特質與能力的方式，就能夠促使我們接納反饋。根據卡蘿・杜維克（Carol Dweck）的研究，人們傾向於抱持不同的內隱理論（implicit theories）看待自己及身旁的世界：有些人所抱持的稱之為固定理論（entity theories），也就是認為人是固定不變的一種想法；其他人則抱持增長理論（incremental theories），也稱之為成長心態，認為人可以成長、培養，以及改變的另一種想法。[12]舉例來說，抱持固定理論的人或許會認為，有些人生來就是比其他人有才華或有能力，因此當他們遭遇挫折或阻礙，或許會假定這個情況超出了他們的能力範圍。於是，他們或許會放棄，認定自己已經到了極限。相反地，那些抱持成長心態的人，或許會視眼前的阻礙為挑戰，明白人類具有可塑性，能夠成長，因此就會找方法來增強自己的能力、培養新的技能，並且解決眼前的難題。

一個針對超過一百份內隱理論研究報告（囊括了兩萬八千名受試者）的整合分析，強調這些不同思維方式的重要性。[13]那些採取增長理論或成長心態的人，多半重視學習勝過表現；在邁向目標的路途上，比較不會出現負面情緒。事實上，他們會視自己的努力為精通一個新領域的嘗試。相反地，那些抱持固定理論——相信每個人身上的特質都是固定不變的——的人看重表現勝過學習。他們艱難地朝目標前進時，也可能會覺得很無助。

不同的思維方式會在各種不同的情況下造成影響。舉例來說，同事跟我進行了一系列的研究：我們告訴一些受試者，快樂是一種固定不變的人格特質，同時告訴其他受試者，快樂是可以改變的。[14]被告知快樂是可以改變的受試者，可以更快採納各種與個人成長相關的想法，後來也表示身心更健康，進而影響了他們對人際關係、健康，以及工作的滿意度。另一個針對超過七十份研究報告（以及超過一萬七千名受試者）的整合分析發現，成長心態跟較少心理憂鬱及較強適應能力有些微的關係。[15]

關於接納反饋與培養謙遜，這個研究告訴了我們什麼？先前的研究指出，抱持成長心態有益於人生，或許也能讓你的心理更健康。重視過程勝於完美的思維值得我們效法。只要認為自己是學習者，並且重視過程勝於表現的話，那麼他人的反饋並不可怕，而是很有幫助。要想成為心目中的自己，他人的反饋必不可缺。由於我們會選擇性遺忘跟自己有關的負面資訊（記憶忽視典範），如果在接納他人所提出的、跟我們的個人特質有關的反饋時，能夠抱持人具有可塑性這個想法的話，就不會採取防衛式的自我保護記憶：我們不會選擇性遺忘自己能夠改變事物的反饋。[16]相反地，我們會留下那些資訊，可能是因為需要這些資訊，來讓未來的自己成長。相信自己能夠改變的想法，可以減輕防衛姿態，並且讓批評不再刺耳。

方法二：將自我提升擺在優先位置

接納反饋的第二種方法，就是把自我提升擺在優先位置。傑弗瑞・葛林是我讀博士班時的導師，我最早的一個研究計畫就是跟他一起做的。我們都傾向於選擇性遺忘讓自己覺得有威脅性的反饋。在那份研究計畫中，我們意圖找出可能降低這種傾向的方法。有鑑於自我保護記憶無所不在，我們查找了各種情況，希望能夠激發人們的大腦更深層地處理批評，同時也更不會忽略或遺忘引發負面情緒的反饋。在由葛林主導的第一份研究計畫中，有半數的受試者事先聽過一些跟自我提升有關的字詞（諸如抱負、獲得、提升），另外半數的人事先聽到的字詞則是中性的（諸如宣布、腳跟、觀光）。[17]在聽到具有威脅性的反饋時，那些事先聽過自我提升型字詞的人，並沒有表現出常見的心理應對策略，也就是選擇性遺忘；事後回憶時，他們記得的負面反饋跟正面反饋一樣多。

研究結果證實，將自我提升擺在優先位置，能夠促進大腦去深度處理反饋，就算是負面的也不例外。畢竟，如果想要成長，就得聆聽並且接納難以下嚥的反饋。抱持自我提升的心態去面對各種情況，能夠讓我們敞開心胸接納反饋，並且能記下更多自己聽到的評論或批評。自我提升與成長心態是一體兩面，必須先相信自己能夠成長及改變，才能著手進行。

方法三：詢問可靠來源

當初學游泳的時候，我有過兩個教練。其中一位是梅麗莎，我清楚知道她關心我，也希望我能成功；另外一位教練則頤指氣使，大聲地要我做這做那，又不斷辱罵我，彷彿他對此樂在其中。我對梅麗莎提供的反饋抱持非常開放也願意接受的態度，對後者所提供的反饋則不然，因為我不信任他。對我來說，提供反饋的人是誰至關重要。

研究證實了我的經驗。傑弗瑞・葛林跟我研究反饋的提供者是否會產生影響。我們猜想，是否我們較願意接納關係緊密的親友所提出的反饋，勝於陌生人所提出的反饋。畢竟，有鑑於我們隸屬於群體或維持和諧關係的強烈需求，比較有利的做法，應該是認真聆聽伴侶、配偶或朋友所提出的（有可能讓我們不舒服的）負面反饋。我們應該不會想要忽視可能危及情感關係的資訊，抑或是在我們與我們所關愛的人之間創造出裂痕的資訊。

在我們的研究中，受試者會帶著自己的一位好友或伴侶抵達研究室。每次實驗都是兩組人共四名，各自分開進入不同的房間，去做一系列的記憶考驗，以及一份假的人格測試。四名受試者拿到的資料都一樣，但研究人員會告訴其中一組人，他們所聽到的反饋是來自他們帶來的朋友或伴侶；另外一組人則是被告知，他們所聽到的反饋來自一名陌生人（同一場實驗裡另外兩名受試者的其中一名）。一如所料，如果人們認為提供負面反饋的是陌生人，大腦就會啟動常見的自我保護記憶策略來將之遺忘；如果他們相信提供負面反饋的人是好友或伴侶，這個效果就不會出現。如果提供反饋的人是我們在乎的人，我們就更有可能會深度處理，並且記下。

這個實驗結果顯示，請我們相信且在乎——而且對方可能也在乎我們——的人提供反饋的重要性。由於傾向於跟他們保持良好的關係，因此我們更有可能聆聽並且記下他們所說的反饋。即便對方提供的反饋讓我們不舒服時也不例外，因為我們相信他們會這麼說，是為了我們好。而且會將他們說出的建議聽得更仔細，因為我們非常想繼續維持這段關係。他們說出不中聽的反饋需要勇氣，而我們需要先克服自己的脆弱，才有辦法聆聽。

值得一提的是，要蒐集反饋，最好能有多個不同的值得信賴的來源，而且他們都必須對我們瞭如指掌。因為隨著不同的人際關係，謙遜心也會有高低落差，所以很有可能在面對伴侶時，我們很謙遜，但在面對朋友或同事時則不然。或者情況也可能相反：辦公室裡的每個人都很敬重我們的真誠與學習意願，但家人卻認為我們自命不凡、冥頑不靈。無論情況是哪一種，重要的是，若想聆聽反饋，記得要從生活裡不同領域的人口中索求，而且還要考量不同的權力位階。在職場上，可以請不同的人給予我們反饋，包括上司、同事以及下屬。從他們重要的意見中，你才能蒐集到各種見解，明白自己在領導、聆聽，以及學習上給予他人的觀感。同樣地，詢問家人、朋友以及戀人的意見，是讓我們獲得一幅更豐富多彩的自畫像的關鍵。

方法四：從安全感出發

許多人都培養出條件式的自我接納，⑱我們都著了文化迷思的道，相信自我價值源於成功、外貌、財富、權力或名聲。我們深信，自我價值之所以存在，是因為唯有我們看起來夠漂亮、唯有我們夠富有、唯有我們獲得正確的工作頭銜、唯有旅行經歷人人稱羨；唯有社群媒體上追蹤我們的人夠多。這份清單永無止境。透過把自我肯定與價值放到他人手中，我們容許這些不確定要素偷走我們的自由。把時間及注意力導向單調而空洞的追求，這些追求既不會增加生命的意義，也不會幫助我們增加對世界的貢獻。而且它們顯然也不會讓我們更謙遜。一旦將精力虛耗在錯誤的信念上，誤以為自己要努力去贏得他人的接納，並且貪求標準奇高的他人評價，我們就等同於尋求虛妄的目標，最終也顯然得不到滿足。事實上，我們已然圓滿，已然無缺。

認可這些貌似符合邏輯、關乎自我肯定的說法是一件事，真心相信也能將之融入生活中，則是截然不同的另一件事。對有些人來說，比較安全的做法是認為自己並非生來即有價值，這樣的想法能保護我們免於承受失望或遭拒的痛楚。我們會跟自己說，這是自己活該。我們認為這麼說能免於疼痛，但事實上，卻讓我們無法活得真實又完整。至於其他人則尋求自己或許從未在其他地方獲得的肯定，而我們也從未肯定自己。或許是受到了忽視或忽略，因此從未學習到自己其實握有接納自身經驗的權力，自我價值也從未高到能讓自己安逸其中。如果以不安為起點，我們就會汲汲營營於在乎別人對我們的觀感，一點點他人可能不喜歡我們的蛛絲馬跡，都會讓我們一蹶不振、奄奄一息。

缺乏安全感，再加上過高又脆弱的自尊心，情況就會變得更明顯。自我感覺良好並非壞事，事實上，對自己有自信是件好事。然而，問題源自對自我的高評價很脆弱，也就是說，仰賴他人肯定而且不穩定。如果自尊心很脆弱，一旦感覺受到威脅，我們就很有可能發動攻勢。[19]研究證實，具有自戀心態——覺得自己不可一世，唯我獨尊——的人，在聽到他人的反饋而覺得受到威脅時，呈現出的攻擊性會更強。[20]另一方面，健康的自尊心與攻擊性的關聯不大；唯有對自己的觀感變得過度誇大的時候，我們才會失去安全感，並且傾向於用強烈的手段來捍衛自己。

方法五：環境很重要

最後，有數不清而微小、有時看不見的因素，會影響我們對反饋的接納程度。舉例來說，想想你周遭的環境。你是在什麼樣的環境中尋求反饋？覺得安心嗎？覺得舒適嗎？這個地方讓你覺得受到歡迎與接納嗎？抑或這裡的氛圍讓你聯想到衝突、權力或其他的負面情緒？環境會影響我們如何去處理社交訊息，因此我們需要花時間來改善一個地方，讓我們覺得安心而溫暖，才能讓我們好好接納反饋。[21]此外，請求別人給你反饋，要比突然有人給你反饋，要來得安心許多，尤其是還沒有準備好去處理批評或建議的時候。

當撥出時間來接納反饋時，一定要考量到自己的內在狀態。在不疲累、不飢餓，或者沒有其他事情纏繞心頭的時候，應該會更容易接納反饋。如果壓力太大，或者感受到其他壓力，我們可能會對反饋較為防備。

最後，在尋求反饋時，需要思考一下權力是否對等。如果我們握有大權，其他人或許不敢自在而誠實地讓我們知道哪些地方需要改進。我們也要思考自己跟提供個人見解的可信賴來源之間的關係。讓可信賴來源安心地知道，我們不單歡迎他們的見解，也保證自己會敞開心胸（而且不會懷恨在心）。這麼做，能讓請求他人提供反饋供我們參考一事走得長久。清楚直接的反饋強而有力，能幫助我們進行不間斷的改變。這是讓我們更了解自己的第一步，但我們得張開雙臂歡迎它的到來。

不入虎穴，焉得虎子

尋求反饋改變了我的人生。雖然這話聽起來或許老生常談，但完成六小時的耐力賽改變了我的人生，那是我生命中的重要時刻。我們家族有嚴重的心臟病史，我因此失去了自己的祖母、手足，以及父親。我常在想，要完成類似的目標簡直難如登天，就算其他人辦得到，我也辦不到。終其一生，都在小看自己。在不會游泳的狀況下，報名參加一場人生的大挑戰，讓我心驚膽戰又惶恐不安。因此，完成了這個不可思議的目標，真的讓我的自信增強了好幾分。我學習到，過往自認的侷限，其實泰半是自己建構出來的；我能夠做到看似困難而不可能的事情；我應該活出生命每一刻的精采，而非恐懼未來。如果我沒有承認自己的侷限，並且尋求為了學會游泳而必須接納的反饋，這一切都不會發生。我敢打賭，在你自己的人生中，一定有個領域是你覺得自己有成長的潛力，但想到要尋求他人幫忙時，卻讓你感到焦慮。聽聽我這個過來人的話吧。我明白你的恐懼，也將持續努力戰勝自己的自慚形穢。走進虎穴吧，你將會很慶幸自己走了這麼一遭。

Chapter 5 — Reducing Defensiveness —

減輕防衛姿態

多年以前，我第一次因為自己的謙遜研究，而接受媒體採訪，採訪的主題聚焦於戀愛關係。在採訪的最後，記者認為，如果能夠知道一個在研究謙遜的人，於他的真實人生（以及戀愛關係）中，是否真的能做到謙遜，應該會很有趣。因此，她請我讓我太太評分，分數從一分到十分，來看看我有多謙遜。我認為這個主意太棒了，因此同意將這個迷你實驗的結果，用電子郵件的方式寄給這位記者。電話結束以後，我離開權充辦公室的家中地下室，上樓問了我的太太莎拉這個問題。我心中暗自祈禱，自己多年研究謙遜的成果能夠獲得回報，我想像自己會得到高分，從而證實我的研究生涯影響了自己的個人生活。我不貪心，八分就好。因此，我問了她。

「一分到十分嗎？」她重複了一次我的問題。「我覺得你喔，四分。」

我嚇得倒吸了一大口氣。

「真的假的，四分？」

「等等，十分是謙遜的最低分還是最高分？」她想搞清楚。

「十分是最高。」我回答她，忽然希望一切不過是誤會一場，至少能讓我的分數超過中間點，這樣我才能安心地確認自己比一般人謙遜（在那當下，我沒有想到這個想法很諷刺）。

「哦，那跟我想的一樣。既然這樣，沒錯，四分。」

我被擊垮了。我覺得自己像個騙子。我怎麼能夠靠研究謙遜為生，卻被最了解我、我也最認可她意見的人，視為一個沒有非常謙遜的人呢？我怎麼可以一方面是講述謙遜在親密關係中的重要性的權威，另一方面卻如此狂妄自大呢？我非常尷尬地把結果用電子郵件寄給那位採訪記者。

尷尬被防衛姿態所取代，而防衛姿態永遠也沒辦法激發謙遜。我是真的一頭霧水——為什麼我不謙遜？由於事與願違，於是我試圖把自己當成謙遜的案例，列出我的謙遜特質及謙遜行為（又一次，這真的很諷刺），但很快就意識到自己無異於提油救火。在給了自己一些時間跟空間後，我詢問莎拉為什麼會給我那樣的評分。

採訪當天，密西根陽光普照，是一個美麗的夏季星期五。造型宛如連指手套的密西根州冬天不見天日、陰雲密布。住在這裡的少數幾個好處，就是五月到十月晴空萬里，六月跟七月更是美麗絕倫。我們住的地方距離密西根湖只有約十五分鐘的路程。在密西根湖旁，有一個優美的沙灘，就坐落在國家公園內。由於忙碌了一週，關於這個星期五的計畫，我們一直都決定一同去沙灘、中午享用野餐，下午放鬆一下。計畫是上午十一點離家，確保能趕在人群抵達之前，找到一個好位置。因此，我們說好一起料理中餐，約在十點半左右打包完畢。有鑑於此，我選在十點受訪，卻直到將近十一點十五分才從地下室的辦公室上來。莎拉已經準備好在等我了。中餐已經打包好、毛巾跟防曬乳也已就位，要在沙灘上讀的書也都整理好了。她自己一個人把全部的事情都搞定，然後耐心地等待珍貴的陽光一分一秒流逝。然後，在這個無比自私的時刻，我詢問莎拉，她能不能自己開車到沙灘跟我會合，我會跑步過去（我們住在距離那裡約十一公里遠的地方），這樣我就能為之後要參加的馬拉松賽事訓練一番。終於，在這一切都結束以後，我若無其事地請她幫我的謙遜程度評分，好讓我能在後續跟採訪記者敘談。

難怪我連謙遜的最基本值都沒達到。我把工作看得比對太太的承諾還重要。我把前往沙灘的準備工作一股腦兒丟給她、害我們遲到；不單如此，我竟膽敢要求她自己一人把所有的東西帶到沙灘去，順便打理一下我們的位置，好讓我能充分運用時間，硬擠進一段前往那兒的跑步訓練。

仔細想想，給我四分已經很慷慨了。

我看不見自己對謙遜的缺乏。而面對誠實的反饋時，我的反應卻很防備。我統整了手邊的每一個理由，來證明自己八成非常謙遜；畢竟我已經研究謙遜好些年了。我才剛剛因為這件事受訪呢！但所有的這一切，只讓我的盲點變得更大。即便是一個謙遜的專家，也需要費盡心力來敞開自己的心胸，並且降低自己的防衛姿態。

分析我們的防衛姿態

在第四章中，談到了尋求反饋的重要性。然而，那不過是培養謙遜的第一步。接收反饋的時候，你得以不防衛的心態去面對它。克服自己的防衛姿態，是自省的關鍵。我們慣有的反應通常是防備及找藉口：向我的太太尋求反饋的時候，我並不喜歡自己聽到的話，我的自尊心受到傷害，於是那自我捍衛的自然反應就出現了。如果在反饋出現的瞬間就立刻漠視它，那麼反饋就一點忙也幫不上。每當我們捍衛自身的觀點，就無法聽進反饋。如果想要變得更謙遜（並且心胸更敞開），就一定要學習知道自己為什麼防備又封閉，以及如何克服這種傾向，才能讓我們的答覆變得寬大又仁慈。

防衛姿態通常會這麼強，有個更深層的心理因素：相關研究強調了存在的現實

（existential realities）在改變人類思維及行為上的力量。之前的研究人員認為，每個人都必須逐漸接受身為人類的基本侷限，並且努力解決一再出現的存在難題，諸如在不停變動的世界裡做出選擇、覺得自己受到孤立、修正個人認同、面對自己終須一死這個事實，以及塑造出有意義的人生。❶這些現實有可能會導致我們嚴重焦慮。❷為了面對這些現實可能帶來的恐懼，我們創造並遵循各種文化世界觀（cultural worldviews），也就是為了要理解世界，創造出各種具有現實意義看法的框架。我們都有一些普世性的想法，諸如人類何以存在（大爆炸、進化、神造、憑空誕生）；人類行為準則（道德、習俗、法律、合宜行為）；人死後會如何（轉世、來生、虛無）；如何創造有意義的生活（慈善、好工作、成功）。為了讓存在具有意義，並且防止存在型恐懼的發生，我們將心力投注在各種文化已然認可的、意圖理解人類生死的方法上。我們說故事給自己聽，藉此處理自身的焦慮。

問題在於，因為世界觀牽涉的心理風險非常高，我們通常會認為如果敘事中有任何錯誤，有可能全部皆錯。而倘若我們在如何生活，或者來生存在與否這些事情上出了差錯，我們的心理可能會產生極大的恐懼跟焦慮。這意味著存在的焦慮可能使得我們對多數事情抱持戒備之心，包括如何看待自己。聽見自己自私的行為與我對自己抱持的正面觀感背道而馳，並且暴露出我在那一刻對自我的認知有誤，那麼，我還有可能在哪些地方犯錯呢？我沒有去想自己的觀點可能有問題，卻是以防衛的姿態去回應。

許多研究都發現，支持防衛姿態是一種存在手段。事實上，根據對超過二十四個國家、超過三百場的實驗結果，如果我們因故想起了珍貴的信念，或是該信念受到了挑戰，那麼我們確實應當捍衛自身的文化世界觀。❸這些防衛行為通常由下意識操控，會自動啟動，讓我們得以把心神都花在處理日常麻煩跟享受人生。除非一場災難或是一個朋友讓我們想起了死亡或人生的意義，否則防衛機制平常都運作得沒什麼問題。

世上的文化世界觀五花八門，隨之而來的還有許多其他信念，例如民族主義、部落主義、道德觀、人類觀、刻板印象、偏見、宗教，以及包括現實、真實、知識或個人等想法。你的文化世界觀裡的意識形態包羅萬象，一代傳過一代，並且獲得社會的接納。許多人單純地以為文化信念是「生來就有」。通常認為自己觀看世界的方式是最棒的（如果說不是唯一的話）。如果遇到的人跟我們擁有不同的文化世界觀，我們傾向於變得防衛。

我們不單只是將直言不諱的疑問，視為對我們的文化世界觀的攻擊，非得捍衛不可；而是只要對方抱持不同（而且獨特）的文化世界觀，就表示兩人之間一定有一個人是錯的。由於影響實在太過龐大，我們會想：錯的人不是我。因此，我們天性認為其他人都是錯的。而一旦容許對方的文化世界觀出現，並意圖使我們動搖，我們就會展開掃蕩行動，要消滅對方的文化世界觀，起手式就是說服行為。我們試圖改變其他人的想法，同時緊握自己的信念及意見不放。當我們的計策效率不彰——而這又經常發生——我們就會轉為批評、貶低，或排擠那些我們不同意其觀點的人。甚至會認為他們的存在就是一種威脅，因此要消滅反對（具威脅性）的觀點。最簡單的方法，不幸地，就是透過侵略手段或暴力行為，來消滅抱持那些觀點的人。捍衛自身的觀點，可能會導致由意識形態催生的暴力行為。❹我們竭盡全力，就為了證明自己是對的。

由於信念能夠幫助我們理解這個世界，因此我們的基本反應就是防衛，即便那些問題並未直接涉及信念。這有點像是一座撲克牌塔，只要抽出一張牌，整座建築就會崩塌。我們想方設法去尋找意義，而我們所擁有的、關乎人類在乎的深層事物，例如「死亡」的相關假設，忽然間變得動盪不定。因此，採取防衛姿態，緊緊攫住信念不放，以無比確信的心態守著我們的文化世界觀，通常會讓人覺得更安心也更輕鬆。

這個過程是我們邁向謙遜之路的主要阻礙。用來促使信念存續的防衛功能，使得我們難以承認自己的錯誤或修正信念。我們的信念會想要防止焦慮的產生，但當你修正自己的信念，或者重新思考自己針對某個問題的立場時，為了學習謙遜地回應他人，需要忍受一些心理上的不適。如果要承認自己的某個（或多個）信念有錯，必然要承受因不確定而產生的痛苦。在許多情況下，意圖處理這種存在型焦慮的渴望，使得我們思想封閉而過度自信：自負心即源自於此。

拚命追求自尊

為了處理存在的恐懼，第二種方法是不顧一切追求自尊。❺我們經常需要去想像自己做出了極大貢獻，是我們讓這個世界變得更不同、更有意義。或許嚴重缺乏證據，卻仍然傾向於用極端正面的觀點來看待自己。研究顯示，要獲得上述自尊心態的主要方法，就是仰賴符合自身文化世界觀的標準。有信仰的人努力護自身信念的價值、許多市民盡力成為傑出的愛國人士，而每一個人都試圖去符合社會的財富、美貌、身材，以及智慧的標準。只要自己符合這些標準，就會覺得自己很棒；如果自己不符合標準，就會自慚形穢，或者遭到團體排擠。

我們用幾種方式去追求自尊。顯而易見地，我們喜愛接受讚美與崇拜、尋求他人的肯定、喜歡他人覺得我們很棒。我們追求ＩＧ的追蹤數、臉書的按讚數，以及有沒有被轉推，這些正面的肯定與接納對我們來說，證明了自己受到喜愛與重視。我們隱約發現自我價值能夠輕易地被量化跟比較，諸如銀行帳戶裡的錢與薪水多寡、住家大小，以及獲得的褒獎或獎項的數量。為了提升對自我的觀感，通常尋求跟處境比我們更差的人比較，以及透過合理化社會支配階級制度，來迫害受到支配的團體。心智被設計來確保自我的認同及價值，即便這意味著透過一些制度來貶低他人。

往外尋求自尊——特別是透過變化無常的事物——確保自己圓滿無缺，變成了一個持續的挑戰。我們試圖要在不斷變化的一系列文化標準裡，尋求自我價值。一旦將自我價值的認知，放置在自己無法掌控，或者由他人所決定的外在因子上，自我概念將會變得很脆弱，我們將費勁地來確保自己比他人優秀。唯有具備安全感，才有可能獲得真正的謙遜。由於我們為了證實自我價值而不斷嘗試，導致防衛姿態從缺乏安全感中滋生出來，大大增加了實踐謙遜的困難度。

僵硬地固守自己的世界觀，加上往外尋求自尊的行為，導致我們產生基本防衛姿態。一方面竭盡所能地捍衛自己的世界觀，另一方面經常透過符合文化標準的認可，來獲得自我認同與肯定。兩者相加，創造出一種強烈的傾向，使得我們偏好對抗勝於諒解，而且還追求正確勝過理解。如果思維在這樣的框架下運作，要實踐謙遜就成了一樁難事，甚至是不可能的任務。如果你有防衛姿態，要承認自己的弱點以及他人意見的價值，就會變得很困難；如果存在壓力遇上了文化標準裡的自我價值，要控制自己的自尊心就會變得相當具挑戰性。除非有辦法處理自己的防衛姿態，否則就會深陷在自戀之中，並且心智在狹窄的意識形態中動彈不得。但如果加入第三種成分，說不定我們有機會脫離防衛姿態造成的泥沼。

尋求意義的本能

或許身為人類最基本的特質，就是創造意義的獨特渴望。研究人員同意，我們是創造意義的天生好手，❻能夠輕而易舉，而且自動自發地創造出故事，來賦予生命意義。意義能讓平凡變得不凡，賦予生命中的日常事件獨特重要性。重要的是，我們可以在多個領域中找到意義，當其中一個來源受到威脅，我們就會轉移到其他源頭。舉例來說，如果你在公司的簡報沒做好，導致自尊受損，你可能會去找個朋友，來確保自己的歸屬感或與他人的連結。或者如果你覺得受到伴侶嫌棄，可能會嘗試透過其他方式來感受踏實，例如檢查退休金帳戶的結餘，提供對未來的安全感。所有這些領域都能提供意義，我們自然而然，或者該說是自動自發，會透過其他來源替補可能受到威脅的領域。我們意圖創造並捍衛意義的渴望既流動（會轉移注意力）又自動（縱使沒特別留意，也會自動進入這些過程）。我們生來即尋求意義。

那麼，什麼是意義呢？意義可以分成三個部分來理解❼：讓事情合乎道理的一致性、感受到自己的重要性，以及將我們導向比自身更大的事物的目的性。❽我們對一致性的渴望影響甚大。在日常生活中，我們自然而然地會想讓各種事件合乎道理，並且通常（雖然並非總是）期望那些事件是好事，而非壞事。這就是為什麼出乎意料的事件，以及負面的事件如此擾人——事實上，這些事件或許看起來非常缺乏意義。為了追求一致性，我們希望事件都能事先預料得到。隨著時間過去與經驗累積，我們發展出基模，也可以說是認知結構，來解讀及整理資訊，幫助我們知道如何預測、如何賦予世界意義。我們知道自己的戀人很體貼、上司很支持、跑友愛聊天。一旦戀人變得粗暴、上司變得批判，或者跑友沉默不語，我們立刻會想要明白原因。任何與基模互相衝突的情況，都會要求我們多多留意。每當注意到事情的常態（舉例來說，彼得通常會在我們固定的十一公里環跑過程中，跟我熱烈地聊個不停）與現況（彼得冷漠又安靜）有了不一致，我們就會想要理解原因。有時候，我們就只會將這樣的不一致放進現存的基模中（彼得剛剛原來在忙著思考工作方面的問題，所以我們現在還是會邊跑步邊聊天的好朋友），然後就能維持自己看待世界的方式。其他時候，就得同時修改自己的基模（彼得在迴避我，我們可能沒有我自己原先預想的那麼親近）。

由於基模在賦予一致性這個功能上非常管用，所以我們不大願意去更動它們。研究發現，即便眼前出現的資訊已經足以讓人們去更動自己的基模，他們仍舊不大願意去做。❾有一個經典的社會心理學案例：研究人員潛入一個邪教團體，該團體的領袖預言，世界將在一九五四年十二月二十一日迎來終結。這位領袖告訴教徒，唯有他們這個小團體的成員能躲過這場人類滅絕，因為外星人選擇了他們。就在領袖的末日預言被證實為虛驚一場後，這位領袖非但沒有承認自己犯錯，還宣稱是由於該小團體的信仰——其中一些人拋棄了家庭跟工作，全心投入——拯救了全世界。[10]縱使證據確鑿，領袖的信念依然堅定。

改變想法很難，即便證據明確亦然。我們渴望能夠持續而長久地理解世界，這讓採納新的反饋變得很困難，通常毫無效果。這樣的抗拒泰半是希望能夠守住自己獨特的世界觀，因為這能賦予意義。由於尋求意義，我們試圖賦予幾乎每一件事情意義。我們的行為就像一個保護世界觀的士兵，而非意圖揭發真相的考古學家。

除了一致性以外，我們也渴求重要性，以及強烈的目的性。重要性指的是能感受到他人的珍視與喜愛，彷彿我們真的很重要，而我們所做的事情能夠帶來改變。只要為世界或身旁的人做出重要貢獻，我們就會感受到這種自我肯定。而目的性，就是對於比我們自身更大的事物有明確的目標或興趣，例如居住的社區或某個重要的志業，這能促使我們朝向長期目標邁進。我們盡心盡力地想要創造出這些能構成意義的三個部分。

研究發現，我們會下意識地去捍衛生命意義。[11]在我一個最早期的研究項目中，我們帶了一些受試者進入實驗室，要求他們完成一項字詞配對的任務。當受試者的心神專注在決定目標字詞是顏色或號碼時，小小的「引信」字詞會出現在可旋轉式電腦螢幕的邊角處。這些字詞的出現時間比其他字詞短暫，大約只會出現五十毫秒。這些會短暫閃現在人們視野邊緣的字詞，分別為給他們生命意義帶來威脅的（例如混亂、空洞、徒勞），或是中性的（例如椅子、回音、火爐）。雖然他們並沒有注意到這些字詞（我們透過研究結束後的訪談確認），那些生命意義受到威脅的受試者，會下意識地提高自己在幾個人生層面上的評分：他們表示自己更有自信、感覺生命更踏實、跟朋友的關係更緊密、較少宗教方面的質疑，以及覺得生命更有意義。在他們的生命意義受到看不見的抨擊時，他們加倍覺得自己的生命具有意義。

防衛姿態是我們的預設

身為人類，有一個很殘酷的現實，那就是我們天生帶有防衛性。同時，也強烈恐懼不確定：我們不喜歡「不知道」，而我們的文化本質上視任何的知識缺乏為惡。這是一個必須接受的殘酷事實。有些人意識到我們或許有防衛傾向，但是隨後會趕緊開始拼湊證據，證明自己沒那麼糟，或者其他人更糟，但這只不過是防衛姿態的另一種面貌。這樣的傾向非常深層。

防衛姿態有幾種表現方式。首先，我們渴望自己是對的。希望自己的世界觀能獲得他人認可。這意味著會跟有相近信念的人當朋友，也傾向於不會讓抱持不同意見的人待在身旁。⑫每當犯錯，會想方設法來證明自己沒錯，即便代價是危及人際關係。還會扭曲證據，藉此證實自己沒有錯（請回想在第一章討論過的所有認知偏誤）。對於不犯錯的渴望，使得我們難以接受他人的反饋。

我們也渴求確定性。這個世界不可預料，如果能夠知道接下來會發生什麼事，就能獲得優勢。由於人類很聰明，有自我覺察的能力，因此能夠在心裡將自己「投射」到未來，也就是說，能夠想像未來的數種可能性。這種心理模擬方式，是強大的意義來源。[13]我們可以想像自己身處在不同的地方，享受數不清的經驗，跟各種各樣的人，在許許多多不同的背景中。但我們同時也注意到，生命不會總是照著預想開展；我們也會因為那些可能性，活在極大的不確定性之中。我們知道自己可能會因為嚴重的疾病而倒下、遭巴士輾過、被陌生人攻擊、碰到自然災害、被伴侶拋棄，或者被炒魷魚。心理師認為，由於缺乏對世界的掌控力，以及人類必須在無從得知最佳解方的情況下做出決定的重擔，是焦慮症及其他心理疾病的主要原因。[14]我們在一個充滿不確定性的世界渴求確定性。因此，只要情況許可，我們會緊緊抓著確定性不放。如果可以的話，會盡力避開不確定性。

最後，如先前提過的，我們之所以會有防衛姿態，是因為看待世界的方式，是讓世界符合基模——眼中的世界一如我們的想望——我們如此嫻熟於忽視與信念不符的事物，並且只尋求，而且只留意能夠證實固有信念的資訊，因此我們通常都不會意識到自己正在採取防衛姿態，也很難看見自己到底有多封閉。每當經歷了危及世界觀的事件時，會匆忙捍衛自己其他領域的意義。這樣的補償反應提供了一條重要的線索，讓我們知道自己如何開始變得較開放而不防備：如果防衛姿態是因意義受到挑戰而出現，那麼建構意義，應該就能幫助我們提升安全感，從而較不會觸發自我保護機制。

敞開你的意識：如何減輕防衛姿態？

一旦理解到自己是一種尋求意義的動物，能夠在事物合乎道理（還有覺得自己很重要，也有個目的）的情況下成長茁壯，就能去尋找方法，讓自己在不觸發平常的防衛反應下敞開意識，接受新的想法。我們會探索四種能夠透過減輕防衛姿態來培養謙遜的方式：強化各個區塊的意義、承認侷限、社交圈多樣化，以及努力證明自己是錯的。

首先，努力強化各個區塊的意義，能夠讓你免於受到那些會對個人觀點產生威脅的事物的影響，並且幫助減輕防衛姿態。相關研究認為，我們能從中找出意義（例如人際關係、自尊心、確定性、價值觀）的區塊，一定程度上可以互相取代。[15]找出方法來強化各個區塊的意義，讓你在其他區塊受到挑戰的時候，變得更願意敞開心房去接納。

第二，承認自己的侷限很重要。謙遜包括準確認知自己的優勢與弱點。承認自己有缺陷，會幫助你重塑對自己的想法及自我認知，進而降低看似有挑戰意味的資訊的威脅性。畢竟，如果你知道自己有所侷限，願意承認侷限的存在，那麼當你接收到的反饋與世界觀有所牴觸時，可以更容易地將它融入你的世界觀中。承認自己經常犯錯，讓你更容易發現自己犯了錯，你就不會那麼容易預期自己是對的。

第三，讓自己的社交圈多樣化很重要。由於防衛姿態，我們經常會因為信念不同的人，而變得更敏感，所以你需要一些跟你抱持不同想法的朋友、家人或同事，來構成你的人際網絡。透過交織豐富多樣的各種聲音進入人生，你能知道多種觀點，進而藉由熟悉這些你喜歡的人所抱持的不同世界觀，來減輕你的防衛反應。明白其他人會抱持不同的觀點，並且理解你跟他們都具備相同的人性，能促使未來在接觸到與你相反的觀點時，你的反應不會那麼負面。

最後，或許也是最困難的，你可以藉由刻意證明自己是錯的，來培養敞開的心胸。這個違反直覺的做法，包括努力找出與你最深的信念相牴觸的資訊。學習去跟自己辯論以及尋求相反的觀點，是避免落入思維封閉而導致防衛姿態的方法，也意味著你能做出聰明的決策。

方法一：強化各個區塊的意義

看待世界的方式，賦予我們最長久而普遍的意義感。事實上，我們認為自己認定的現實是唯一的現實，並且認為自己的諸多假定都是理所當然。其他人看待世界的方式怎麼可能會跟我們不一樣呢？如果他們看到的世界跟我們看到的不同，那有問題的人肯定是他們。由於世界觀是如此根深蒂固、難以改變，遇到與我們的世界觀相異的資訊，自然會讓我們產生威脅感。好消息是，還有許多其他獲得意義的方法；相關研究發現，如果其他區塊的意義是充盈的，我們可能會更願意不再緊抓自己的世界觀不放，也樂於知道修訂自身信念的可能性。

相關研究認為，我們雖然經驗過多種不同的意義來源，但這些意義來源可以彼此互相取代：一個區塊的意義感受到威脅，會促使我們尋求另一個區塊的意義。但是這種互相取代的功能，並非只是簡單的反射反應。這意味著可以策略性地透過加強各個區塊的意義，來減輕自己未來的防衛姿態。

一系列長久以來針對自我肯定——這是一個意義廣泛的字詞，指的是人們覺得自我價值獲得重視——的研究顯示，在人們確認了自我價值後，防衛反應就會降低許多。這個研究的先驅是克勞德・史提爾（Claude Steele），他認為讓人們確認自我價值後，能夠增加他們的真誠與正直，進而使得他們更有安全感，也較不會言行防備。[16]

自我肯定有數種形式，例如認真思考核心價值，或者回想一段別具意義的關係。存在的恐懼能夠輕而易舉地勾出防衛姿態，自我肯定能夠減輕對這種恐懼產生的防衛反應嗎？有一系列的研究，是讓幾名受試者先確認自我的核心價值以後，才提醒他們人終須一死，然後再讓他們閱讀不同的文章，這些文章有的肯定他們的核心價值觀，有的則挑戰他們的核心價值觀。[17]研究人員發現，在要求人們認真思考過自己終須一死後，他們的防衛姿態會變得更強，對那些挑戰自身價值觀的文章（及文章的作者）的評價也更負面，除非他們在此之前先確認過自己的核心價值。確認過自己生命中的各種意義，能讓他們在面對隨之而來的威脅時，心胸更開闊。

幾年前，同事跟我設法複製並且拓展了這些研究發現。[18]我讓學生們進入研究室，學生們被要求寫一篇文章，來描繪自己最寶貴的信念，以及這個信念從何而來。學生們被告知，他們將會跟另一名學生互相交換文章。在他們等待自己的夥伴完成文章之前，我們隨機指派他們著手自我肯定的任務：我們讓三分之一的受試者，寫下他們重要的價值觀；另外三分之一，寫下三段他們最重要的關係；最後的三分之一，寫下他們下週的計畫（當作對照組）。由於這些學生多數都有信仰，我們操縱了那場研究，讓他們所讀的那篇文章，是由一名強烈反宗教的「夥伴」寫的。這篇文章鉅細靡遺地描寫宗教正如毒藥，危害了整個社會。我們的實驗對象只針對那些有信仰的受試者，因為我們想要確保這樣的經驗足以危及他們的世界觀。在讀完「夥伴」的文章以後，他們拿回了自己的文章，上面寫了一些反饋，反饋內容表示這篇文章文筆三流、缺乏邏輯，作者既不成熟，又有認知偏誤。最後，他們得到機會，能夠為「夥伴」的文章提供反饋，同時為夥伴的寫作能力打分數。我們發現，那些確認過重要關係的受試者，防衛姿態最低：他們給立場敵對的夥伴的分數最高。在我們的研究中，關係確認最有助於減輕防衛姿態，第二名是自我肯定，最後才是對照組。早先的研究認為，把注意力集中在確認自我，能夠減輕防衛姿態。而我們的研究則顯示，確認不同的意義來源，例如一段珍視的關係，也能幫助人們在面對來自一個有截然不同價值觀的人的批評時，減輕自己的防衛姿態。每當想起生命中那些我們喜愛的人，這樣的感受能夠減輕陌生人的批評帶來的痛楚，因為得以維持住其他區塊的意義。

我們不喜歡遭受挑戰，因此通常的反應是防衛，但我們可以改變這樣的傾向。透過憶起生命中不同的意義來源——鍾愛的人、核心價值、工作、寵物——我們得以增強自己的意義感，並且強化真誠與正直，削弱未來的受威脅感。安心地徜徉在具有意義的各個區塊中，讓我們得以敞開意識去接受改變。這猶如是安全感與自我成長之間的平衡，而我們需要先擁有前者，才能擁有後者。因此，當你下一次想要以爭論、詆毀他人、貶低他人的觀點，或義正詞嚴地捍衛自己的世界觀等行為，來表現防衛反應時，花一點時間，想想那些讓你覺得有意義的事物。這一個小小的回想技巧，說不定能帶來長遠的效果，藉此讓你回復平靜、賜予片刻的安全感，以及讓你能夠對嶄新及不同的意見敞開心房。而且說不定，這種看待世界的不同方式，雖然一開始嚇人，或許比你原本預期的更具有意義。

方法二：承認自己的侷限

我實在很不想提起這件事，但你有些很嚴重的缺陷。我知道我也有，只是很不喜歡再去聊這些事。想起來依舊讓我痛心，滿分十分的謙遜評分，我太太居然只給我四分。我寧願不要去想自己的缺點，而當別人看見（或指出）這些缺點，我會很受傷。如果你跟我一樣，一定也不喜歡別人談你的缺陷。我們寧願只看到自己好的地方，也不想看見自己有所欠缺的領域。我寧願聊聊自己跑過的那幾場馬拉松，或者我在工作上的成就，也不想去談自己在關係裡有過的缺憾，或者我那些永遠不願丟掉、放太久的食物，以及不願捐出舊衣服的習慣。而我當然也不想聊到自己可能有問題的好些地方。

我們已經明白確認偏誤的危險：一旦找到自己需要的東西以後，就不會再去蒐集額外的資訊。當眼前的資訊有多種解讀方式，我們多半會把注意力放在我們同意的部分，然後就置之不理，心裡想著自己的觀點獲得了證實與支持，輕而易舉地就忘記那些與自己的觀點相左的部分（這個過程稱為態度極化）。但這種知識封閉的行為模式並非無藥可救。

我們可以打破這種防禦性思維，進而接納嶄新或不同的資訊。近期的研究顯示，承認並且接受自己的侷限，能夠幫助我們敞開心房。[19]在二十一世紀裡，多數人的生活仰賴互相幫助。我們需要彼此。如果不是有數以千計的人幫忙，我不可能有辦法撰寫這本書：有人創造了一份工作，我才有辦法去上班；有人設計了一台筆電，我才有辦法用筆電來寫作；有人蓋起了一棟房子，我才有家可以住；有人在田裡種植作物，我才有食物可以吃；有人生產了一輛車，我才有車可以開；有人織就了許多衣物，我才有衣服可以穿。從演化的角度來看，透過分工合作，人類得以解決共同的問題，提高每個人的生存機率。而隨著技能變得更專精，我們意識到沒辦法靠自己搞定所有問題；有的領域我們擅長，有的領域我們不擅長。同樣地，我們可以轉念，從承認自己有所侷限，到心存感激地發現，其實每個人都一樣。

諾貝爾經濟學獎得主丹尼爾・康納曼（Daniel Kahneman）解釋道，我們生來就有一些自我偏誤，他稱之為「系統一（System 1）」思考模式。[20]這種思考模式快速、不自覺、無意識、由情緒主導、直覺。如果沒有約束，我們通常就會用這種思考模式去想事情。然而，當我們有目的性以及心智能力（例如沒有分心、沒有壓力過大），就可以轉移到系統二（System 2）思考模式，這種思考模式比較慢、比較理性、有意識、謹慎。我們可以暫停，並且克服自己慣有的防衛反應。一旦意識到自己有所侷限，並且試圖承認自己的缺陷，就能夠開始緩慢而自發性地抑制住慣有而自負的防衛反應。

方法三：社交圈多樣化

對多數人來說，社交生活反映了我們的內在生活。我們會挑選有同樣價值觀的伴侶，選擇有同樣信念的朋友，尋找有同樣興趣的社群。多數人都想要把時間花在跟和自己一樣的人在一起。早期的社會心理學研究發現，跟自己不認可的人建立緊密的關係，會讓人覺得不舒服，尤其是不認可的主題相當重要的時候。[21]到最後，我們要不是改變自己的態度或意見，就是改變自己的關係。我太太跟我是從大學時代開始約會，她是電視實境節目《我要活下去》（Survivor）的粉絲。從試播集開始，她已經收看這個節目好幾年了，每週四晚上（當時的播映時間）都非看不可。有一個星期四晚上，我來到她家門口，問她要不要出去吃晚餐，卻遭到拒絕，她說自己要留在家裡看那個節目。每個禮拜的狀況都差不多，直到我意識到這個節目對她來說有多麼重要。因此，我開始跟她一起看。這件事成了我們每週的固定行程。我開始穿上該節目的T恤、在集與集之間跟她一起討論，甚至——我對天發誓——玩了一季或兩季的《我要活下去》幻想遊戲。在這個遊戲中，玩家會因為節目參賽者在每一集中所做的行為，而獲得不同的積分。才沒多久時間，我已經全心投入其中。

有些人可能會為了自己的情人，願意付出大量的時間。這類故事聽起來或許很可愛，但其實並不罕見。我們談戀愛的開端，都是將伴侶的諸多面向，整合進自己的生命與自我中。意見的分歧會導致關係緊張，所以很快地就會調整心態，去配合自己心愛的人，特別是在他們對那些意見抱持比我們還強烈的感情時。[22]如果兩個人的情緒不分軒輊，關係可能因而生變、產生距離，同時決定要分手。同樣的流程也能套用在更廣的社交圈上。我們挑選自己認同的朋友，疏遠那些意見跟我們相左的人。不幸的是，這會導致思想狹隘的同溫層效應產生，我們會形塑出能獲得他人認可的片面意見，並且不相信那些持不同意見的人。我們創造出一個世界，來呼應我們告訴自己的故事；我們也會培養出偏見，針對那些膽敢挑戰我們信念的人，哪怕有一丁點可能，我們都不會放過。

這會對關係、鄰里、工作、社會，以及世界產生問題。我們不應當就這樣變得思想狹隘，忽視或批評那些跟我們不同的人。這樣的分歧會產生持續性的思想封閉、偏見、恨意，以及暴力。同時也會讓我們對那些跟我們不同的人，產生錯誤的想法。要避免保守性思維並幫助降低偏見的最有效方法之一，出自心理學對接觸假說（contact hypothesis）的研究。[23]如果固定跟團體裡立場中立或正面的成員互動，隨著時日過去，我們的偏見會隨之減少；開始將「他者」視為一個人，就跟我們一樣；會培養出同情心及同理心；也試著更理解他們的觀點，而自己的觀點也會隨之變得更開闊。可以透過跟對自身信念持較開放態度的人互動，來鬆開我們那些未曾受過挑戰的信念。

在每堂我教的學院課程中，都會請學生去找出那些跟自己不一樣的人，然後去認識他們，成為朋友，開始讓自己的社交圈多樣化。他們應該努力尋找那些來自不同族群、宗教、文化、經濟階級、政治信念，或位處生命不同階段的人，跟他們變成朋友；他們或許喜歡不一樣的音樂或電視節目、有不一樣的嗜好或興趣，或者來自一個截然不同的生活背景。在一堂課上，我指派自己的學生去參與至少一場跟自己的宗教傳統不同的禮拜儀式（對某些人來說，這意味著任何可以膜拜的地方）。如果因為覺得不舒服，就不去理解跟我們不同的人，我們將會停止學習及成長，也將陷在根深柢固的思維與行為中。因此，聆聽不同的聲音，是減輕防衛姿態的重要步驟。

但是請留意：人們在跟與自己不同的人產生良性互動的時候，經常認定對方是該族群中的例外。他們會認為這個人是「特例」，並不能夠套用到對方所處的整個族群上。要避開這種例外（一種「子基模」）陷阱，並且明白一如你新交的朋友，該族群裡的其他人通常也一樣仁慈、友善、有趣。讓社交圈多樣化，能夠幫助你減輕強烈捍衛自身信念的下意識反應。

方法四：證明自己是錯的

證明我們自己是錯的，一樣能減輕防衛姿態。請回想討論過的確認偏誤，這是一種慣有的傾向，會讓我們努力尋找能夠證實固有信念與態度的資訊。舉例來說，每當我們認為朋友很小氣，就會想起他們那些不夠大方的舉動，而忽略了他們曾經請我們吃飯，或曾去機場接我們。我們總會嘟噥著反駁道：「我知道！」然後趕緊蒐集大量證據，來證明自己從沒出錯，輕而易舉地就忽略一大堆證實相反結果的事實與資訊。我們眼中的世界，一如我們的想望。這種思維習慣扭曲了對世界的解讀，也會為集體工作帶來問題：這種思維習慣會毒害集體思考的決策過程，包括（還有其他害處）渴望只看得見與集體共識共鳴的資訊。

由於這樣的思維傾向是如此自然，你得主動出擊才得以對抗。其中一個肯定有效的做法，是有意識地努力證明自己是錯的。你可以透過主動批評自己的想法，來達成這個目標。

能夠證明自己可能有錯的證據是什麼？關於這個問題，誰是那個知之甚詳卻遭到你漠視的人？他們又會針對這個主題說些什麼？相反的論點是什麼？簡單地自問：為什麼你有可能是錯的？

去想一個你最深信不疑的信念，或許是你的宗教信仰、政治意見、關於氣候變遷或移民政策的觀點、對美國憲法第二修正案（Second Amendment）[21]的解讀，或者是對於自由市場的觀點。會想以「神聖不可觸碰」——不得直接質問或過度審查——為由，來保護自己最珍貴的信念，乃是我們的天性。我們認為這些信念毋庸置疑。可是一旦沉醉在一個想法中，並盡一切可能去保護它，我們就等同於封閉了自己的理性，喪失了對真理的尋求。如果要「證明自己是錯的」，就得勇敢地去思考相反的觀點。從跟自己爭辯做起。你的論述的弱點可能在哪裡？關於這個主題，還有哪些事實或證據沒有去尋查？是什麼原因可能促使你擁有這樣的想法？你在哪些地方可能有盲點？

這個練習的目標並非只是要增強你的防衛姿態（好讓你能更清楚地表達自己原本的意見或信念是對的），也不是要你改變自己珍貴的信念、換成支持別的政黨或改信其他宗教。重點是讓你明白其他聰明又體面的人跟你抱持不同的想法，所以有可能——甚至是非常有可能——你有一、兩個觀點是錯的。我們不可能全知，而沒有人從不出錯。利用各種方法來讓你持續體認到這個事實，能夠幫助你在自己的觀點受到挑戰的時候，防備心不那麼重。你已經意識到自己的侷限，接著就可以承認你的觀點或許至少有一部分是錯的。

讓謙遜發揮作用

所有這些關於防衛姿態的談論，可能會讓你很防備。你可能有些惱怒，也許認為這些優質的建議適合其他人但不適用於你。畢竟你已經相當謙遜了，是其他人才需要變得更謙遜。可是就像我之前也吃過一樣的苦頭，畢竟我研究謙遜好幾年了，所以我誤以為自己心胸開闊又謙遜。你或許認為，自己對謙遜的需求不像其他人那麼迫切。然而，這其實也是一種精心製造的防衛姿態，藉此來保持你的高自尊心，讓你的諸多信念得以完好無損。藏身在盾牌後方，會抑制成長。要成為一個更好的人，找出減輕防衛姿態的各種方法相當重要。

我仍然為自己的防衛姿態所苦，我終究不過是一介凡人。我甚至仍在嘗試聆聽不同的聲音，仍在努力尋找跟自己不同的觀點，仍在嘗試跟來自不同背景與不同興趣的人建立友誼。而我也試圖承認自己的缺陷。我很確定自己會再搞砸——不過希望不要又是一次星期五沙灘日——當我真的搞砸了，我希望自己能更快認錯、負起責任、請求寬恕、接納真誠的反饋，以及決心改變。這並不容易，而我其實並不怎麼在行。但我決定繼續嘗試，因為這肯定比不去嘗試要好得多。

Chapter 6 — Building Empathy —

建立同理心

幾年前，在幾個月之內，我有了兩段截然不同的人際互動經驗。透過這兩次經驗，讓我更了解為什麼有些關係能蓬勃發展，有些關係則困難重重。在這兩次經驗中，最關鍵的差異就在於，當下同理心的多寡。我們很快就會看到，建立同理心，對培養謙遜來說至關重要。

我們的朋友威爾森夫婦，邀請我跟太太去認識他們的好朋友麥斯威爾夫婦。❶威爾森夫婦希望我們六個人——三對夫妻——能夠立刻結為好友。威爾森夫婦期望，我們能跟他們一樣，與麥斯威爾夫婦培養出深層的連結，於是到最後，所有人就都能擁有更豐富的友誼關係。這個想法讓威爾森夫婦很興奮。帶著無比的期待，我們跟他們約好共進晚餐，地點選在我們家最喜愛的餐廳之一。想到自己能夠認識新朋友，而且這些新朋友有可能在接下來的數年（或數十年）中都會是你生活的一部分，就讓我興高采烈。

在等待我們的飲料上桌時，麥斯威爾先生問我們最近在讀什麼書。我太太是個求書若渴的讀者，她就開始列出自己最近讀過的幾位作者。她才說出不過兩三個作者的名字，話就被打斷了。

「好，我知道了。我現在已經知道妳的一切了。」

我們嚇了一大跳。麥斯威爾太太的表情十分尷尬。空氣中一片死寂。有人試圖講一個蹩腳的笑話，來緩和明顯的緊繃氣氛時，我想出了一個點子，決定在第一輪飲料都還沒送上來之前，就加點第二輪飲料。此時，我太太轉過來面對我，小小聲地說：「我現在已經知道他的一切了！」

他表現出來的同理心匱乏到令人訝異。他壓根兒沒打算去理解我太太或是她智識方面的興趣，沒有詢問她對作者或該書的想法；事實上，根本沒有得到與她有關的任何資訊，就宣告了他的判決。透過揣測她閱讀一本書的理由，他就對她的一切妄下了判斷。

那一晚後來過得是既緩慢又緊繃。同理心得以登場的好時機錯失了。我們沒有辦法在如此明目張膽的傲慢表現之後，再回復原本的快樂心情。不用說，我們沒有變成一輩子的好朋友，而原本打算跟他們一同去度假的計畫，遠在開胃菜都還沒送上來之前，就消失了蹤影。他自大的行為，破壞了原先或許能夠順利建立的友誼。我們的人生走上了各自的道路，但我太太跟我仍會聊起那一頓災難般的晚餐。

第二件人際互動的案例，情況則大不相同。幾個月過後，一名學生在我的互動時間（office hours）來找我。她緊緊張張地進入房間並關上門，問說能不能跟我分享一些事。我請她坐下，問她怎麼了。

她淚眼盈眶地說：「凡・湯格蘭博士，我今天之所以會來這邊，是因為希望你能幫幫我。有人跟我說，學院正在考慮要幫校園警衛配槍。我希望你知道，我認為這真的是一個很糟糕的決定。我想很多人抱持跟我一樣的想法。我把自己的意見跟每個人分享，但似乎沒人聽得進去。所以，我就想說可以來找你……

「對我來說，這其實不容易。身為一名黑人女性，我本能地恐懼像你這樣的白人男性。所以光是來這裡找你，就已經耗費掉我所有的勇氣。但我覺得你可能會在乎這件事。我們在你的課堂上討論過種族、暴力，還有偏見，所以我認為，或許你能懂。我還記得我們做過關於偏見及歧視的研究，所以我猜想，你或許心胸夠開闊，能聽我談談對這個問題的看法。我真的非常非常害怕，要是這個政策真的改變，我就再也不安全了。我的朋友們也都這麼想。但需要有人聽見我們的聲音，幫我們跟管理階層說說，他們能做點什麼。你可以幫幫我嗎？」

我的眼淚立刻奪眶而出。在我的教學生涯中，第一次在自己的辦公室裡哭出來，一旁還有我的學生。排山倒海的情緒將我淹沒，因為她脆弱不堪地來跟我分享自己的擔憂，而我只能想像，她是花了多大的勇氣，才敢當面跟我談自己的恐懼，並且請我——一位白人男性教授——提供協助。我告訴她，她選擇來找我，是我的榮幸，並且承諾會將她的擔憂傳達給決策單位，她的聲音將會被聽見。我們讓情緒沉澱了幾分鐘，然後才一起出發前往教室。她提到覺得自己很脆弱，以及自己耗費了多大的勇氣，才敢誠實地跟我分享自己的想法。我平靜地告訴她，她所感受到的權力差異是什麼，同時也藉此幫助我自己看見這些差異。我因為她害怕我，而覺得沮喪；但我也很感激她願意信任我。我們兩人都覺得，雖然這樣的狀況讓我們情緒激動又疲憊不堪，但也都同意這是一件好事，這個過程對我們兩人來說都有必要。

我的學生展現出來的勇氣，讓我心中充滿同理心。我可以感受到她的恐懼及脆弱，還有她的力量與堅定。我試著更去理解她的觀點，以及這個決定對她造成的影響。我試著仔細聆聽。然後，我付諸了行動。我寄了幾封電子郵件，跟負責決策的幾個長官開了一些會。到最後，學校決定反對改變政策。我後來再跟這個學生見面，讓她知道我已把她的擔憂轉達給管理階層，而管理階層聽了進去，也做出了回應。她的勇氣得到了回報。改變得以發生。

她覺得不可置信。她放下了心中的大石，也很訝異我居然會再告訴她後續情況；不只是把意見轉達給管理階層，在那之後居然還再來找她，把整件事情徹底完結。我跟她分享，自己有多麼感激她願意信任我，把她真實的擔憂跟我說。她來辦公室找我的時候，我大可以無視她的擔憂，或者假定還有其他人會幫她。然而我非常感謝自己以同理心去回應她。我不敢說單靠自己的行動，甚至還有她的故事，就改變了管理階層的想法，但的確有所幫助。這些行動不單讓更大的社群產生改變，還在過程中改變了我們。我們感受到的另一個層面，是種族療癒；她覺得自己可以信任我，而我開始看見自己的權力與特權，以及我的存在對其他人的影響。在那當下，面對困難的挑戰，唯有透過勇氣跟同理心，才能好好把它完成。

在追尋讓自己變得更謙遜的道路上，或許你能邁出的最大一步，是培養深層又真摯的同理心。同理心的定義分成兩個部分：看見他人觀點的能力，以及同情並將溫暖給予他人；擁有了這些，就能讓人們幫忙去安撫或安慰那些處在痛苦中的人。❷換句話說，同理心包括透過張開雙眼（接受別人的觀點）以及敞開意識（減輕防衛姿態）兩者，來敞開你的心房，變得更容易感知他人的情緒體驗。同理心讓你得以把他人的需求及價值擺在優先位置。同理心能幫助你達到謙遜的第三個特質——推己及人——進而在你生命中的所有領域，帶來無數的改變。

社交動物

心理學界有個由來已久的老生常談，指出人類本質上是一種社交動物，有強烈的歸屬感需求。只要我們覺得被接納，例如融入得很好，以及身處於一個友善而接納的團體中，我們就能順利成長。從演化的觀點來看，對歸屬感的需求在許多方面都很有道理：加入團體要比獨自謀生來得容易，他人能提供擊退掠食者或敵對團體這個好處，我們也需要找到伴侶才能生育後代。這個強烈的動機在心理構成中是如此根深蒂固，導致他人的排拒會讓我們覺得奄奄一息；有些人甚至會在遭到排擠後轉而有攻擊行為。❸

能夠幫助我們發展、培養，並且維持各種良好社交關係的元素之一，就是同理心。❹研究認為，大腦是設計來感知，並且模仿身旁之人的感受。❺我們擁有的鏡像神經元，能夠啟動大腦負責模擬身旁之人情緒體驗的情緒反應部分。當看到他人受苦，我們自己也能夠感受到。相同地，大腦也配置了其他結構，能幫助我們看見他人的觀點；我們能夠看見他人的看見。兩者相加，這個情感上的關注以及觀點的接納，能夠驅使我們轉而將精力耗費在利社會行為（prosociality）上，去幫助那些我們看見身處於痛苦之中的人。

為什麼同理心這麼重要？

一些關於同理心的絕妙早期研究認為，能夠超越自私自利的動機，進而讓我們得以變得更無私，這件事情至關重要。這個研究的主題選定一個古老的哲學問題：純粹的利他行為存在嗎？有辦法做到真正的無私嗎？在幫助他人的時候，是否會獲得個人或人際上的好處，來讓我們感覺良好；或者能夠給予我們一定程度上的優勢？之所以會幫助他人，只是因為能增強自尊心，或者能夠賦予我們一些後續的益處？會不會有一種情況，我們之所以渴望幫助他人，是源自更高貴或更富有同情心的情操，而非只源於自私心的驅使？

研究人員嘗試回答一個基本問題：是什麼讓我們無私？同理心是一個非常可能的答案。丹・巴森（Dan Batson）跟他的研究團隊長久以來主張，真正的無私確實存在，而其核心機制即為同理心。透過巧妙的研究，例如警告多名受試者，讓他們意識到其中一名受試者的需求；或是允許一些受試者在表面上（而非實際上）減少針對同一間實驗室中其他受試者的電擊次數等，巴森的研究不斷指出同理心所扮演的角色，不單能夠減輕他人的壓力，還能促使我們去幫助那些有需要的人。[6]巴森也排除了其他假扮成無私的可能性因素，例如獲得個人獎勵（自尊心或讚揚）或避免社會懲罰（罪惡感或自慚形穢）。[7]同理心之所以重要，是因為我們的自私動機多麼地無所不在；我們迫切需要同理心來幫助我們推己及人，並且幫助有需要的人。

提到我們與他人的關係，幫助他人最惡名昭彰又隱而不顯的動機就是偽善：從他人或自己的眼光來看言行符合道德，卻不用為自己道德的言行付出任何代價。巴森與同事所設計的許多研究，對於虛偽心靈的內在運作方式，提供了深刻的見解。在其中一個研究裡，他告訴受試者，他們能夠決定指派自己跟另一名受試者去參與不同的實驗：其中一個人要完成的任務，裡面會出現很多題目。每答對一個題目，就會得到一張獎券，每張獎券都有機會為他們贏得將近九百元的獎金；相反地，另一個人就算完成了任務，也沒有機會拿到任何獎賞。❽顯然，前一個選項要比後一個好得多，而多數受試者都同意這樣的規則：由於掌握了控制權，多數受試者都把比較好的選項分派給自己，縱使他們之中的多數人都認為，將好的選項分派給另一名受試者，才是道德上正確的事。在後續研究中，受試者可以選擇透過丟硬幣來決定任務的分派方式。這個方法顯然公平得多。只有半數的受試者決定要這麼做（另外半數則決定自己指派任務）。在決定丟硬幣的人當中，幾乎每個人仍然指派比較好的任務給自己。他們丟硬幣只是讓自己看起來符合道德標準，即便百分之九十的受試者——遠高於半數——仍然選擇讓自己獲利。他們漠視了丟硬幣得到的結果，仍決定按照自己的心意來抉擇。而為了防止受試者透過選擇性地記錯硬幣哪一面是代表誰來自我欺騙，另一個研究所使用的硬幣，在兩面上分別標示了「自己」跟「別人」，藉此排除所有懷疑；而研究者依然發現，即便丟擲的硬幣有標示，受試者仍然抗拒不了誘惑，把較好的任務指派給自己。❾我們只想讓別人留下自己很有道德的印象，卻不願意真的去做符合道德標準的困難行為。

我們在這邊看到了巴森一系列實驗中的兩個交叉點：同理心與無私之間的連結，以及揮之不去的偽善思維阻礙了我們想要符合道德標準的動機。我們強烈傾向於表面上符合道德標準，實際上卻不用犧牲任何東西；同理心則驅使我們去做好事。同理心能幫助我們克服自己自私的動機，真心真意地幫助身旁的人。但須小心自己不是在自我欺騙，說自己很有道德感，實際上卻只是想方設法把這樣的訊息傳遞出去。偽善是個危險的陷阱，近似於釋放道德訊號（virtue signalling）——在個人不用付出任何代價的情況下，確保自己傳遞的顯眼訊息符合大眾偏好的世界觀，以及懶人行動主義（slacktivism）——表態希望大眾支持某一個目標，自己卻沒有任何犧牲，也沒有付出什麼努力。

培養同理心，能夠讓我們拋開假無私之名行自私之實的思維傾向。當我們真心察覺並且感受到那些需要幫助之人的苦痛，也盡力去接納他們的觀點，我們的言行就會不自覺地符合道德正義、利益他人。同理心能幫助我們擺脫自私心態。

同理心是謙遜的核心

同理心不只能幫助我們成為社交動物，還讓我們有潛力成為道德動物。它能幫助我們感知到他人的苦難，並促使我們努力去減輕他們正在經歷的痛苦或任何傷害。研究人員發現，同理心是好幾種關係型美德的關鍵，包括寬恕。透過理解同理心對寬恕產生的作用，就能明白為何同理心對謙遜來說很重要。

你或許會以為，復仇是一種有效的反應，讓別人不敢來傷害你。畢竟，如果建立以牙還牙的名聲，你認為別人就不敢招惹你。然而，報復能給你的僅止於此。在一個關係緊密的社群中，每當遇到冒犯就迅速地以牙還牙或加倍奉還的行為，會讓社交網絡快速地分崩離析。一些我跟同事一起做的研究顯示，我們經常會進行「寬恕計算」：會衡量這段關係對我們而言的重要程度，以及我們未來再次遭到利用的可能性。該關係的價值愈高，加上遭到利用的可能性愈低，我們就愈可能寬恕對方。[10]從這個結果得知，得饒人處且饒人的正向應對方式，能夠幫助維持那些緊密而珍貴的關係，讓這些關係更完整也更健康。

同理心——寬恕的背後機制——能幫忙將復仇及迴避轉化為同情及最終的和解。[11]這種思維轉換至寬恕的改變，唯有當我們有辦法思考，傷害我們的人當時到底在想些什麼，寬恕才得以發生。每當受傷的時候，我們會往內照料自己情緒上受到的傷害，確保自己未來不會再受到一樣的傷害。這種自我保護的行為合情也合理。就像將手抽離火焰一樣，由於別人的過失而讓我們心痛時，我們通常都需要縮進自己的殼中。那些反覆遭到冒犯（也通常很快就會原諒對方）又脫離不了這個行為模式的人，很有可能會受到他人剝削，也經常會失去對自我的尊重及定義。[12]可是若我們在做好心理建設以後才寬恕對方，就能站在冒犯我們之人的角度去思考，並詢問他們當時腦海裡在想些什麼，以及他們是否已經盡力了。這個同理心練習，能夠幫助我們推己及人、體貼他人，讓我們更容易寬恕別人。

同理心也是謙遜的核心。它能幫助人們提升社交人際關係。我的同事唐・戴維斯發現，謙遜與同理心之間有明確的關聯。[13]其他研究調查發現，與同理心相關的結果都是正面的，例如關係的滿意度提升。[14]人們覺得伴侶更理解自己時，就會對這段關係更滿意。[15]不只如此，同理心也能增進情侶後來對關係的滿意度。[16]研究人員隨機指派情侶進入同理心介入性研究實驗組或是等候控制組（受試者暫緩加入介入性研究實驗組，直到一段時間過去，藉此區隔介入性研究實驗帶來的效果），然後受試者參與五場設計來建立同理心的課程。第一堂課程中，他們學習了何謂同理心。第二場課程中，他們學習到同理心包括敏銳感知他人的情緒；他們也看了一支情侶相處的影片，並討論如何透過觀察自己的情緒及聆聽等技巧，讓自己對情緒的感知更為敏銳。第三堂課程的重心在溝通上，包括如何好好聆聽伴侶所說的話。第四堂課的重心在同理行為檢查，內容包括伴侶提供回饋，告知哪種表現同理的行為效果比較好。最後一堂課的重心放在會影響同理心的環境因素上，以及幾個進階技巧。六個月過後，在這些改變隨著時間進入思維並發揮作用後，這個同理心介入性研究增進了伴侶關係的滿意度。

與同理心有關的研究不斷發現，如果忙著關注自己，就不會去想到他人。針對自戀——幾乎等同於謙遜的相反——的研究發現，一旦過度關注自我，就會看不見他人。自戀的相關特質諸如優越感、自傲，以及特權感。[17]如同你所想，而研究也證實了，[18]自戀狂缺乏同理心。[19]我們的專注力有限，當沉醉於自我時，就很難去想到別人。自傲也會摧毀人際關係。[20]

由於自戀的人慣於跟他人競爭及對抗，於是兩者之間就會缺乏互相尊重。[21]一旦逮到機會就忙著撫慰自尊心，將會在過程中失去多數的人際關係。

敞開你的心房：建立同理心

你或許會疑惑：要如何才能在自己的生活中建立更多同理心呢？一如討論過的，研究人員規劃了介入性研究來幫助情侶變得更富同理心；其他研究則顯示，父母可以透過樹立榜樣，以及鼓勵孩子站在他人的立場思考，來培養孩子的同理心。[22]我們可以變得更富同理心。請回想一下，同理心包括了感受到他人經歷的身心狀態、體諒不同人的觀點，以及透過親臨這些感受跟自我觀點的轉變，促使我們優先考量到他人的需求。現在，我就提供四個有成效的方法，來幫助你培養更多的同理心。

方法一：辨識你的情緒連結

如果你情緒無能（emotionally unavailable）[23]或跟自己的情感體驗無法產生連結，就不大可能有辦法對他人產生很強的同理心。也就是說，如果無法辨識自己的情緒，例如憤怒、悲傷、開心、困惑——或者沒辦法理解正在體內發生的情感經驗——那麼要跟其他人的情感經驗產生連結，對你來說就會比較困難。因此，要培養對他人產生更多的同理心，第一步就是要辨識自己的情感連結。

各種情緒是身體用來傳達環境改變的方式。情緒通常用來警告有些事情需要我們注意。我們得先經歷某種情緒，接著辨識那種情緒、表達那種情緒，然後使用那種情緒。我們來看看每一個步驟。

由於演化的關係，對多數無任何神經性疾病的正常人來說，要感受自己的情緒相當容易：每當身處的環境中，有任何需要留意跟集中身體資源的東西出現時，身體就會通知我們。我們會很規律地感受到各種情緒，即便有些情緒的強度相對來說較低（例如愉快的感覺）。對某些人來說，要試圖辨識情緒會比較難。有時候，情緒的感受清清楚楚：有人插隊排到我們前面，我們覺得憤怒。或者讀到《蘇菲的抉擇》[21]接近結局的地方，而我們意識到自己的悲傷。但其他時候，就沒辦法那麼確定；多種情緒例如羞恥、尷尬、混亂等，會以各種較難辨識的方式呈現出來。我們可能沉默寡言、忽略自己的情緒、抗拒真誠地跟他人分享情緒，或者覺得百感交集，導致情緒麻痺。我們知道自己感受到了什麼，但因為太害怕、太羞愧、太混亂，所以沒辦法決定自己感受到的情緒到底是什麼。

每當沒辦法感受到自己的情緒，我們就難以表達出那些情緒。那些情緒會有點卡住。如果對父母感到憤怒，卻從未表達出來，那麼它可能會以有害的方式表現出來，例如對自己的伴侶或好友感覺怨恨或沮喪。此外，我們沒辦法將這些未辨識清楚的情緒，使用在任何有助益的地方。憤怒能夠幫助我們意識到，是時候採取果斷的行動了：界線受到侵犯，我們得為自己挺身而出。但如果沒有意識到自己的憤怒，就不知道應該採取什麼行動。

理解這個過程，非常有益於培養對他人的同理心。透過不斷在生活中練習這種辨識情緒的方法，就更能夠意識到、注意到他人所經歷的情緒。相反地，如果是情緒無能的話，最後經常會導致缺乏同理心。因此，我們需要練習這幾個步驟，來培養自己的情緒連結。有時候，要辨識自己的情緒，需要心理師的協助。無論如何，有意識地照料自己的內在情緒，對自身及對他人都有所助益。

方法二：練習接納觀點

下一步，是考量他人的觀點。透過認真接納他人的觀點，你將脫離自己目光短淺的觀點，並且暗自承認自己可能是錯的。真心地接納觀點不只是思想實驗，而是讓你認為他人的觀點或許有那麼一點可能站得住腳。徹底而真心接納觀點更接近是（一）承認自己的思維有侷限跟盲點也並非完全正確；（二）樂於接受他人的意見及觀點，因為有其道理也重要；（三）承認他人已經盡了最大努力；以及（四）尊重他人與生俱來的自我價值及尊嚴。對於實踐這種接納他人豐富的觀點一事，我們並不十分擅長；相反地，我們想方設法去證實自身的觀點。在通常的情況下，我們幾乎等不及別人分享完他們的觀點，就急著要告訴他們自己的確切想法，以及為什麼我們才是對的。在與他人產生意見分歧時，我們會努力表達自己堅若磐石的觀點、合理化動機，並且澄清行為，而非真心地聆聽他人的生活經驗以及看見他們的人性。在這個過程中，我們無視他們的觀點、否定他們的經驗、貶低他們的價值、剝奪他們的人性。

為了要理解這大概會是怎麼樣的感覺，以及這種思維可能有多頑強，讓我們來瞄一眼與之相關的研究領域：寬恕。寬恕的研究者發現，讓受到冒犯的人接納冒犯者的觀點，能夠幫助他們寬恕對方。[25]事實上，這種富有同理心的接納觀點，通常是寬恕那些沒有好好對待我們的人的關鍵步驟。花點時間，感受一下這種同理心吧。想像一個人，對方曾經背著你嚴重精神出軌，或曾經嚴重冒犯你。然後站在對方的角度，想想他們的觀點，他們當時是怎麼想的，以及他們有沒有可能已經盡了自己最大的努力。這麼做自然而然會轉換你的觀點，同時也會激發寬恕心。這也是為什麼研究者跟心理師都曾說，這種同理心就像給予一個無私的禮物：你不需要這麼做，但這麼做很無私。你完全有權利尋求報復或者避開那個人。可是一旦你採取富同理心的反應，它就能幫助你，激發你的寬恕心，並且修補這段關係。這種接納觀點的方式很真心，不單能改變關係，也能帶來深遠的影響。

利用這樣的方式，來培養接納他人觀點的能力，需要多加練習。我們預設的思維模式，就是捍衛自身的觀點。要想徹底克服這種思維模式，我沒有什麼能幫得上你的良方，但有個辦法或許能讓這件事容易一些，那就是認真思考自己的缺點。你不需要反覆思考自己的過錯或失誤，沉溺在自慚形穢或自我厭惡的情緒裡毫無助益。相反地，想想你可能會透過哪些方式讓別人失望、傷害別人，或者犯下相當大的錯誤。你感受到自己的寬恕心了嗎？如果有的話，那是什麼感覺？如果沒有的話，你感受到什麼轉變嗎？意識到自己的不可靠以及容易犯錯，或許能在他人冒犯你或犯下錯誤時，讓你多一分理解、耐心，以及仁慈。當然，這麼做不是為他人的錯誤行為辯解、容許他人占你的便宜，而是提醒自己，我們過去也曾經讓他人失望，而將同樣的仁慈與同情給予他人，讓關係得以長長久久。[26]

方法三：學習積極聆聽

建立同理心的另一個方法，是想看看自己不知道而且必須學習的事情，通常是透過聆聽他人的話語來達到。有些人是透過困難的方式，來明瞭自己的侷限。我以前堅決不吃壽司，原因是我擔心自己可能不會喜歡。足足有好幾年的時間，我太太很享受跟朋友或同事一起吃壽司的時光，而我則盡可能避開這種食物。即便她認為我應該嘗試，而且事實上說不定會發現壽司很好吃，我卻頑固地抱持否認態度。有一天晚上，我研究所的指導教授在一家日式餐廳安排了一場盛大的晚餐，要慶祝我的論文口試很順利。餐桌旁盡是我的同事跟教授，而我最為恐懼的是，眾人決定要點一大盤壽司分著吃。我萬分尷尬，進退兩難。誰沒有在二十幾歲的時候嘗過壽司？但我又確信生魚片肯定難以下嚥。「乾脆從廁所的窗戶逃走，並且直到畢業前都跟這群人互不往來吧？」在想像了一番這件事情有多麼容易以後，迫於社交壓力，我還是棄守了，加入了這場宴席。壽司還真是美味啊。我冥頑不靈、毫不退讓，而我錯了。多年以來，我就這麼錯過了我如今的摯愛。每當我驟下決斷，準備批判那些不願嘗試新東西的人之時，都會試著去回想那曾經也猶豫不決的自己。

我們的思維裡充滿了這種不願改變的想法。一旦我們改變自己的觀點以後，就會沒辦法想像，為什麼其他人會這麼愚蠢，居然抱持著另一種想法，縱使我們不久前其實也跟他們一模一樣。改變宗教信仰的人會貶低改變信仰前的自己。[27]已經戒菸的人會嚴厲批評那些抽菸的人。那些改變了自身意識形態的人，會對那些抱持著他們舊有信念的無知之人投以白眼。我們是如此快速就忘記，自己是透過了多少學習，才走到今天這一步；而此刻的我們，比之過去的我們，又有著多麼大的不同。我只能去想像，十年前、十五年前，或者二十年前的自己，一定是個十足的討厭鬼。我盼望未來的自己，能夠用接納的心情，回想起此刻的我。希望我們也能努力用同樣的心情，去對待其他人。

所謂積極聆聽，包括回想起自己聽見了什麼，以及跟說話者確認這句話的意涵，這是一種值得培養的藝術，而且還需要你努力讓自己不帶評斷地聆聽。所以我們在跟他人對話的時候，通常都會想，我已經知道了有關某人或某事我所必須知道的一切了；而當我們這麼做的時候，自大就會阻礙我們，讓我們沒辦法學習新的東西，以及跟身旁的人建立新的連結。我們對人很容易抱持先入為主的成見，例如仰賴刻板印象，或者在還不夠熟悉對方的情況下，就妄下判斷。這些成見會妨礙你與他人的互動，因此要抗拒這樣的衝動。相反地，要努力認識他們的觀點，透過讓他們自己說出來，也透過我們自己的積極聆聽。要練習積極聆聽，就回想你剛剛聽到的話，並且跟對方確認，確保自己的理解正確無誤。確保自己的聆聽包括了積極參與及再次回想。總結他們所說的話，並且詢問他們是否還有任何其他想要讓你知道的事情。

方法四：將同理心付諸實踐

建立同理心的另一種方法，是想想他人的需求，這對某些人來說，會比其他人要來得容易。從連續譜（continuum）的漸進變化來看，譜的一端是那些只考慮自己的人，另一端則是那些會去考量——或許過度考量——他人需求的人。我本身是比較偏向於討好他人的那端。我樂於確保其他人覺得舒服、有人照料，以及快樂，這個傾向嚴重到有時會對我自己產生危害。在幫助他人的時候，我可能會忘記去問自己的需求是什麼，以及如何照顧好自己。這個傾向使得我在壓力大的時候，會特別關注他人的需求，從而意味著，如果我不夠注意的話，會忽略自己的需求，最終導致自己受苦。對有些人來說，關注他人是天性。

對其他人來說，需要多費一點勁，才會思考自己的行為對其他人會造成什麼影響，以及他人在遭遇困難的時候，可能有什麼需要。如果你符合上面的描述，可以嘗試做一個簡單的思想實驗，同時自問：如果我是這個人的話，此時此刻的我想要的是什麼，或者有什麼需求呢？現在走出思想實驗，付諸行動吧。同樣地，嘗試詢問他人的需要，然後照著行動。透過努力幫助他人，你將會開始重視他人的需求。

人們之所以會強烈猶豫是否要養成富同理心的思維及考量他人的需求，最主要的原因之一，就是害怕遭到利用。雖然或許不會直截了當地說出來，但我們都害怕，如果把他人的需求放在優先位置，或者重視他人的需求，自己的需求就會得不到滿足。從匱乏的思維角度出發，我們擔心不可能每個人都能獲得「滿足」——無論欠缺的是關注、喜愛、尊敬、崇拜、讚美，或者認可。擔憂的地方在於太過關懷他人，自己就會受苦。但如果你已經建立足夠的謙遜，搭配合宜的自我界線，這個問題根本不會發生。

幫助他人，永遠也不會妨礙我們設立清楚的界線，也不會削弱自我尊重。這就是為什麼謙遜對同理心來說如此重要：謙遜的人能夠清楚思考他人的需求，因為他們確知自己的價值，不會持續追尋他人有條件的喜愛或認可。知道自己的能力與侷限，是謙遜的自我覺察的核心。真正謙遜的人，可以設立合宜的界線，知道可以付出什麼，以及到了什麼程度就要喊停。這麼做的話，謙遜就能讓人自由自在：謙遜讓我們擁有自知之明，可以決定關照他人的最好方式，同時也不會失去自我。

方法五：從安全感到力量

真正的謙遜，不會在你重視他人的需求時，讓你失去自我認知或自我需求。請記住，謙遜源於安全感：你的自我價值並非仰賴他人認可，所以可以做出同時重視自我及他人需求的決定。只要你不是持續想著自己，就能夠想到其他人。人類都一樣，既渺小又偉大。縱使遭到誤解、不完美，或者缺乏信心，我們都圓滿無缺。

透過謙遜賦予的安全感，我們就擁有了關照及珍視他人的力量。這種力量有許多樣貌，依據情況的不同而有所變化。有時候，這股力量看起來像是妥協：接受自己沒辦法（也不應當）總是隨心所欲，而健康的人際關係的特質是互相尊重及彼此對等。有時候，是明白我們的小小犧牲，可以為他人帶來大大的利益。舉例來說，我們謙遜地明白，小小的不便——例如整理可回收物品，或是降低能源的消耗——或許會帶來些許麻煩，但帶給他人的益處卻會逐漸累積。在人際關係中，請記住謙遜並非意味著讓自己變得渺小；而是意味著容許他人成就自我，並且鼓勵他們追尋每一次的成功。這種謙遜的力量，或許是一種勇氣，去跟正在經歷痛苦及焦慮的人坐在一起，即便這會讓自己覺得不自在。透過成為完整的自己，就能在他人面前展露真實無缺的自我，並在他們有需要的時候，提供援助。

同理心能拓展你的世界

自私會讓我們的自我認知受到限縮，同理心則能拓展我們的世界。當我們只考慮自身，關注就會往內，最終只感受到孤寂。然而，重視他人的需求，並且思考他人的觀點，不單是謙遜人生的核心，還能打開眼界，讓我們更能完整領會身旁的世界。

針對正面情緒——例如歡愉或快樂——的研究，揭示了它們在自我擴展（self-expansion）[28]及自我成長方面的重要性。負面情緒，例如憤怒或恐懼，則會限縮我們的反應方式，藉此減輕可能會發生的危險。我們通常會戰鬥、逃離，或者無法動彈：我們開始揮拳、逃跑，或者躲藏。我們只是試圖活下去。正面的情緒，像是同理心，就不一樣了。它們不會限縮我們的世界，而是使之擴張。這些情緒狀態能引發正面情感（讓我們感覺很好），並且能增進思維—行動空間（thought-action-repertoire）；也就是說，正面情緒能幫助我們看見更寬廣的世界，以及賦予我們更多種與他人互動時可採取的反應。[29]當我們不只是試圖活下去，能夠使用的行為模式就會更為多元。我們可以活得更豐富，可以欣賞他人及身旁的世界，明白世間的一切並非只為了我們而存在。

如果你去過大峽谷，就能體會那種帶來正面情緒的「擴張」。站立在這幅壯麗景觀的邊緣，能讓你感受到無比的敬畏、感激，以及感謝等等的情緒。我們覺得自己渺小而安全，樂於當個微不足道的小人物，同時卻又感受到生命富有美好的意義。

在我跟大學時代的老室友們去露營旅行之後，我的朋友納森邀請我去大峽谷。我開車過去，要見他跟幾個他的極限跑友，打算來一趟大峽谷來回跑。他是一名超級馬拉松跑者，也就是一種跑步的距離比馬拉松比賽還遠的運動員，而這趟路程的名稱被稱為R3（Rim-to-Rim-to-Rim）。我們會跑下大峽谷的南緣，橫跨大峽谷谷底，然後跑上北緣，隔天再倒過來跑回去（我們讓自己在兩次的橫越間，在床上睡一晚上休息；其他跑者則是一天內跑完全程）。身為團隊裡少數的非超馬跑者，又只完成過屈指可數的兩場尋常馬拉松賽，使得我很緊張。這個跑步團隊聲譽卓著，曾經翻山越嶺橫跨過撒哈拉沙漠跟穿越過死亡谷，他們把一百六十公里的比賽當成五公里的感恩節競走（Turkey Trots）[80]在跑。我覺得自己被放錯了地方，能力落後隊友一大截。但這些感覺在我第一次見到大峽谷之後就煙消雲散了。在我踏出往下的第一步時，我忍不住微笑了起來。大峽谷的壯闊與美麗撼動了我的心靈。我感到敬畏。我感到渺小。我對活著充滿感激。這樣的感覺激勵我完成兩天的路程；過程舒暢，跑完時覺得身強力壯。也讓我留下了難以抹滅的記憶。

這就是同理心的功用。一如其他正面情緒，同理心讓你覺得自己變小了——或許，有鑑於崇尚妄自尊大的文化，這個大小其實剛剛好。而這樣的大小適中不單能幫助我們去感覺生活過得更豐富、更有意義，同理心也邀請他人進入我們的生命，而且他們無須縮頭縮尾，只要當完整的自己就好。[31]你創造出的空間，讓別人能當他們自己，而你也擁抱這樣的他們。

快快地聽[32]

同理心能創造或破壞人際關係。回想起過往，我心想，去年夏天跟麥斯威爾夫婦共進晚餐那天，會不會有不同的可能？如果我們新認識的朋友對我太太表現出真誠的興趣跟好奇，而非只是將我太太平庸化，用她看書的品味來評斷她這個人，以符合他先入為主的看法；如果他在提出讀書興趣的問題之後，又提了另一個問題，然後單純只是聆聽——把他的臆斷都放在一旁，努力從她的觀點去學習，藉此理解她——的話，我們是否就能培養出一段友誼？我永遠也不會知道答案了，因為他的評語毀掉了這段經歷，也透露出他壓根兒不想理解我們。誠然，單單這段經歷，就足以讓我們雙方都意識到，這不是我們預期的那種友誼。我也回想起我那個勇敢的學生，她道出了對校園安全政策的憂心。我還記得她在跟我分享那個棘手話題時所展現的脆弱與勇氣。我依然記得自己的感受，以及那樣的感受如何形塑了那場對話，我的情感表現如何開啟了一條溝通之道，並且在我們之間建立起互信。她的真誠喚起了我的真誠，而那一刻改變了我們雙方。

在那兩次的互動中，同理心都是核心：一邊是欠缺同理心，另一邊則是雙方都具有同理心。同理心能讓人際關係大不同：有的蓬勃發展，有的困難重重。請與我一同攜手，承諾要練習用同理心來提升人際關係品質，即便這不是一條簡單的道路。

Chapter 7 — The Importance of Self-Regulation —

自律的重要性

培養謙遜心，有點像是為了參加馬拉松而鍛鍊。這件事情需要努力、練習，還有持續。它需要勤奮跟堅持。光靠一、兩天甚或一星期都不夠，沒有捷徑或「小道」能讓你快點謙遜。這麼說吧，你只能夠一步一腳印。在那些安靜、寂寥，只有你知道自己的動機是什麼的地方，這些鍛鍊會為你做好準備，讓你有朝一日朝向真摯的關係與真實的生活跑去。有時候你會搞砸、踉蹌，或者遇到一整天的衰運。路途雖然困難，但是值得。這些鍛鍊將會幫助你培養出不會消失的謙遜心。

培養出不會消失的謙遜心

讓我們繼續沿用馬拉松的譬喻，把它當作是一個能幫助你理解的框架，並藉此培養出強大紮實、能讓你平安度過逆境的謙遜心。就像報名參加一場四十二・一九五公里的賽事，如果你是真心想要培養謙遜，就得花費很大的力氣投入。我們已經討論過心智傾向於自我關注、我們生活在獎勵妄自尊大的文化潮流中，以及我們會將資訊過濾，讓我們只看得見自己想看見的世界，而非世界的真實樣貌。我們面臨的是一個艱鉅的任務。但如果有訓練計畫，我們就有可能改變大腦的思維迴路。我們必須知道自己要朝向哪裡前進。讓我們來看一些或許能派得上用場的策略。

首先，我們應該要培養全面性的謙遜。謙遜必須充斥你生活中的各個層面：你如何面對新的環境、接受反饋、跟他人互動，以及對待自己。試圖在工作時抱持謙遜，卻沒有關照你家庭裡的關係，可能會帶來麻煩，一如忽略他人的反饋，或是沒有努力培養自我覺察的能力。回想一下謙遜的四種類型：關係型、智識型、文化型，以及存在型。請捫心自問，應該要怎麼做才能：

- 在關係中做到更謙遜？
- 對新的想法、見解，以及觀點抱持敞開的心態？

•設法從他人身上學習，並且欣賞他們的文化？
•欣賞世界上壯麗的自然美景，並且對自己的渺小心存感激？

我認為謙遜的這四個特點會彼此強化。就像準備參加賽事，不只需要多多跑步，還需要正確飲食、補充水分，以及交叉訓練（例如騎腳踏車或做重量訓練）一樣，如果你在這幾個不同的面向都下了工夫，獲得的謙遜也將會更長久。

第二，你應該要培養有彈性的謙遜。挫折會發生，就像在訓練的時候可能會拉傷肌肉或扭傷腳踝，在變得更謙遜的道路上，你可能會面臨掙扎。有時實踐謙遜比較容易，有時則不然。在某些日子裡，自私會占上風、缺乏安全感使得你自我吹噓或言行防備，或者你開始懷疑自己毫無進展。或許甚至會質疑花這麼多力氣到底值不值得。舉例來說，在比賽的時候，對我來說，那些樂於當觀眾的群眾看起來比我聰明（也快樂）太多了，而我要辛苦地跑完這場花了錢參加的賽事；但那樣的時刻不長，我會再次定心，專注在更大的目標上。

謙遜難以實踐時，正是你最需要謙遜的時候。關係中面臨衝突，或者不同的價值觀產生牴觸，或許會讓你滿腦子只想給出防衛性的反應、言行自私，並且停止聆聽，開始大吼。你或許會發現最困難的時候，就是當你接收到負面的反饋或者遭到忽視、當他人受到讚揚，或者當你強烈渴望外界的認可。要忍受這樣的情緒，可以透過相信自己會在此時此地有其必要性，而他人會在此時此地也有其必要性。謙遜讓你得以有自信也有安全感地知道，你做出的選擇很適合自己，而別人做出的選擇也最適合他們。謙遜在此刻變得熠熠生輝。任何人都可以在輕鬆的情況下保有謙遜，但長久而紮實的謙遜就算遇到困境，也依然堅定不移。

然而，沒有人能隨時都做到這樣。每個人都會搞砸，而當你搞砸的時候，善待自己會有幫助。不要使用嚴厲的自我批判或負面的自我對話。我們的目標是成長而非完美。問問你自己，是不是努力讓自己每一天都比前一天再成長一些。要知道你會有達不到自己期望的時候，而這件事情合情合理。我也常常會有這樣的感受。完美的謙遜是不可能企及的。就像不是每一場練跑都完美無瑕，或甚至比上一次跑得還好。但整體來說，在變得更謙遜這條道路上，你確實有所進展。

最後，持久的謙遜會變成習慣。

一旦在生活裡的所有領域都全面性地運用了謙遜、在面對困境的時候努力保有彈性，並且在你沒有做得太好的時候放過自己一馬——謙遜會開始成為你的第二天性。在鍥而不捨的長期訓練過程中，綁好鞋帶跟準備起跑成了思維裡的常態，尤其是在你還得同時去應付其他需要奉獻心力的事務的時候。我經常自問，今天什麼時候可以跑步？有些日子會比其他日子來得容易，但我很少有沒跑步的日子。這成了我的例行事務。除了天候太壞或前次跑步帶來的疼痛實在過度劇烈之外，我維持住了這個習慣，而我也愈來愈得心應手。謙遜也一樣。這件事情或許永遠都不容易，但透過練習，情況會愈來愈好，直到謙遜成為你面對世界的姿態為止。

研究人員認為，要讓帶有美好品德性質的習慣，例如謙遜，變得更成為生活中的一部分，可以透過「不同的重複」（nonidentical repetition）。或者簡單來說，就是在不同的背景、不同的情境中，跟不同的人練習謙遜。❶要成為更好的跑者，我們會在不同的地形，以不同的速度、不同的距離來自我訓練。因此，讓自己有機會在各種情況下練習謙遜，能夠幫助你培養出持久而常在的謙遜。一如任何其他的技能，你愈去運用，該技能就愈會成長。事實上，學習無論情況有多艱難，都努力實踐這項美德，或許能成為建立一段充滿意義的人生的基石。❷

自律的重要性

如果必須選出一個能改善人生的技能，自律會是我的首選。簡單來說，自律是我們從事困難之事的能力。用更科學的話來講，自律有點像是自我控制，並且關乎自我控制——衝動、基本回應、自然反應——的能力，以符合一些標準或目標。❸舉例來說，或許我們想要減少自己使用手機的頻率；當覺得無聊、焦慮、寂寞、憂鬱，或只是對話中出現了空白，自然而然會想看手機。或許看手機已經成了習慣，成了一種能帶來安撫的慰藉。隨著時間過去，每當覺得不適或焦慮，這股衝動可能就會驅使我們去拿手機，但我們可以透過控制這股衝動，與此刻的感覺同在，來自我調整。我們心中揣想某個特定的目標，讓自己的行為與這個目標相應。

自我調整失敗的證據，在我們的文化中隨處可見，成癮、肥胖、暴力，以及心理健康相關的問題等等，都嚴重得令人憂心。當然，這些問題的成因都很複雜，不只是欠缺自我控制（這麼說會變得像在指責受害者），但自我調整的過程的確是原因之一：當不知所措又緊張焦慮時，我們是會再幫自己倒一杯酒，或是尋求能製造快樂、減輕痛苦的藥物？我們有辦法做到飲食適量並選擇更健康的食物，而不是吃下那些美味卻不健康的食物嗎？面對汙辱或不同的觀點，能否採用溫和的回應，而非展開猛烈的反擊？在照料自己的心靈健康時，如果可以採用更簡單的方式來逃離或迴避這一切，是否還願意不畏艱難地去做？自律能夠幫助我們克服這些強烈，也可說是正常的衝動，以完成某件困難但有意義的事，例如在公司著手處理一個漫長而富挑戰性的專案計畫，或是修完一系列為了學位或升遷而必要的課程。

提到謙遜這個主題時，自律是抑制本能的自私反應的關鍵，讓我們得以謙遜地回應對方——縱使滿腦子裡都是要你做出其他反應的叫聲——因為我們考量到了他人的需求。每當我們極其渴望自我吹噓，或者因為他人受到稱讚而心生妒意時，實踐自律能夠幫助我們克服這些自負的強烈衝動。這個機制讓我們得以做出困難的抉擇，以及不畏艱難勇往直前。但自律是如何發生作用？要怎麼做才能增進自我調整的能力？

自律有三大支柱：設立一個行為準則或目標、監督過程，以及培養執行力。首先，自律包括了設立行為準則或目標，好讓我們期許自己的行為將有什麼樣的改變。對於謙遜來說，一如先前討論過的，目標看起來或許像是準確的自我認知、約束自己的自尊心，以及考量他人的需求。針對這三個特質——自知、自省，以及推己及人——來說，重要的是自己明確知道做到什麼地步，就能叫做有所進展。所謂的了解自己，意味著明白自己的優勢與缺點、接受自己的侷限，並且經常尋求反饋；這也意味著承認我們帶著特定的認知偏誤去觀看這個世界，以及需要透過他人幫助，來讓我們欣賞不同的觀點，或者對世界做出不同於我們預設思維的解讀。自省包括克制某些自負的衝動、跟他人共享讚美，面對批評或衝突時保持開放的心胸，而非一味防備。推己及人意味著培養對他人的同理心、考量身旁的人的需求，以及明白我們跟比我們巨大的事物之間有所連結，無論那個事物指的是其他人、自然，或是靈性。由於這些是謙遜人生的指標，因此朝向謙遜生活的道路前進時，它們就有如地圖。我們可以讓自己朝著這些特質邁進，這樣就不會在過程中迷失。

自律的第二個支柱是，監督或檢查我們邁向這些目標的進度。設立目標或行為準則很重要，但是如果沒有去衡量自己的思維、情緒以及行為到底有多吻合所設立的目標時，我們的努力泰半是徒勞無功。這就像是仔細地在一張地圖上標示出一趟公路旅行的路線，然後跳上車，把地圖丟到後座，茫然地往東邊駛去。缺乏經常性的自省，我們不會知道自己是否迷了路。知道如何活出謙遜的人生是第一步，但這還不夠。我們需要超越僅僅在知識方面理解謙遜，進一步評估自己的生活方式有多吻合（或不吻合）這些不同的目標。或許可以從做一份自我評估表開始，去反省並明白認知偏誤或許比想像的還要嚴重，以及很可能高估了自己的謙遜程度（一如我曾經並且經常犯的錯）。但不管找出哪些能夠改進的地方，這些地方對他人來說或許相當明顯。在完成評估表以後，透過持續從一位可信賴的來源處尋求反饋，將能夠幫助我們明白離自己想望的目標有多近或是多遠。最後，經常自省、尋求反饋，以及持續地練習，能夠幫助我們確保自己是在培養持久的謙遜。一如我們需要在踏上公路旅行時不斷檢查自己的地圖，或者沿途不停聽從電子系統的導航前進，持續的自我檢查很重要，能讓我們看見自己是否朝著更謙遜的目標邁進。

自律的最後一個支柱是培養執行力或是完成這些任務的行動力。要成為謙遜的人很難。當我們想要誇耀自己最近的成就，或者受到批判而想做出防衛性的回應時，要忍住不張口很難。持續去考量他人的需求可能讓人覺得疲累，尤其是在一個迷戀外在形象及自我拉抬的世界。但就如同其他一開始很難馬上擁有的技能一樣，我們可以培養耐性，來讓自己慢慢成為一個謙遜的人。隨著時日過去，透過持續練習，不斷實踐謙遜的能力會上升。這過程中也牽涉到環境的助力。就像涼爽的日子、平坦的道路，以及充足的水分能夠幫助我們跑得更遠

（也更快）一樣，周遭的環境也影響了我們要實踐謙遜時，所需耗費的精力多寡。如果覺得有壓力、分心，或者不知所措，抑或覺得不安，大腦裡預設的自私與自我保護的反應，就會非常難以克制。由於這件事情很費神，因此其他心智或情感的需求都會降低我們實踐謙遜的能力。細心地在生活中培養出一個能讓我們覺得安全、得以休息，以及賦予我們所需的注意力與精力的空間，對我們來說大有助益。當然，我們沒辦法每次都能夠挑選實踐謙遜的最佳狀態，而通常情況最為艱困時，也是最需要實踐謙遜的時機；可是透過在狀況好的時候練習謙遜，能夠讓我們優先準備好在狀況差的時候也能夠實踐謙遜。

找出動力

培養自律，對我們的幸福來說非常重要。一個追蹤孩童從出生至三十二歲的研究發現，自我控制能力預示了更好的健康狀態、更多的財富，以及更低的犯罪率，就算把一個人的聰明才智跟家庭背景納入考量也一樣；而在生命早期（三歲到十二歲之間）的自我控制能力，則預示了上述提到的各方面的成長。❹有些研究指出，由於自我控制是如此重要，想要大幅培養此能力應該不大可能。❺其他研究則認為，幫助孩子學會忍受遲來的滿足，就能幫助他們學會自我控制。❻在這個時代，要依照衝動行事，變得前所未有的簡單——想想那些四十八小時就能送貨到府的商品，速食業方便的得來速，讓你能不停看下去的、幾乎數不清的電視節目跟電影清單——促進自律能力，不只有益於我們的謙遜，更對生活中幾乎每一個面向都有所助益。我的一位朋友及同事納森・德沃（大峽谷冒險那段提過他），曾針對自律做了廣泛的調查研究，並將學術知識轉化為個人的改變：他從一個久坐不動的學究，搖身一變成了超馬跑者。基於對生活方式的不滿，他利用自己對這個重要技能的理解，學會如何在地球上最艱辛的環境中，跑出真的非常遠的距離。我會遇到納森，是因他學術休假一年的期間，來造訪我所在的學院。那時候，他已經完成了幾次一百六十公里的賽事，以作為他參加惡水超級馬拉松——世界上最艱辛的跑步賽事——的必要訓練行程。為了要準備這場從死亡谷（美國海拔最低的地點）跑到惠特尼山（美國海拔最高的地點）、全程二百一十七公里的七月賽事，他還完成了一個以六天穿越撒哈拉沙漠的兩百五十公里賽事，以及在夏天的時候花了將近一星期的時間跑了五百公里、穿越了美國好幾個州。他的經歷構築了一份世界級的跑步履歷，使他得以完成好幾個世界上要求最高的賽事，而他所使用的力量就是自律。

幸運的是，一如納森的證實，要加強自律能力還是有幾種方法。我們或許沒辦法跑步穿越沙漠的酷熱，但可以透過做那些需要注意力、集中力，以及意志力的困難事情，來提升自律能力，關鍵主要在於實踐。舉例來說，研究人員隨機指派人們去完成歷時兩週的困難任務，例如努力維持自己的儀態、不斷嘗試讓自己擁有好心情，或者撰寫飲食日誌，以研究其效果。❼在經歷了上述其中一種形式的兩週自我控制練習之後，回到研究室的受試者們在執行自律任務時，他們的表現都提升了。類似的研究結果，也出現在另一個兩星期的研究。在那場研究，人們被指派體能鍛鍊（每天按壓握力器兩次，按壓的時間盡可能地久）或者避免吃甜食。❽另一項研究指派人們用自己的非慣用手兩週，然後發現這些受試者在受到挑釁或威脅的時候，他們的反應比較不具攻擊性。❾從事困難的事情，能夠訓練心智及身體，讓未來在執行耗費精力的任務時，能堅持得更久。

另一系列的科學研究，調查的是我們在追尋特定目標或避免誘惑時的動力。❿有時候，我們之所以會行動，是因為真的想要那麼做；我們本質上被觸動了，而完成該目標符合價值觀，或是該目標對我們來說有個人意義。其他時候，我們之所以會行動，是因為必須那麼做；我們感受到外在壓力迫使我們去配合或是追尋某個目標，無論是因為能從中獲得什麼（例如他人的認可）或是因為能避開什麼（例如丟臉、羞愧、他人的批評）。不意外地，當真心想要做一件事情時，我們比較不會衝動行事，在實踐自我控制時，也較不會遇到阻礙。此外，這樣的動力可以改變潛在反應：有這樣一個與價值觀吻合的動力，能讓自我控制變得更自動自發、自然而然。提到謙遜，我們必須要有改變的想法。要踏上這趟旅程，不能夠不情不願，不是因為朋友或伴侶強迫我們，也不是因為覺得自己不進則退。誠然，持久性的謙遜必須源於我們真心的想望，必須是真誠地渴望自己能夠成為更好也更謙遜的人。

與謙遜最直接關聯的是，有些研究者認為，那些能夠「凝縮」我們的活動，都有益於培養自律。[11]舉例來說，冥想、正念、專注當下，以及減少想到自己的頻率，或許都有益於提升自律能力。這些活動能幫助我們讓自我意識離開。透過擺脫世界繞著我們打轉的思維，事實上，我們或許更能控制自己。我猜想，這麼做能夠幫助我們回到「正常大小」，於是我們能以更寬闊的心胸去欣賞大自然、其他人，以及宇宙，因為我們覺得自己小得剛剛好。一旦將關注力從自己身上移走，雖然聽起來矛盾，但或許就更能克服自私衝動，也更能控制自己的行為。

所有這些研究的結論是：如果真心想要提升處理困難事務的能力，我們應該更常去處理困難的事務。實踐造就持續。當自身的衝動及文化傳遞出的訊息都把我們推向自負時，要自願去選擇謙遜、抗拒自誇行為或以防衛姿態回應批評的誘惑，以及在我們覺得被低估的時候還能為他人著想，都不是件易事。一如晨間散步或找時間來冥想可以成為習慣，培養自我覺察的能力、審視自尊心、為他人著想，也可以成為我們的第二天性。但我們需要時間，需要努力或正確的動力。因此重要的是確保我們擁有（一）給自己一個培養謙遜的合理動力；（二）持續練習，試著讓自己更謙遜；（三）嘗試過著更謙遜（偶爾會失敗）的生活時，要保持耐性。

自我控制——謙遜循環

謙遜跟自我控制或許會彼此強化。針對縮減自尊心及培養自律能力的研究認為，我們實踐更多自律能力時，也會培養出更紮實的謙遜，而這又會幫助促進更強的自我控制能力。這就有如存在一個謙遜和自我控制的正面循環——不只是自律能夠幫助我們做到困難的謙遜，謙遜也會幫助我們做到困難的事情。

在一系列實驗性的研究中，人們被隨機指派到謙遜組，要回想他們自覺謙遜的一次經驗；或是被指派到中立組，要回想一段平凡無奇的經驗。接著，他們均被要求進行一系列的任務，以測試自我控制能力。結果非常驚人：相較於中立組的人，謙遜組的人在費勁的握力訓練中撐得比較久、比較不會吃研究人員留下的M&M's巧克力（並且吃的量也大幅減少），以及願意花更長的時間去解決困難的認知難題。⑫讓人們回想自身的謙遜，能夠促使他們未來的自我控制能力更強。

其他研究則調查了自我控制能力與謙遜在真實世界中的連結和益處。研究人員發現，在以大學生為樣本的研究中，隨著時間前進，較高的謙遜心預示了較少的藥物使用。除此之外，在一所監獄設施裡的研究中，較高的謙遜心，能夠減少那些因藥物相關罪刑遭到逮捕的人，其後續使用藥物的機率。⑬另一項以超過兩百名美國空軍將領的領導能力為對象的研究發現，謙遜跟自我控制能力有正面關聯：唯有這些領導者展現出自我控制的能力，才會對他們的謙遜產生正面影響，這意味著更符合道德的領導風格、更佳的表現，以及更好的整體發展。⓮

付諸實踐

你或許會覺得疑惑，到底從所有這些研究中，可以學到什麼？如何將之付諸實踐？以下是一些實際的步驟。一開始，請回想自律的三大支柱（行為準則、監督、執行力），以及如何讓自己的注意力集中在培養這幾個領域的謙遜。首先，想想你要的行為準則：

- 你想要生命中擁有怎麼樣的謙遜？
- 在一段謙遜的人生中，你想要體現哪些行為指標（behavioral indicators）⓯？
- 你想要如何回應批評或接受反饋？
- 更有自知之明會是什麼樣子？
- 你要如何對他人更體貼或更有同理心？

我們在前幾個章節中詳細討論過這些問題了，所以你或許會發現，分別幫這三個主題各做一份清單會有幫助，每個主題都對應謙遜的一個面向：自知、自省、推己及人。在每一個主題的下方，寫下幾個在邁向成為更謙遜之人的路途上，你渴望擁有的行為習慣。你可以從已經探討過的部分來選擇：從他人身上尋求反饋，或者你也許會想仿效某個腦海裡真正體現了謙遜心的人。舉例來說，你或許會這樣寫：「每個星期定期跟一位朋友見面，從對方身上尋求能讓我成長的反饋」（自知）、「在回應之前先暫停片刻，想想其他人的觀點」（自省），或是「思考他人在這樣的情況下可能會有的需求」（推己及人）。這些行動會成為你的行為準則或是目標。一如嘗試要在四小時之內完成一場馬拉松賽事一樣，這個目標能夠幫助你專注前進。

接下來，想想看要如何監督自己的進度。你會需要怎麼樣的例行檢查？把這些檢查時程排進日曆。就好像要參加比賽之前，每天都需要找時間來訓練一樣，你也需要例行性的檢查，來衡量自己目前的進度。接著，想想看要如何獲得能幫助自我提升的合適反饋。請記住，看待自己的成長進度時，你可能會抱持認知偏誤，可能會以為自己做得比實際上的還要好。一開始跑步的時候，我經常會以為自己的速度比實際上還要快，但我的錶卻讓我知道冷冰冰的事實。縱使我試著幫自己的時間找藉口，但這些藉口通常不怎麼管用。我的電子夥伴提供的客觀反饋實實在在。它讓我知道自己成長了多少，以及還需要多少努力。同樣地，你會想要盡可能客觀的反饋。詢問各式各樣值得信賴的人——朋友、家人、同儕、你信賴的夥伴——在某些情況下，或許讓他們能夠不具名地提供想法，會帶來極大的幫助。經常這麼做的話，你就能對自己的進展感到自豪，知道人們不是在講好聽話。

現在，請回想行動力的重要性。要成為謙遜的人很不容易，可能會讓人很疲累。而培養根本而想望的動力是關鍵。如果你之所以試圖培養謙遜心，是因為謙遜心符合你的自我價值，你也真心認為擁有謙遜心是件應當要做的好事，那麼相較於覺得自己是因為不得不而自我強迫，你成功培養出謙遜心的機率將大幅提升。基於這樣的原因，獎賞比懲罰更讓人有動力。將追求謙遜的生活視為追求正面結果，而非迴避負面結果，將在實踐謙遜的難度變得太高的時候，讓你能夠堅持下去。多數跑者之所以會跑步，是因為享受跑步這件事。許多人可能還有其他的運動習慣，或者可能完全不鍛鍊身體，但基本上都還是會想去跑步。之所以選擇跑步，是因為跑步符合他們所訂定的目標方向及自我價值，或者因為他們是真心喜歡跑步，不是因為感覺到巨大的壓力或他人的期許。我的一個好朋友喜歡在健身房練身體，但不怎麼喜歡跑步。我很喜歡跑步，但不喜歡他那套要在健身房裡做的運動。讓你的行為與動力產生一致，能夠鼓勵你去實踐那些困難的部分。

一旦你想清楚自己想要的行為準則、監督計畫，以及如何培養執行力（特別是透過動力）之後，盡量去練習——在生活中許多不同的地方：在家裡、跟朋友、工作時，以及身旁無人之時。請記住，要培養出能在生活中無所不在的謙遜心。

坐而言不如起而行

這個章節談了很多跑步的事情，但最近我其實不大會在生活中談這件事。或許是因為我認識很多跑得比我還要快或是還要遠的人，又或許是因為我意識到，跑步的真正快樂，在於跑步讓我產生的改變，讓我知道自己之前是多麼畫地自限，而我又能靠自我鼓勵走得多遠。同樣地，你將會認識那些比你更謙遜或更常自我約束的人，但不要因此受到打擊。踏上這段旅途的意義在於，你因此如何改變，而非你前進的速度有多快。如今的我很享受獨自一人緩慢地前進，無論是為了比賽而訓練、跟朋友一同跑步，或者只是單純地欣賞風景。我讓跑步改變了我的生活方式、知道努力是件好事，並且產生許多值得企求的改變。我心懷感激地認識新的跑友，並聆聽他們跟我分享的故事；我心懷感激地往前移動，並且珍視自己的健康。我也學到了，坐而言不如起而行。一如跑步，培養謙遜需要練習與堅持。一旦你用心投入並持續鍛鍊，將會開始注意到生活裡的諸多改變，並且受益匪淺。

PART 3

第三部

How Humility Can Change Your Life

謙遜如何改變你的人生

Chapter 8 | Bridging Divides |

消弭分歧

謙遜有不同的類型或表現方式。我們可以在關係中謙遜、在觀念上謙遜，或者在提出比自我還巨大的問題時表現出謙遜，還可以在生活方式以及看待世界的方式上展現謙遜。最後一種謙遜被稱為文化型謙遜，它的特質為對他人及他們獨特的文化觀點保持開放的心態。❶人們傾向於假定自己的世界觀——他們的文化價值觀——本來就比其他人的優越。畢竟如果覺得自己錯了，我們的想法就會產生諸多改變。相反地，我們認為自己的想法、感受、行為，或者敘事角度都是最棒的。雖然或許沒有明顯表現出來，但這樣的想法相當普遍。問題在於，一旦遇見了不同的文化世界觀，就會難以理解對方的觀點。我們透過自己的文化價值觀去看待他人的生活。長於文化型謙遜的人會努力對抗這些根深蒂固的認知偏誤：他們意識到自己本來的世界觀並非優於其他人的世界觀，並且每個人的世界觀都一樣重要而有價值，而他們也表現出對於學習抱持好奇心以及對於改變抱持開放的心態。他們意識到，知道關於某人的一件事，不代表就知道對方的一切。他們歡迎互相尊重、彼此合作的人際關係。在這樣的關係中，人們得以提出各種各樣的觀點，並且一同努力擴展彼此的包容心。

擁有文化型謙遜的人懂得欣賞不同人際關係之間獨特的細微差異。他們能夠檢視自我，並且不會假定先前與某團體中成員互動的經驗，能夠順理成章地套用在該團體的其他人身上。相較於「一竿子打翻一條船」的做法，文化型謙遜的人明白每個人的人生故事及文化背景，都有著細微的差異與個體的不同，並努力去理解該特定的人。會努力對抗自身的偏見，並且充滿好奇地想要知道他人觀看世界的不同角度。實際上，文化型謙遜者能夠以尊重與好奇的心態，去接觸那些來自不同文化或對世界抱持不同理解的人，希望能從他們身上學習，並且視他們的不同為一種優勢。

曾幾何時，科技提升了能力，讓我們得以和相同信念的人交流，並且透過網路使用習慣演算出一套機制，從而形塑我們接收到的新聞與資訊。舉例來說，經常觀看福斯新聞（Fox News）的人，會更容易看見呈現保守派觀點的新聞故事；相較之下，那些點擊美國有線電視新聞網（CNN）文章的人，則會看見更多自由派的觀點。我們所取得的資訊，乃是基於自己的行為模式，以及身旁的人的行為模式，進行量身訂做。這種精心規劃的媒體大餐產生了無數問題，其中之一就是加強版的群體極化——指的是想法相近的群體之間，在討論自己同意與否的議題時，其態度變得更為極端的傾向。❷舉例來說，如果有一群人湊在一起討論計畫的重要性，這些人可能不單會學習到更多的爭議點，使得他們更確信自己所抱持的想法正確無誤；還可能養成一種比原本更極端的態度，藉此表示自己與眾不同——我想讓朋友知道，我真的很在意環保，所以對這個議題更有熱情了，也對自己所處的位置有更強烈的感受。一旦人們有辦法在網路或現實生活找到共享相同信念的團體，團體裡的討論就會促使他們變得更有膽量，也會激化他們的意見，造成的結果就是：抱持中間立場的人不見了，幾乎任何議題都只留下互相對立的兩個陣營。

針對那些與我們持不同意見的團體所抱持的偏見範圍，有相關研究留下了紀錄。根據受試者提供的言詞——包括顯而易見與沒有明說兩者——顯示，我們對那些政治歸屬與我們不同的人，抱持強烈的負面情感。❸我們對那些跟我們持不同宗教信仰的人抱有偏見，這樣的偏見使得我們撇除了其他可能的觀點，從而選擇攻擊那些人。❹我們的想法與對方的想法差異最大的時候，也是這種思維模式最顯著的時候，多半是因為我們視抱持異議觀點的人具有威脅性。有一個研究揭示了人們在面對自己的世界觀遭受威脅時，會做出什麼樣的反應。❺受試者拿到一段文字，該段文字表面上看起來是由持有不同政治思維的人所寫的，並抨擊了受試者堅定的意識形態。在閱讀該段文字以後，受試者獲得了表達攻擊行為的機會：受試者能夠在另一場不同的食物品嘗研究中，擔任分發辣醬的角色，並且事先知道了必須吃下該份食物的人非常怕辣。在世界觀遭受威脅之後，受試者會給對方更多辣醬，以此表達自己的攻擊性。對於那些異己之人，我們的想法、感受跟行為在在都表示不把對方當成一個有血有肉的人看待。

這樣的思維模式會帶來問題，但也不令人意外。民族優越感（ethnocentrism）指的是對於自身所屬的族群認同的偏好，不論涉及的是國籍、性別、性取向、宗教，或是政治。在社會心理學針對民族優越感的研究領域中，有一些發現非常具有一致性。對於這種強烈偏見存在的原因，研究人員想出了數不清的理由。舉例來說，綜觀人類的演化歷史，群體之間可能持續為了稀少的生存資源而彼此競爭。如果我所在的群體需要取得食物的途徑，而食物的供給有限，那麼我可能會對同樣想要取得稀少資源獲取途徑的其他群體，培養出負面的態度。在群體之間的戰鬥中，我的生存仰賴我的群體的存在，因此其他群體便被視為威脅。

針對這種群體之間的衝突，另一個具說服力的理論是，自尊與我們的群體成員身分息息相關。由於我是成員之一，因此所在的群體必須是最優秀的；非我所屬的群體都是其他群體，那麼自然而然也就在某方面比我所屬的群體要差，如此一來我才能夠保護自己過於膨脹的自尊心。將自我價值或尊嚴掛鉤到他人身上的思維傾向很危險；這種思維傾向需要跟所屬的群體不斷主張自己優於其他群體，藉此維持優越感，進而導致了缺乏寬容、偏見，以及憎惡。這就是衝突不斷發生的禍因。

文化型謙遜也關乎理解他人的多重認同——包括性別、性取向、政治效忠、宗教認同、族群認同，及其他議題等——在他們的生命中扮演了什麼樣的角色。擁有這種謙遜，包括了清楚認知到這些不同的觀點能夠強化人際關係、組織，以及社群。如果我們基於文化型謙遜的思維去行動，就能夠看見多樣化是如何讓社會、商業行為，以及人際關係變得豐富。

有一些研究探索了實踐文化型謙遜的前後差異，並且認為文化型謙遜的表現方式不單是透過謙遜的三大核心——自我覺察、約束自尊心，以及對他人保持敞開的心胸並且樂於提供協助——也透過了自省與自我評論。❻經常自問要怎麼樣才能做得更好，能夠幫助我們變得更文化型謙遜。要培養文化型謙遜，可以透過社交圈多樣化、敏銳地感知權力不對等，以及實踐社會正義。實踐文化型謙遜，將使得人與人之間彼此尊重、合作。文化型謙遜並非道路的終點，它仰賴我們持續地培養與關注，進而讓我們能夠隨時欣賞那些跟我們不一樣的人。

在這個章節會探討能看見文化型謙遜重要性的日常領域，以及文化型謙遜如何幫助我們在歷史上被視為衝突不斷、彼此蔑視的人際關係中，找到合作的方法。我們會仔細觀察幾個迫切需要以真正的謙遜去回應的領域：社會、政治和宗教。我們將會討論研究報告怎麼說，以及要如何體現更深層的文化型謙遜。

一些注意事項

謙遜很重要，而聆聽是關鍵，但是認真實踐文化型謙遜，並非就表示要拋棄自我價值觀，或者放棄為了正義挺身而出。謙遜並非順從。研究學者諸如伊格納西奧・馬丁—巴洛（Ignacio Martín-Báro）❼跟保羅・弗雷勒（Paulo Freire）❽訴說了解放運動對於療癒社會分歧的重要性，他們也是研究解放心理學（liberation psychology）❾的先驅。解放心理學能夠幫助人們辨識自己所處的社會與政治世界中的壓迫性結構，並努力挑戰這些結構。理解他人的觀點，特別是那些歷史上向來受到邊緣化跟壓迫的族群，對於試圖療癒這個世界上某些深層的社會傷口來說至關重要。在這邊，我們看見謙遜是這個過程中的關鍵：聆聽他人的生活經驗，以及試圖理解他人的觀點，是這個解放工作的必要元素。事實上，實踐積極聆聽能夠強化謙遜心。❿

謙遜是這個過程的核心：回想一下，所謂用謙遜的姿態去回應對方，指的是看待自己的觀點恰如其分。對於那些有頭有臉或者位高權重的人來說，以恰如其分的觀點來看待自己，指的是降低自我膨脹或自我優越，藉此重新調整觀點，從而將現實看得更清楚，縮回正常大小，讓普世皆然的人性成為共有的特質。對於那些受到邊緣化或是少數化的人來說，那意味著找回自己的完滿，明白雖然文化要求自視卑微或自我限縮，仍然擁有與生俱來的自我價值，而自我的價值不單能賦予自信，也能給予安全感，並且驅使我們抬頭挺胸、堂堂正正，即放大成「正常大小」。透過培養自我覺察的能力，我們明白了自我價值，並能在遇見那些告訴我們相反答案的人事物面前，信心十足地保有自我。

我們要做的還不只這些。謙遜一定要搭檔勇氣與智慧：勇氣能讓我們繼續尋找並逐步廢除那些導致深層又痛苦的社會分歧的壓迫性結構，智慧能讓我們知道何時以及如何義正詞嚴地堅守正義與療癒的目標。抵抗壓迫的行為或許看起來不怎麼謙遜，但它源自清清楚楚地知道什麼是該做的事情。在那之前，要先聆聽遭到邊緣化的族群的話語，同情他們的苦痛、嘗試理解他們的觀點，以及對他們一視同仁：這些行為會讓我們付諸行動。這樣的行動力源於明白自我與生俱來的價值與尊嚴所帶來的安全感，並且也會去抵抗那些意圖把我們扳倒、壓迫我們的人。

謙遜並不會要求我們放棄自我價值。願意聆聽並不等同於認定所有的價值觀都同樣值得讚許或公正。謙遜讓我們能夠一同攜手根絕種族歧視、性別歧視、同性戀恐懼、跨性別者恐懼、殘障歧視，以及其他排斥「非我族類」跟邊緣化個人及團體的壓迫性偏見。謙遜並不會要求我們不為了歸屬與包容而戰；相反地，謙遜會激勵我們為歸屬與包容挺身而出。當我們看到了自己的價值與他人的價值，就能確信自己所追求的公平與正義是一件實實在在的好事，即便身旁的人不願接受我們為了消弭分歧所付出的努力。

定位謙遜

任何跟謙遜──特別是文化型謙遜──有關的討論，勢必都會討論到平等。要培養任何類型的謙遜，先決條件都是要平等看待他人。任何覺得自己（或他們所屬的群體）比較優越，別人或別人所屬的群體比較差勁的人，就無法被定義為謙遜的人。必須認可並尊重每一個我們與之互動的人的人格與人性，即便強烈不認同對方的觀點。問題在於，許多人在批判道德上應受譴責的行為時，會採取將對方非人化的方式。我們不說對方是誰，而說對方是「左派」或「右派」，或者「他們」或「其他人」。語言暴露了他者化（othering）[11]思維，我們對於他人所抱持的想法其實非常糟糕，而藉由他者化來免於承擔這樣的重擔。我們不再記得他們是孩子或父母、手足或朋友、夥伴或員工，不再記得他們是真正的人類。構成他們的東西就跟構成你我的一樣，他們跟我們一樣活生生、珍貴、美麗。透過與那些我們不認同的人之間製造出心理距離，誤以為自己可以理直氣壯地使用充滿恨意的語句或是造成傷害的行為。

心理距離呈現出來的部分形式為道德優越感。我們認為自己正確無誤，而且具備道德高度，得以堅守立場。在情況最好的時候，我們可憐他們的無知，並試圖改變或說服他們；在情況最差的時候，我們奚落他們，把他們當成次等人看待。不論我們的行為是基於救世主情結（savior complex）[12]或捍衛自己的道德，兩種做法都沒有認可其他人或其他群體的人性與尊嚴。這也就是為什麼想要培養文化型謙遜的任何行為，都必須根基於人人皆生而平等的深層信念。而我們必須將這樣的信念融入日常生活中。

關於社會

文化滲透了社交世界的每個面向，並賦予了意義。它深深影響我們看待世界的方式，使得我們經常以為自己的文化世界觀既正常又正確，進而延伸認為其他種類的文化世界觀反常或錯誤。我們傳遞出的訊息很清楚：他們的觀點比我們的觀點差勁。這個沒有明說的訊息形塑了他們身為人類的價值，這樣的訊息可能會導致我們的想法、感受或行為都在訴說一句話：他們是次等人，沒有資格跟我們享有同樣的權利和尊重。[13]於是，我們或許會開始用憤怒與恐懼對待異己。一旦將對方非人化，或許會試著強迫他們用我們的方式去觀看這個世界。

真正的文化型謙遜是透過真心渴望尊重他人，並且從他人身上學習而激發。有些人可能會賣弄虛假的文化型謙遜，其表現形式為釋放道德訊號，確保人們看見我們受到文化認可的價值觀，藉此建立我們的可信度或是增強自尊心，然而卻沒有將那些價值體現在日常生活中。這幾乎是謙遜的相反，等同於自戀：努力讓每個人知道我們是多麼受到認可，並且譴責那些或許受到我們的文化擯斥的觀點。那些抱持虛假謙遜心的人說一套做一套，也沒有努力面對我們沒有說出口的認知偏誤或歧視。釋放道德訊號把虛假的文化型謙遜視為一種商品，主要動機成了透過獲得群體裡的他人認可，來餵養自己的自尊心以及獲得他人關注。發布一則推文或社群媒體故事，對於促使一百多名粉絲覺醒，幫助不大。有時候這只是一種用來展示自我價值觀的手段，藉此減輕我們應當為正義與平權做出行動的心理壓力。這種用來減輕自我認知分歧的心理把戲華而不實。⑭

虛假的文化型謙遜看起來也有點像是在消費他人文化，我們以為自己欣賞也重視他人，但其實只是利用他們來推動自己的目的或是緩和罪惡感。這種祕密的自戀情節乍看之下很像尊重他人，卻絲毫沒有想到自己的觀點沒有比較優秀（而且很可能有缺陷），也沒有用任何方式意圖改變自己的想法。如果沒有尋求他人的反饋，或主動試圖接納他人的觀點，我們就看不見他人的價值跟與生俱來的尊嚴，並且暗示性地假定我們比較優秀——或者也許是我們在幫他們一個忙，這就落入了救世主情結。我們私心認為自己真了不起，正在幫助「弱勢」。

我們可以說類似釋放道德訊號以及消費他人文化的行為不是謙遜的表現，因為這些行為是交易性的，而非關係性的。類似的行為不重視他人的人性，也沒有去考量受壓迫者的需求。這些行為都是關於「我」可以從這些交易中得到什麼，並且把人們貶低為可以利用的工具。這樣的思維與謙遜有著天壤之別。謙遜的本質就是關乎人際關係。

文化、種族，以及族群認同

關於文化、種族，以及族群偏見或歧視，不論是做過或經歷過，通常都會留下揮之不去的創傷。作家及創傷專家芮斯馬・曼納肯（Resmaa Menakem）認為，族群偏見帶來的創傷會留在人們——不管是壓迫者或受壓迫者——的體內。[15]這種創傷會改變大腦對事件的反應方式，促使身體下意識地反應，即便行為缺乏理性的解釋。舉例來說，經歷過創傷的人，可能會基於恐懼而言行激動，縱使當下並沒有什麼值得害怕的理由。一旦經歷過創傷，它就會改變處理資訊及做出選擇的方式。相同地，對於那些長久以來在歷史上掌握權力的群體來說，充滿強烈偏見的反應是多麼有可能自然而然地出現，我們需要謙遜來幫忙抵銷這些根深蒂固的傾向。但這種個人及集體的療癒，唯有著手面對以後，才有可能發生。對於那些擁有文化優勢的人來說，透過自省，就可以質疑自己最初的衝動，進而改變後續的行為，讓言行更吻合價值觀。

在跟不同認同的人建立關係時，文化型謙遜至關重要。但我們經常在種族與族群的相關領域，看見文化型謙遜的匱乏。雖然明顯的種族歧視言行在過去幾十年來程度有所減輕（不過從二〇一六年以來，世界上某些地方的情況卻是急驟上升），隱性的偏見依然是個問題。[16]這種偏見的邪惡表現——有多種名稱，包括規避性種族主義（aversive racism）[17]——是一種更祕密的種族歧視，抱持這種觀點的人通常不會意識到自己的動機，也會公開否認自己有任何偏見。[18]然而，由於這些認知偏誤傾向並不明顯，因此使得這類型的種族歧視行為不會受到怪罪。舉例來說，有一個研究是要受試者比較大學申請者的資料，然後決定讓哪些學生入學。[19]有些申請者的學業平均成績（Grade Point Average，簡稱ＧＰＡ）比較高，但考試成績比較低，而其他學生則是考試成績較高，但ＧＰＡ較低。申請者的自我簡介也修改成能夠暗示他們之中有些是黑人，其他則是白人。受試者們偏好ＧＰＡ較高分的白人申請者勝於ＧＰＡ較低分（但考試成績較高）的黑人申請者，顯示ＧＰＡ的成績比較重要。有鑑於ＧＰＡ受重視的程度，ＧＰＡ較高分（但考試成績較低分）的黑人申請者應該會入選，結果卻沒有。遇到這種情況的時候，受試者們會表示考試成績比較重要，於是又一次選擇了白人申請者。除非黑人申請者的各方面表現都很強，否則白人申請者較吃香；這個研究中的受試者們就這麼輕而易舉地改變了自己的原則，好讓自己看起來很理性，而非帶有種族歧視。

不幸的是，這種隱性的種族歧視發生在諸多領域，例如微歧視（microaggressions）——人們口頭或語言上的輕視暴露出自己的種族歧視觀點，從而透過這樣的言語侵害目標對象。微歧視的範圍可以從徹底的歧視性詆毀（微攻擊），到詢問非白人是如何得到自己的工作（微侮辱），或告訴非白人，「我沒看到種族問題」（微否定）。[20]一項研究檢視了諮商背景中會遭遇的微歧視情況，以及微歧視如何影響了醫病關係。當諮商師跟個案之間的關係產生裂縫時，具備較高的文化型謙遜，能夠促進醫病關係運作得更順暢，並且個案也會感覺自己的狀況因為諮商而有所改善。相較於自負型的諮商師，具備文化型謙遜的諮商師更能夠處理這類的情況。

在評估自己的文化型謙遜能力時，得要留心。有時候，評估會是錯的；我們自以為的文化型謙遜能力經常高於實際能力。[21]要從可信賴的來源處尋求反饋時，如果對方是一個並非源自主流文化敘事的人，那可謂是彌足珍貴了。明確明白他人如何看待我們，既能讓我們獲得資訊，也能讓我們警醒。如果我們所抱持的心態是虛心學習、願意聆聽，以及渴望改變與成長，那麼這類的反饋珍貴如黃金。如果提供反饋的可信賴來源多數都跟我們擁有相同的文化認同，就得從生活中的不同層面努力尋找並建立嶄新的真誠關係，同事、鄰里，或來自有相同興趣的團體（例如讀書俱樂部或健行團體），他們的文化價值觀可能跟我們不同。我們可以刻意去社區中心走一走，以期遇見更多各式各樣的人。

創造出能夠敞開心胸談天的空間很重要。由美國教育學博士羅賓・狄安吉羅（Robin DiAngelo）所做的研究指出，在討論種族相關的議題時，白人都傾向於表現出白色脆弱

（white fragility）。意思是說，白人通常變得很防備，不願意努力接受並解決一個難以下嚥的真實情況：讓種族歧視持續存在的原因正是他們的言行。他們抗拒去討論諸多文化結構的規劃都是對他們有利，並且壓迫非白人。一旦因為自己歧視的言行而覺得心理不適或有罪惡感，他們通常都會尋求他人的安慰或安撫。事實上，隸屬於文化主流團體的人很少會去思考文化或文化認同。他們單純地假定自己看待世界的方式稀鬆平常或是普世皆然；他們正常或平凡，而其他人則是有點不正常、不一樣，或是非常有違常理。他們所傳達出的訊息是，沒有想過自己有限的觀點只是多種觀點裡的其中之一，而非絕對正確，這顯現出他們自視甚高。不自知的優越感所產生的特權，很難以那些沒有意義的手勢或是老套的作秀動作來解決。

文化型謙遜要下的苦功，就是慢慢接受一個事實：我們的價值觀只不過是多種價值觀裡的其中一種；如果生在不同的家庭，或者住在世界的另一個地方，所有基本思維都將變得不同。從認可這件事情開始，會是很好的第一步，但這不是全部，我們還需要為了正義奮鬥、尋求療癒，以及消弭分歧。必須聆聽他人的生活經驗，尤其包括那些受到邊緣化的人們，而且必須展開行動。謙遜讓我們踏出勇敢的步伐，顛覆那些只有被選上的少數人受益的社會壓迫體系。

政治認同

我們通常很難跟自己不認同的人討論政治，這裡面有許多原因。我們可能本能地認為自己是對的而他人是錯的、可能看不見他人想法中的正面特質，以及可能沒有看見自己的觀點有什麼錯。到頭來，這可能導致迴避與我們的深層固見相左的資訊。有一個研究是三天之內每日數次調查人們的想法，揭示了多數人會迴避跟他們的世界觀相衝突的資訊來源。[22]我們改變生活跟汲取來源的方式，只為了證實原先的想法。這也難怪我們對於改變總是頑強抵抗，而當他人提供不同的觀點時，我們又是如此防備。

要討論政治議題的時候，試著磨練我們的謙遜，這會對情況有幫助。同事跟我檢視了政治型謙遜，特別是在具有威脅性資訊的背景下。[23]在第一項研究中，我們發現政治型謙遜——或也可以說是考量其他觀點的能力——與更敞開的心胸有關。在第二份研究中，我們讓受試者閱讀兩篇文章：第一篇文章的主題是墮胎，文章提供了觀點不一的證詞，這樣的設計是用來測試他們如何處理模稜兩可或是褒貶夾雜的資訊；第二篇文章則抨擊美國價值，我們先前就用過同樣的手法來使受試者產生防衛姿態。最後，我們蒐集了受試者用文字表達的個人觀點。那些表現出政治型謙遜的人，能夠承認自己的政治觀點有負面特質、接受其他觀點有其正面特質、認為證詞觀點不一的文章很有說服力，並且對那篇具有威脅性文章的作者抱持正面觀點。與此同時，那些已表現出對自己的政治觀點高度熱中的人，認為自己的觀點沒有太多問題、在讀完那篇證詞觀點不一的文章後更強化了自己的態度、否認那篇態度模稜兩可的文章提供關鍵性的證據，並且對那篇具有威脅性文章的作者抱持負面態度。謙遜，尤其是在面對威脅的時候，能夠讓我們更誠實地面對自己不牢靠的信念、更真誠地評估證據，以及對那些提出不同意見的人抱持更正面的態度。要在政治意見分歧的情況下找出共同的基礎，謙遜正是關鍵。

我們也檢視了一個人在政治議題上冒犯另一個人的情況。[24]受試者回想一段自己經歷政治衝突的記憶，並且完成一份測量政治熱中程度、自己的謙遜程度，以及冒犯者的政治型謙遜程度的評量表。他們也提到自己對這名冒犯者的寬恕程度，以及他們的整體謙遜程度，而我們想要把重心放在政治相關的謙遜上，而非只是他們的整體謙遜傾向。研究結果很明顯：政治型謙遜的高低，包括受試者以及冒犯他們的人，跟寬恕程度的高低連結，縱使涉及不同的政治熱中程度也一樣。對政治議題抱持謙遜的態度，讓人們在經歷政治衝突之後，更容易寬恕他人或是獲得寬恕。此外，如果政治熱中程度較高，寬恕程度就會較低，除非此人的政治型謙遜能力很強。這樣的結果表示，如果人們謙遜的話，一樣能夠保有堅定的信念。謙遜並非缺乏堅定，而是對新觀點抱持敞開的心胸，以及意識到自己的觀點可能受限或者有錯。

宗教認同

有鑑於世界上多數的宗教都讚揚謙遜是種美德，我們或許會認為實踐宗教行為能夠使人們做出極為謙遜的反應。在宗教的背景下，遇見來自其他宗教信仰的人，可能會引發出愛與接納，但也可能會激發憐憫或不信任。[25]我們經常會看見，一提到神，最頑強堅硬的防衛姿態跟不願意改變的態度就隨之產生。一份針對文學作品的文獻回顧認為，宗教／靈性跟謙遜之間的關聯不大。[26]在我自己的研究中，我請人們幫自己的謙遜打分數，同時也評估自己有多重視謙遜，以及他們是否有宗教信仰。根據自我評分，我發現有宗教信仰的人比沒有宗教信仰的人謙遜，也重視謙遜；而沒有宗教信仰的人可能認為謙遜跟屈辱很接近。[27]一個強而有力的結論，則源於我請人們回想一次自己實踐了謙遜卻沒有受到屈辱的記憶——在一個人的宗教觀點受到威脅後，還能緩和自己的攻擊性，這顯示了謙遜的重要性。平均來說，相關資料並沒有證實有宗教信仰的人真的比沒有宗教信仰的人謙遜；他們可能只是比較熟悉謙遜，也熱切地認可這項美德。

相比於沒有宗教信仰的人，為什麼有宗教信仰的人明明如此重視謙遜，卻沒有特別努力實踐？有可能是因為人們把太多心力都投注在宗教上。由於宗教透過來世的可能性，承諾解決糾纏不休的死亡難題，因此把宗教相關的事情做好，變得比什麼都重要。誰會想要再遭受好幾世的苦難，或者陷入有意識的永恆磨難中？相較於保持敞開的心胸，宗教承諾了天大的好處，特別是有許多宗教的觀點，都主張知識排他性——你必須堅信一種世界觀，譴責所有其他的世界觀。這種做法或許可以形塑出一個有凝聚力的團體，但並不會培養文化型謙遜心。相反地，它會助長侵略行為，以及對團體以外的人抱持偏見。由於相關層面影響甚鉅，因此其他方面的投注變得更為顯著。舉例來說，雖然謙遜跟關愛是世界上多數宗教的核心，但處於緊繃與壓力的情緒下，人們可能將忠誠與堅定列為團體內的優先事務，使得容忍與接納其他團體的行為難以實踐。[28]一旦從其他團體感受到威脅，通常就會更抓緊自己的信念，並且讓團體內的人知道我們的忠誠與堅定。這樣的行為使得要欣賞多樣化的觀點變得極具挑戰。

如果在宗教層面上真的展現出謙遜心，將使得人們敞開心胸，增進與他人之間的連結。宗教領袖如果抱持謙遜心，就能把自己的工作做得更好。有一項研究發現，謙遜型的宗教領袖對心理學抱持更正面的態度。因為有些神職人員認為心理學的詮釋結構，會跟宗教信仰互別苗頭，或認為心理學是無用（甚至有害）、劣化的真相。[29]一旦神職人員對心理學抱持負面觀點，將會使得那些進行心理療程的教區教徒疏遠心理療程，進而損害到那些從療程獲得幫助的教徒。而這種做法將使得牧師的工作能力嚴重受限，源於他們忽視了一個根基於臨床發現且有助於心理健康的龐大醫療領域。其他研究則發現，如果意識到自己是意識形態多元的宗教小團體（例如查經班）的一分子，可能會降低應有的歸屬感及對生命意義的感受，不過如果是謙遜者的話，這種可能出現的代價會減輕或消滅。[30]

如果宗教社群具備文化型謙遜心，情況就會截然不同。同事跟我規劃了一項研究，藉此檢視宗教社群的文化型謙遜心的高低，對社群內的多元性別（LGBTQ+）[31]少數帶來的影響。[32]LGBTQ+受試者表示，隨著他們所屬的宗教社群具備的文化型謙遜心愈高，他們因少數分子所衍生的壓力感就會愈低，進而連結到更低的憂鬱、焦慮感，以及更高的歸屬感。更驚人的是，就算該宗教社群提到自己關於LGBTQ+議題的立場（無論認可與否），這些正面連結依然存在。如果宗教社群可以在維護自身信念的同時保有謙遜心，那麼無論他們的信念為何，社群內部最邊緣化的群體，仍會感受到強大的歸屬感，並表示自己的心理健康更佳。文化型謙遜能夠轉化一個團體，讓它變得更熱情友好，並且帶來諸多的正面影響。

性別與性取向認同

性別與性取向認同的分歧既深層又充滿火藥味，各種思維的支持者在對話時，通常帶有強烈的個人意見。研究人員安娜莉絲・辛格（Anneliese Singh）認為，解放心理學的論點也可以使用在跟非常規性別（gender-nonconforming）及跨性別個案工作的時候。[33]辛格主張性別歸類的起步雖必要但尚未完善，因此她支持心理師在面對壓迫不符合異性戀霸權文化標準的巨大系統性壓力時，應該要跟個案建立合作，一同促成社會改變。在發掘並且扭轉那些帶來壓迫並造成深層心理傷害的下意識認知偏誤這件事情上，我們還有很多工作要完成。[34]

這樣的問題就導致了各種不同類型的性別歧視。社會心理學界長久以來的研究，持續發現性別歧視的存在證據：女性被視為比男性低等，待遇也較差，這種情形有兩種主要的表現方式。敵意型性別歧視（hostile sexism）指的是公開而激進的言論，而親善型性別歧視（benevolent sexism）則是指人們認為女性比較脆弱，需要受到保護。曾經廣泛流行的敵意型性別歧視如今大幅減少，然而親善型性別歧視卻隨處可見，而且經常獲得明確的認可。騎士精神的概念通常會用來捍衛親善型性別歧視者的行為，認為女性需要男性保護。確切來說，這樣的想法也傷害了男性，相關的假設性看法包括了缺乏女性，男性人生就沒有辦法臻於完滿。這些假設性看法通常不會引發異議，並且在擁戴者的意識覺知之外運作。

除了這些非此即彼的偏見外，也存在其他形式的偏見跟歧視。那些不符合性別刻板印象或不抱持傳統性別認同（非二元性別、非常規性別、跨性別）以及有邊緣化性取向的人（LGBTQ+ 的個體），經常遭受顯性與隱性的認知偏誤之苦，包括歧視與暴力。研究發現，這類的敵意經常源於認為不熟悉的性別認同或相關行為不知怎的就是噁心、淫穢、不自然。[35]其他研究也發現，相較於那些沒有跟 LGBTQ+ 的成員接觸過的人，有接觸經驗的人表示，自己對該族群抱持更正面的態度，而跟該族群的關係愈親近，這樣的正面連結就愈強。[36]簡單來說，透過認識邊緣化的性別與性取向認同者，能夠增進對性別與性取向少數者的整體正面態度。要對一個從未認識過的人產生偏見很容易，但是透過理解另一個人的人性層面，通常都能消弭所抱持的負面情感。而且或許會發現這些「他者」既正常又可愛，就跟自己一樣。但想要這麼做，就要透過文化型謙遜心，才能跳脫主流的世界觀，進而跟這些與眾不同或遭受邊緣化的人產生互動。

多元認同

人們抱持著多重認同。培養文化型謙遜，能夠幫助我們欣賞並且擁抱人們的多元認同。[37]種族與族群認同、政治認同、宗教歸屬、性別認同以及性取向，只構成了少數可能的歸屬而已。每個人都可能擁有不同的組合，都可能經歷過截然不同的特別交會點。由於文化向來只會去感知單一系列的主導型認同——也就是順性別、異性戀、白人、男性的結構體系——導致自我認同不符合這個狹窄交會點的人，經常遭受偏見與歧視所害。任何不符合這組特殊定義的人，都被視為次等及「他者」。許多人在毫不質疑的狀況下，就養成了有利於特定認同的單一化世界觀，但我們必須挑戰這樣的思維，以求逐步廢除衍生自這類思維的系統性壓迫。能用來終結這種情況的強力工具就是文化型謙遜，它促使我們深刻地評估自身的信念，並且促成改變。

所謂的認同，通常會依據所處的環境，而變得顯著突出。舉例來說，身處在一個主要是由不同性別所占據的空間時，我們或許會立刻意識到自己的性別認同。或者跟不同種族背景的人交流時，可能會意識到自己的種族或是族群認同。這些多元認同也會影響我們如何抱持文化型謙遜心去跟他人互動。每個人的認同都會促成他們的生活經驗。如果真心想要聆聽別人，想要擴展自己的世界觀，並且不堅持自己所採取的世界觀優於其他人，那麼就要意識到他人的認同，並且接受這些認同。我們都具備相同的人性，即便每個人所經驗過的人性看似有所不同。藉由不去忽視或掩蓋他人的認同以及接受其認同的交會方式，就可以透過共同的人性來建立愛與包容。

想要療癒分歧的文化思維，需要去聆聽那些自身的認同受到特定環境影響最深的人。身為一名順性別的白人男性，我無法代替女性或非白人發言，因為那不是我的認同；我怎麼可能知道他們的生活經驗會是什麼感覺？雖然我可以（也應該）支持平權，但我個人的觀點不應凌駕那些最直接受到任何場合、政策或改變所衝擊的人。如果假定我自己知道怎麼做，對那些受到邊緣化的人來說最好，那就太自大了。應當保持一顆謙遜的心去聆聽的重責大任，落在那些握有權力及特權的人身上。我們不該為那些擁有不同於我們生活經驗的人發聲；我們一定要去聆聽，並且給予他們分享故事的平台，進而尋求理解他們的觀點。我們需要調適自己的思維，並抱持同理心，去理解他們的情緒經驗，設身處地去想他們的感受。如果我們擁有一些特權，應該自問為什麼其他人不應該擁有。所有的人不是應該享有同樣的權利嗎？這樣的同理心思維，應該能促使我們改變。在這裡，又一次看見同理心對於謙遜的發展與表現至關重要。

自尊心所扮演的角色

當我們要消弭這些不同的時候，自尊心又扮演了什麼樣的角色呢？請記住，謙遜包括擁有自知之明，才能接納自己的侷限，並且在做錯的時候勇於承認，還有意識到自己看待世界的方式並非唯一也非最佳。健康的自尊心有所益處：我們需要為自己挺身而出、說出自己的擔憂，以及為了他人的權益而戰。很重要的是，要擁有夠多的安全感，才能盡力讓這個世界變得更美好也更公平。必須要具備堅定的道德感，為了不公不義而戰，來翻轉世界上那些壓迫少數人的社會系統。

值得一提的是，文化上的不公平，通常會迫使那些擁有邊緣化認同的人，在討論人權主張與公平正義時，要表現出最大的自我壓抑。那些最常受到壓迫的人，卻被期望要表現得最鎮定，非常不公平。幾年以前，我太太莎拉跟別人一起領導了一個團體，來促使我們居住的城市通過一條影響力深遠、並具有包容性的非歧視性法案。這個團體花了超過一年的時間，多次在跟市議會的會議中呈上他們的案子。每一次開會的時候，這個主張包容與平權的團體，都必須持續展現自制力，而反對此法案的團體則吐出汙辱、謊言、帶著敵意的控訴，以及有問題的資料，還同時人身攻擊。這些會議對那些列席的人來說相當艱辛，有時甚至會讓他們留下創傷。在這數度開會的過程中，莎拉的團體持續保持鎮定，沒有防衛性地去回應反對方那些沒有證據的指控跟錯誤的宣稱，使得市議會最終同意了該法條。這條提議獲得了市議會成員幾乎一致的同意，而在接下來那一年，莎拉跟其他領導人因為提倡該法條，獲頒我們所居城市的社會正義獎。

這真的非常不公平，那些已經遭到邊緣化的人，明明深深受到一條規定或是法律帶來的負面影響，還必須表現出這樣的鎮定自持。問題就在於那些當權者過於誇大的自尊心。而這就是為什麼聆聽的重責大任主要落在那些有特權的人身上。一旦過於相信自己是對的，我們就會停止聆聽。一旦自視甚高，就會失去同理他人、看見他人觀點的能力，進而產生自戀性偏誤。

一份研究找到了自戀與種族歧視之間的關聯性，也找到了謙遜、誠實與更願意去接納他人有關[38]：這看起來就像聽見了他人的觀點，並認為這些觀點有其道理。要讓自己成為一個貢獻一己之力，讓這個社會變得公平又平等的人，最困難的地方是在以下兩者之間找到平衡：為了我們知道是正確與正義的目標奮戰的需求，並同時抱持敞開的心胸，知道自己可能是錯的。有時候，我們可能過於相信自己是對的，以至於不去聆聽他人的想法；但如果我們的沉默助長了壓迫呢？如果在追尋謙遜的道路上，變得過於自滿或過於防備呢？我們要如何找到微妙的平衡點？

一個良好的出發點，是擁有多樣化的聊天夥伴，包括那些不認同我們及抱持不同意見的人。接下來，或許也同樣重要的是，同意他們已經盡力了，他們已經盡己所能地從他們的觀點及受限的世界觀出發——一如我們。要讓他們知道我們會認真地思考他們所說的話，就是好好聆聽。讓他人覺得自己真的獲得一個分享自身觀點的機會，並且說出來的話獲得聆聽與認可，這也是我們的責任。我們必須給自己一個機會，透過保持同理心、意願，以及敞開的心胸，讓自己的思維因為他們提供的證據與論點而產生改變。

到最後，我們或許不會改變自己的思維，或許會總結這些證據不足以讓我們改變觀點。但如果不給予他人發表論點的空間，或者沒有重複跟不同的人對話，我們永遠也不會稍稍改變思維或重新審視信念，反而有可能言行自大又狂妄。我們絕對不可能隨時都是對的。我確定自己就不是這樣。想想所有那些現在我們不知道的事情：幾乎等同於從古至今，關於宇宙中的萬事萬物。我們真正知道的事情是如此微不足道，而我們因為這些知識所抱持的自信理當微乎其微。事實上，如果不去學習、成長、改變自己的意見，我們要不就是非常自大，要不就是待在一個由相同類型的人組合而成的、發育不良的社交群體中。如果想不起來自己最後一次改變思維是什麼時候，那麼這就是一個警訊，表示需要培養謙遜心了。

文化型謙遜能帶來實實在在的益處。此類型的領袖通常更能夠領導多元化的團隊，並展現出願意跟團隊裡的每個人學習的意願。[39]文化型謙遜的心理師有更好的靈性與宗教能力，更能夠跟抱持多元種類的宗教或靈性信念的個案工作。[40]培養文化型謙遜不單會讓我們在道德上令人欽佩以及對自己有益，還能幫助我們成為更有效率的領袖，並且更長於與他人合作。

我們到底在害怕什麼？

核心信念受到他人反對，會暴露出我們的存在性低谷。有時候，甚至更像存在性峽谷。先前我幾次介紹過一個概念：每個人都有自己的文化世界觀，並藉此理解這個世界，以及防止存在焦慮的產生。藉由我們所認同的現實，創造出能夠證實自我認同的意義與持續性的差異，用以減輕因生命有限而可能抱持的無比恐懼。我們希望能達到象徵性的永生；留下自己的印記，讓自己的存在延伸到後來者的記憶中，讓他們能夠感謝我們的付出，並從我們的發現與成就中獲益。而且必須相信這個世界不只是沒有意義的大雜燴及混亂不堪，使得生命缺乏目的，或者自我與生俱來的價值跟海蛞蝓或拆輪胎工具不相上下。我們的世界觀把這件事情做得很好，這也是為什麼我們會竭盡所能地捍衛它。

問題在於，世界觀不過就像一圈繃帶，包覆在我們因存在焦慮而產生的深層傷口上。世界觀的存在價值在於減輕焦慮——但唯有在我們敝帚自珍的情況下，而且也唯有在我們盡可能守護其完整性的情況下。所以在面對諸多擾亂文化世界觀的因素（例如互相矛盾的媒體資訊、不同的意見、自己的不確定）時，會勞心勞力地捍衛、重整，藉此保護它的完好無損，縱使這意味著扭曲或否認現實。我們費盡心力去讓這些觀點堅定不移。

第二個問題可能更難著手。如果真的努力調整了自己的文化世界觀——回應生活經驗或個人成長，抑或依據從他人處獲得的新資訊——我們可能會放下心中的大石，認為自己現在真的是心胸敞開了。我們辦到了。或許會憐憫甚至批評先前的自己居然緊抓那些過時的想法不放。諷刺的點在於，我們將會開始捍衛這個新的世界觀，一如先前捍衛舊的信念體系那般猛烈。我們沒有變得比較不防衛，只不過是改變了要防衛的對象。有無數次的機會，我看見人們離開一個保守的基要主義信仰方式——裡面的成員都自以為是的驅逐那些言行不符合這套思想體系的人——去擁抱一個非常進步或自由的觀點，並讚揚自己的寬容，卻只是快速地驅逐那些言行不符合這些新觀點的人。曾幾何時，他們的動機純粹又神聖；如今，他們的動機是正義與公平。有這麼一句話，人們經常說是心理學家威廉・詹姆斯（William James）所言，簡單扼要地總結了這個情形：「許多人以為他們在思考，實際上，只是重新排列自己的偏見。」

那麼，難道我們註定只能抱持防衛姿態嗎？完美計畫中那個未來的自己，就只能養成最「寬容」的世界觀，並且盡量往好處去想嗎？我很懷疑——事實上我更期望不只如此。我不認為抱持防衛姿態是我們的宿命。相反地，我們需要認真地面對這些潛藏在意識之下的存在現實，就是這些存在現實，使得我們緊緊抓著現有的世界觀不放。必須回到問題的源頭，而非只是改變包紮繃帶的方式。我們必須建立有效、不會誘發本能防衛姿態的方法，來面對這些存在的現實。

謙遜可以幫忙對付五大存在的恐懼，也就是自由／無根（groundlessness）、孤獨、認同、死亡，以及無意義。[41]從建立安全感開始，也就是知道自己擁有與生俱來的價值與尊嚴，培養謙遜讓我們能夠在生而為人必不可避的事物中，找到屬於自己的正確位置。自由或說是無根，對應的是一種會激發焦慮的感受：我們得在缺乏明確方向的情況下做出抉擇；或是選擇很多，而每個選擇都會引導我們走向截然不同的人生道路。我該找份什麼工作？該追求什麼樣的伴侶？該住在哪裡？該如何使用時間？謙遜地承認自己的有限性、接受自己身為人類的侷限，以及意識到自己不可能總是把事情做對——因為人生事實上沒有所謂對錯——能夠舒緩這樣的壓力並減輕焦慮。同樣地，對孤獨的恐懼——意識到每個人都是孤伶伶地來到這個世界，也將孤伶伶地離開，而每個人都擁有獨一無二的生命體驗——可能會使言行受到焦慮的影響，進而在回應他人的時候帶有攻擊性或防衛性。透過承認每個人的獨特觀點都有其意義、可以試著去理解並同理他人的生命體驗，就能夠降低孤獨的感受。跟認同相關的擔憂，會在必須想清楚我們是誰，以及應該如何在這個世界自處時產生。一個謙遜的做法，可能是明白人類會成長跟改變。意識到死亡是人生唯一無可迴避之事，讓人產生無邊的恐懼，也可能使得我們變得非常防備。謙遜地接受終有一天自己將會消逝，能幫助我們意識到時間有多可貴，我們不再有資格去迴避死亡的不可避，應該把自己擁有的時間用來讓世界變得更美好、公正、完整。最後，所謂對無意義的恐懼，指的是人生缺乏任何目標，也沒有什麼可以清楚辨識出來的意義。這種恐懼能夠以謙遜心去緩和。謙遜地承認有些事情遠超乎理解，並非智力所能明白，這樣的想法將會幫助我們在這個無法清楚解釋的世界中活下去。存在的焦慮讓我們產生這些常見想法，逐漸成了能夠接受的客觀現實，我們也開始發現它們是「事實而非恐懼」。[42]

尋求文化型謙遜

現在，你已經知道文化型謙遜能夠轉化人際關係，讓你能跟那些抱持不同認同或觀點的人好好相處。以下提供幾個訣竅，讓這個困難的任務變得簡單一些。

- **你將會犯錯。**改變很難，通常也很慢。你需要持續努力，才能重新訓練自己脫離原先的主導觀點，懂得如何用更開闊的眼光去欣賞這個世界。現有的世界觀，從出生開始就根深蒂固地存於你的意識、身體以及行為中，它的根部扎得很深。這意味著你將會犯錯。一旦感受到壓力、不知所措、焦慮，或覺得有威脅時，你很有可能會仰賴思維預設的應對方式。因此，如果犯了錯、沒有做出謙遜的行為，不妨跳出現有的思緒，意識到這不過是過程的一部分，並下決心會做得更好。不要因為搞砸了，就放棄讓自己成為一個更具文化型謙遜心的人。相同地，明白其他人也會犯錯。給予他們再次嘗試的空間，保持這樣的心態，看著他們不斷前進。長此以往，將能夠培養起一個更具文化型謙遜心的社會。
- **追求進步，而非追求完美。**如果要我幫培養文化型謙遜的行為想個口號，那會是「變得比昨天更好」。一如剛剛討論過的，你將會犯錯，但這不能用來當作缺乏努力的藉口。每一天都要努力比前一天更謙遜。不要迷失在追求完美這條不歸路上，但要表現出持續的進步。每天都要再好一些。把每天的關注焦點，放在如何去跟抱持不同文化世界觀的人有更良好的互動。隨著時日過去，這樣的關注焦點加上自發性的努力，會讓這一切變得更自然，並且重新訓練你的思維、情緒，以及行為模式，進而重新建立起你的預設反應。
- **不要停止學習。**你永遠都不可能「精通」文化型謙遜（而且也不可能精通任何謙遜的特質）。這是一個會移動的目標，因為文化會不斷演變。因此，為了持續進步，你需要不斷學習。要確保你不斷在拓展自己觀點的方法之一，就是要聆聽多樣化的聲音，這樣的聲音來自一系列代表不同身分認同的人們，他們的生活經驗，將讓他們說出數不清的故事。有些人或許會發現，透過額外的新聞或媒體頻道來尋求新的資訊來源，會是一個比較適宜的開始。其他人或許想要透過閱讀書籍或文章，只要選擇作者或思考者是來自不同的身分認同，抑或他們擁護不同的觀點即可。當然，或許最難能可貴的，就是從你現有的生活裡，例如職場或社區，找出跟你不同的人，並且開始跟他們真心地來往；邀請他們一起喝杯咖啡，或者約他們一起散步。朝他們伸出手，會是很棒的第一步。離開你的舒適圈，離開那些跟你擁有一樣文化觀點的聊天對象，這麼做將改變你看待世界的目光。

・**話語很重要**。最後，要留心你的話語。話語是一種工具，能夠形塑你的思維以及對世界的感受。話語承載了意義，並且指向更寬闊的想法，包括如何看待自己、他人，以及世界的本質。話語是一扇門。打開它，就能看見內在的思維如何運作，也能看見你的情緒有多麼深邃。用話語來表達自己最深層的渴求及想望、分享脆弱及悲傷，抒發憤怒或恐懼。話語很重要，對於那些會聽你說話的人亦然。話語能夠認可他人，並且承載歸屬感與包容心。話語能夠形塑共同的敘事。話語強而有力，值得你細細留心。有意識地去感受自己使用的話語，並且看看話語如何能夠幫助他人，讓他們覺得自己不再隱形、被視為夥伴，以及被愛。

建立橋梁

最深層的分歧猶如體內的傷痕，我們透過本能的反應去呈現它們的存在。要修補這些由如此多的鄙視、憎恨、辣言毒語所製造出來的傷害，沒有什麼簡單的方法。謙遜不是什麼能夠快速讓社會回歸正軌的簡單捷徑。這些問題都很複雜，有些人擔心這些問題恐怕沒有解方。但我相信謙遜能夠慢慢地轉化我們，並且隨著時間過去，能夠形成一個更健康的社會，可以把社群的健康放在優先，而非把重點放在是非對錯或爭權奪利上。

謙遜的功用，在於改變我們跟這個破碎又美麗的世界互動的方式，讓我們看見意見的分歧跟不同，其實是在邀請我們繼續學習，而非將其視為必須防守的威脅。謙遜召喚了我們，讓我們看見多樣化其實是種禮物，而琳瑯滿目的各種想法，則造就了豐富多彩的社群。生命因共享而美好；雖然共享會帶來混亂，也增加了生活的難度，卻有其必要。尋求文化型謙遜，能夠幫助我們建立橋梁，橫跨彼此的存在性傷口，確保社群裡的每一個成員，包括那些遭受邊緣化或受到遺忘的人，都能獲得照料、珍視、聆聽、尊重，並被視為平等。缺乏了這些，我們就沒有辦法建立一個更溫暖、更公正的社會。

Chapter 9 — Making Progress —

取得進展

十六歲那年，我爸教會我怎麼開車。我買下了家裡那台古老的傳家寶，一輛一九六四年出廠的雪佛蘭新星（Nova）旅行車。這輛老車上了好幾種顏色的烤漆，車頂鏽跡斑斑，因為它在好幾位駕駛的手中出過好幾場車禍，不過仍舊活了下來。這輛車本來是家用車，後來賣給了我哥，代價是把車修好，它在我們家從加州搬到佛羅里達州的過程中，在新墨西哥沙漠的某個地方拋錨了。我哥哥去世後，車子到了我的手上，總共需要支付的金額是一美金。當然，我父親後來在車子的售價上加了四百九十九美金的「家庭稅」，要「幫我上一堂叫做責任的課」，但這玩意兒可是座移動堡壘，為它付出的每一分錢都值得。沒有空調，沒有動力煞車，車窗是手搖式，散熱器消耗的氧氣比高耐力的運動員還多，我就是在這輛會移動的磚塊裡學會了怎麼開車。

在提醒我記得繫上安全帶，以及一次最好只載一個朋友，免得我的車子淪為移動式的豪華派對屋以後，我爸告訴了我一條關於開車的簡單規則：把手放在十點鐘跟兩點鐘的方向。他認為，把雙手放在方向盤的這兩個位置上，除了能提供最佳的車輛操控力之外，還能確保安全。

問題是，到了現在，這個老建議壓根兒就錯得離譜。

在當時，這個建議還不錯，或者應該說適用於我那輛車，它可是將近三十五歲了呢。它的暖氣幾乎沒辦法運作，更別提其他安全配備了。我不記得車上有沒有除霜器，但肯定沒有安全氣囊。所以那個關於兩點鐘跟十點鐘的建議當年是沒錯，但從現在的角度來看非常不安全。有鑑於現在所有的車都會裝安全氣囊，如果駕駛把手放在十點鐘跟兩點鐘的位置時遇上了事故，氣囊就會啟動，讓駕駛的手撞上自己的額頭，大拇指可能會因為這樣折斷，也確定會把自己撞成傻蛋。相反地，現在的駕駛教練都告訴學生，要把雙手擺在九點鐘跟三點鐘的方向，讓安全氣囊有足夠的空間啟動，啟動時也不會傷害到駕駛的雙手或臉部。

這是個好建議。換過幾輛車以後，在讀研究所的時候，依然因為幾天前手足悲劇性死亡而愁雲慘霧的我，在從大學開（新）車回家的路上，把車給撞爛了。因為悲傷而分心的我，追撞上前方那輛車的車尾，安全氣囊啟動了，我因此逃過一劫，沒受嚴重的傷。我那雙放在九點鐘跟三點鐘方向的手被氣囊安全地推到兩旁。現場大家都沒事，幸好我幾乎毫髮無傷地下了車。

生命裡有許多堂「安全氣囊」課，如果我們願意學習的話，這些課總能讓我們學到東西。但需要有一種謙遜——智識型謙遜——的存在，才能確保身而為人的我們持續學習，而社會也持續有所進展。一旦過度仰賴傳統或是「以前就是這樣」，就會沒辦法成長，或者無法適應世界上的新方式。我們可能會變得停滯不前，而有時候欠缺新知識可能會帶來危害。知識不斷演變，我們也持續地學習更新也更好的方式，這件事情一方面十足有趣，另一方面也讓人非常沮喪。這件事意味著，永遠都要做好面對新挑戰的心理準備，但也同時意味著，必須保持敞開與抱持學習的意願，而非緊抓已經過時的老知識不放。

這個章節的核心前提是，任何種類的進步——個人的、組織的、社會的、文化的、全球的——都需要智識型謙遜。如果堅信自己是對的，這樣的想法會讓我們無法學習或成長，智力將會進入冬眠，生活將會變得陳腐。創作將會缺乏創新，社會將變得窒礙難行，無法滿足居民的需求。組織將會萎縮，因為人們都離開了，他們要去加入其他更能適應商業與科技環境改變的社群。

不需要恐懼改變。改變可以讓人非常興奮，並且富有意義，而且改變還可能拯救我們的性命。

進步需要謙遜

走向進步的道路需要謙遜。只要稍微查一下歷史，就會意識到那些曾抱持強烈信念的人——甚至他們還殺害了那些抱持不同信念的人——到頭來根本就是錯的。伽利略根據哥白尼的理論，提出地球繞著太陽運行。這個論述受到天主教會嚴厲批評為異端邪說，並判決他居家監禁。當然根據聖經的描述，地球是宇宙的中心，這是天主教會長久以來的信念，而這樣的科學理論則與之產生衝突，所以教會才會迫害那些逾越這個觀點的人，逼使他們接受荒謬的宗教式懲罰。然而，一如現在小學都學過的，伽利略是對的：地球繞著太陽轉動。但當時盛行的文化與宗教常規卻固守傳統信念，不願思考其他觀點，縱使看見了證據也拒絕動搖。這真的是謙遜心的嚴重匱乏。

這正是為什麼謙遜對進步來說如此重要。我們必須要能夠承認自身觀點的弱點與自身想法的侷限；如果看到強而有力的證據，就該思考相關資訊，並且改變想法；犯錯的時候坦然承認，並且渴望成長。如果不這麼做的話，想想所有那些可能會錯過的科學與文化發展，就只因為我們純然的自大與拘泥於現況。

研究揭示了智識型謙遜與知識取得之間的關聯性。❶五份不同的研究共同交織出了一幅圖像，讓我們知道智識型謙遜是多麼強而有力：那些被評為具備優良智識型謙遜心的人，對於自己的所知多寡，較有明確的認知，而那些智識型謙遜心較低的人，則比較可能會宣稱自己知道那些其實並不知道的事情。此外，與這種謙遜有關聯性的還有更富好奇心、思想開放、善於合作，以及真心渴望學習。擁有智識型謙遜可能是獲得更多知識的途徑。

智識型謙遜也有一些缺點。智識型謙遜的人比較容易低估自己的思維能力。也就是說，他們有可能低估自己的聰明才智。想當然耳，要推動創新與成就，自信與野心通常不可或缺，但缺乏智識型謙遜作為根基，可能會帶來毀滅性的後果。相反地，研究人員推薦了一個良好的策略：在自信與膽怯之間找到平衡。❷智識型謙遜——我們仰賴自己明確知道的知識——可能是一條中庸之道。

請回想一下，謙遜就是準確評估自己的能力。並不是在你身為專家之時還畏畏縮縮，也不是對自己的專業能力過於自信。謙遜就是知之為知之，不知為不知。而智識型謙遜並非對於知識持搖擺不定的態度或是缺乏堅定；相反地，智識型謙遜用開放的心胸看待想法與信念，並且渴求證據。這樣的做法有相當多的好處。舉例來說，先前的研究發現，智識型謙遜跟思維的彈性有正向關係。❸愈具備智識型謙遜心，就愈願意依據證據來修改自己的想法，這種能力可以催化個人成長，以及社會的改變及創新。

我們很快就會看見，智識型謙遜是可以培養的。但是首先得認為自身思考方式的一些特質是可以改變的。舉例來說，一項研究發現，先讓人們閱讀了解智力並非一成不變，其實可以改變——表現出成長心態——會增進他們的智識型謙遜心，進而使得他們更尊重自己不認同的人，並且對於從對立的觀點學習一事，抱持更開放的心胸。❹透過可以改變的提醒，讓我們在面對不同或是相反意見的時候，能夠對真正的改變抱持更開放的心胸。另一項研究發現，對當下的人際關係感到安心的人——其特質為具備安全感——更具備智識型謙遜心。❺這樣的結論支持了謙遜根源自安全感的看法。我們必須扎根於明白自己擁有與生俱來的自我價值，並且確知這並不表示我們隨時都必須是對的，才能對各種不同的經驗與理解世界的方式抱持開放的心胸。

什麼是智識型謙遜？

研究者們對於智識型謙遜的構成要素提出不同的觀點，但現階段的研究提供了一系列有緊密關聯性的特徵。

・思想開明。先前的研究發現，長於智識型謙遜的人對新知與不同價值抱持開明的想法。❻這看起來有點像對宗教或靈性所抱持的信念只是暫時的，並且更能接受模稜兩可跟不確定性。相反地，他們拒絕教條主義，也不願墨守成規。其他研究則認為，思想開明意味著鼓勵他人表達自我觀點、對各種想法保持開放心胸、樂於聽見各種看法，以及面臨意見分歧時，能不表現出防衛姿態。❼那些長於智識型謙遜心的人也更有意願去思考與自身觀點相衝突的意見。❽相對於固執己見、心胸狹窄，他們開明地接受各種不同觀點，並且接受自己知識有限，不會因此感到焦慮。

- **好奇**。智識型謙遜的人通常也很好奇。他們求知若渴，對於知識有強烈的需求，也就是說，他們喜歡思考。喜歡思考各種主題，想要對各種想法尋根究底。❾會努力去尋找不同的觀點，並且喜歡比較不同的想法。❿他們的好奇心源於相信如果證據充分的話，願意改變自己的想法。⓫認為無知是項挑戰，並且持續尋找拓展自身觀點與想法的嶄新可能。他們認為要做這件事情，最確切的方法，就是證據確鑿。

- **務實**。要具備智識型謙遜需要安全感，能夠意識到並承認自身知識上的弱點。智識型謙遜的關鍵要點，就是承認自己的觀點有缺陷，接受自己有所侷限。⓬他們承認自己可能是錯的，想法可能會改變。⓭願意承認自己針對某特定主題所知有限，甚或一無所知。接納自己身而為人與生俱來的限制、意識到自己的認知偏誤，並且可以利用這樣的覺察，來改變自己接觸新的想法以及抱持不同信念的人時，所採用的方式。

- **願意學習**。如果人們思想開明、好奇，能夠承認並接受自己的侷限，通常都很樂於學習。願意接納反饋，因為他們追尋真理，並且不具防備姿態。他們好奇而開明，認為思維的改變是件好事。樂觀地認為明天的自己將會比今天的自己知道得更多也更深。他們會去學習，並據此改變自己的行為。

智識型謙遜的人比較不會認為那些改變自身想法的人是「優柔寡斷」或「見異思遷」。⑭因為看見了根據資訊來調整自己想法的價值，他們不會去懲罰那些因為累積足夠的證據而改變自身觀點的人。他們善於確認，相對於一個脆弱的論點，一個強而有力的論點該是什麼樣貌。一旦聽見或讀到了有價值、有說服力的說法，能夠心領神會。爭論的時候，也不需要非得講完最後一個字，或者假裝自己無所不知，接著展開攻勢，他們更傾向於寬恕他人。⑮

在人際關係中，智識型謙遜的表現方式如下：承認自己的錯誤、對方提出優秀的論點時修改自己的想法、敘述自己的觀點時避免自大或高傲、對嶄新及不同的觀點感到好奇，用尊重與同理心去對待那些跟我們抱持不同意見的人。

依我們目前的文化習慣來看，智識型謙遜似乎難以企及。我們經常鼓勵強調自己的觀點，並且忽視（或者貶低）持否定意見的人。但智識型謙遜對我們或任何社會的長期健康來說至關重要。缺乏智識型謙遜，社群跟組織將會停滯不前、缺少成長的機會、發展與科技落後，並且牢牢抓住那些專門用來解決根本已經不存在問題的過時方法不放，卻又處理不了那些浮上檯面的新問題。知識的自大是進步的喪鐘。相反地，重視智識型謙遜的個人與團體明白，在那些不斷演變的產業中，學習與適應新知是存活下去的關鍵。⑯

如果社群能夠培養智識型謙遜，就更能體會到成長的感受，並且激發出發展與創新所需要的元素。不幸的是，當今社會的人通常不願意接納不同的意見。許多人變得知識封閉，只願意聆聽同族群之聲、只道出自己相信的訊息，只得出早已同意的結論。但是許多學者認為，需要透過智識型謙遜的幫助，才能建立健康的大眾交流，[17]包括在各大專院校也一樣。[18]因應自戀心態的崛起，[19]特別是在那些大專生之間，[20]智識型謙遜的需要程度更是前所未見。

澄清一些重要的細微差異很必要。智識型謙遜並非欠缺堅定或堅持。可以堅持自己的信念，但同時仍保持開明，依據新出現的證據來重新思考。可以追求真理，但不狂妄自大，並且用關懷與關心的態度跟他人對話。我們對成長的渴望以及對學習的好奇，可以跟最好的想法——知道我們可能會不斷自我修訂——齊頭並行。視我們的世界觀為「草稿」而非最終版本，或許能幫助我們走得長久。

我的同事大衛・邁爾斯（David Myers）是謙遜的真正典範，他認定後續兩條原則正確無誤：「上帝存在」，以及「上帝不是你也不是我」。由於他對這兩個核心信念十分堅定，因此這表達出他的智識型謙遜心，後者證實了他既非全知也非全能，他還有很多事情要學習。身為一位完美無瑕的學習者跟教育者（以及一位產量豐富的課本作者），大衛的信念，用他的話來說是：「不斷改進」，於是他不斷學習。他並非什麼也不信；他相信某件事，直到有足夠的證據讓他改為相信新的東西。

將智識型謙遜付諸行動

社會需要智識型謙遜才能體驗任何重大且長久的進步：他們需要持續修改想法的能力，才能避免故步自封。然而，要改變想法很困難。我先前的一些研究發現，即便人們已經脫離了宗教，他們的想法、感受，以及行為依然跟信徒相同，我們稱這種現象為宗教殘餘（religious residue）。[21]研究範圍橫跨四個不同的國家（美國、荷蘭、香港、紐西蘭），宗教帶來的影響，即便在他們已經不是信徒以後依然存在。無神論者也被發現遭遇類似的障礙：生命早期的社會主義化導致的無神論信念，對智識型謙遜有負面的影響。[22]一旦人們讓自己跟一種想法或信念體系產生連結，進而深深進入思想框架後，就難以更動。我們會陷在自己的思維模式中，但這些成規卻違反了拓展知識、保持好奇，以及思維創新的需要。

我們非常需要謙遜，尤其是提到傳統的時候。許多傳統已經發展成過度簡化的共同協議，教我們如何解決一個迫切的問題，而且通常帶有過往時代的智慧。在拋棄一項傳統之前，應該進行兩個步驟的檢查：這個問題跟現在的我們還有關係嗎？以及誰發明了這個方法？有時候，這個問題已經解決、不復存在了，因此這項傳統就可以修改或是拋棄。其他時候，這項傳統只是設計給社會中被選上的（有特權的）少數人，屏除了社群裡的邊緣成員。舉例來說，在聽到有人打噴嚏的時候，我們習慣說「上帝保佑你」（God bless you），因為擔心打噴嚏會讓他們的靈魂離開身體；而在他們失去體內的神聖火花（divine spark）之後，就會需要祝福的保佑。當然，我們現在知道不會發生這種事情，這種問題已經不存在了。我們也意識到並非每個人都有這種信仰，使得這項傳統有點不適用於所有人（說不定有些人還會覺得受到冒犯）。準確來說，除了找一個字來取代源自德文的「祝你健康」（gesundheit）之外，或許也該再想想那些更泛用、影響力也更深遠的傳統習慣。

重新審視流傳已久的做法必須要細心。舉例來說，研究發現了智識型謙遜與幾個宗教及靈性信念之間有負向的連結。[23]然而，仔細分析後，抱持這些信念的態度解釋了它們之間的關係：智識型謙遜，與以武斷式的確信跟道德優越感抱持的宗教態度，兩者之間呈現了負相關。如果抱持信念的深層態度是為了要保持現狀，那麼就會妨礙智識型謙遜的產生。另一方面，如果人們具備智識型謙遜心，會更願意改變自己的傳統思維。[24]

要將智識型謙遜付諸行動，也意味著做決定時要仰賴證據。一項以政治為主題的智識型謙遜研究揭示，謙遜與對政治抱持更大的興趣，以及更不會去迴避討論政治問題之間有關聯；也就是說，具備智識型謙遜心的人，更有意願去面對可能引起爭議的分歧領域。[25]更重要的是，相較於其他政黨，雖然此研究的所有受試者還是比較偏好自己支持的政黨，但是具備智識型謙遜心的人所表現出的認知偏誤較低；在見到了跟政治相關的證據之後，他們也比較不會透過爭辯來支持自己的主張。對於自身的信念，他們追求的是正確度，而非一味防衛。這件事情為什麼重要呢?有鑑於任何關於未來的進展,都很可能需要抱持不同政治信仰的選民,以及代表無數想法的股東的認同,智識型謙遜讓我們得以跟與自己想法不同的人合作。智識型謙遜將會幫助我們面對困難的討論,並對每個人帶來正面影響,不論他們的政治信念為何。

最後,智識型謙遜的人會努力尋找新資訊。研究發現,他們會更關注新資訊,例如花更多時間閱讀與自身觀點背道而馳的論述。[26]也更能夠意識到自己知道些什麼,以及還能學習什麼。綜上所述,這些研究認為,智識型謙遜對改變社會有所助益。

謙遜如何帶來改變

為什麼智識型謙遜有辦法帶來長遠的改變呢?畢竟到頭來,不是聲音最大的有贏面,跟性格最強的掌大權嗎?為什麼一種仰賴強烈好奇心跟要求最有力證據——可能得耗費相當多的時間,才能獲得結論——的做法,能夠做出更好的決定、制定出帶來改變的策略?一項小型介入性研究檢視了一次的嘗試:研究人員在為期五週的課程開端,以一群形形色色的大學生為研究樣本,提供一堂講述智識型謙遜的課(另一組則沒有這堂課),意圖藉此提升他們的智識型謙遜心。[27]研究結果好壞參半:在課程結束後,沒有受試者表示自己更具智識型謙遜，顯示要提升智識型謙遜，不能單靠讓人們知道何謂智識型謙遜。然而，在這五星期過後，有兩件事情的確改變了：上過這些課的受試者發現，他們的同學變得更具備智識型謙遜了。或許學習到智識型謙遜的特質，能夠幫助人們辨識出他人身上的智識型謙遜；或者也許受試者身上產生了他們自己感覺不到的某些變化，但對他人來說卻相對明顯。此外，一份針對學生所寫的論述的分析揭示，當想到文化衝突的情況時，如今的他們更願意尋求妥協之道。

人們或許很容易認為，謙遜有悖於確保平等，及解放受壓迫的群體。畢竟要對抗系統性壓迫制度及對抗邊緣化族群所受到的迫害，讓步並非必要的選項，對吧？更準確地來說，主導團體經常要少數團體保持謙遜，藉此維持他們的權力地位及掌控資源。然而，謙遜可以被視為一種促進解放的美德，或者說是一種能帶來解放的性格優勢。哲學家海瑟・柏塔利（Heather Battaly）相當具說服力地認同這個觀點。[28]她聲稱，要行使例如謙遜這樣的美德，必須同時具備良好的判斷力跟智慧，才能幫助人們實踐公平與正義。當權者能夠意識到並且接納自己在解放工作上所面臨的侷限（也就是說，在為了正義而戰的道路上，他們沒有做好的層面，以及自己落入了指控他人的陷阱中），並且會積極地將弱勢從困境中解放出來。同樣地，受到迫害的人，能夠利用謙遜的力量，穩紮穩打地做出勇敢的行動，來干擾並重整權力運作，並且意識到以自負心為基礎的長期政策，將無可避免地產生一個新的壓迫體系。她同時也認為，光靠謙遜是不夠的，唯有與其他美德，諸如勇氣或正義感——配合，謙遜才能帶來解放。在這邊，我們看到了謙遜的極端重要性，包括針對掌權者以及正在受到迫害的人，藉此平衡需要的反抗力量，進而催生長久的改變。掌權者不能夠將解放工作全部留給受迫害者去做。謙遜能夠幫助掌權者獲得清晰的認知，讓他們進行必要的工作，使這個世界變得更公平。

我們必須思考自己的權力及優勢。意識中的優越感源自何處，我們的觀點在什麼地方會被看重？我的聲音在什麼地方更有分量？我們的話語在什麼領域就代表了證據，無須任何資訊的輔助？讓我把話講得更清楚吧：我們有解放的工作要做。直到每個人的觀點都被認為跟我們自己的觀點一樣重要之前，社會體系都傾向於不平等跟不平衡。不斷掌權的團體需要聆聽歷史上不斷受到壓迫之人或受到邊緣化族群的心聲。智識型謙遜能夠幫助這種必要的修正，並導向長久的改變。

要推翻不平等，需要耗費極大的努力。無可避免地，過程中一定會犯錯，甚至會遭遇嚴重的冒犯。在這麼具挑戰性的過程中，智識型謙遜也能透過觸發人跟人之間的寬恕，藉此提供幫助。有一項我跟別人合作的研究，主題是檢視宗教領袖具備的智識型謙遜，在促進信徒的寬恕心時所扮演的角色。[29]針對兩批共計超過四百名的取樣人數，我們請受試者回想，他們的宗教領袖實際犯下冒犯他人之過的一次經驗。他們需要評分，項目有二：其一是針對自己的宗教領袖，在宗教信念上所展現的智識型謙遜心進行評分，其二是在經歷那次的冒犯之後，他們原諒該位領袖的程度高低。即便把那次冒犯所引起的傷痛以及整體的謙遜程度納入考量，一位智識型謙遜的領袖依然能觸發更多的寬恕心。而當冒犯的內容涉及堅定的信念時，上述的效果會更明確。如果我們具備智識型謙遜心，而且身居明顯的領導地位，並且處於相當大的風險時，他人會更願意原諒我們。他們認為我們心胸開闊，願意接納反饋，而非自大狂妄、剛愎自用。當我們在公民生活的任何領域尋求自我改善時，總會犯錯，但具備智識型謙遜心，能為我們免除掉一些因為一時失足而帶來的疼痛。

智識型謙遜在其他領域的作用

智識型謙遜的關鍵作用，不只發揮在創造長久的改變，也會深深影響教育、情感關係，以及心理健康。教育方面，智識型謙遜幫助促進好奇心、學習心、凡事講求證據，以及思想開明。缺乏這些能力，學生很難追求學術上的成功，也難以對社會有貢獻，更不用說處理人生的難題。有一句哲學論述是這麼說的，謙遜正是設計來幫助人類管理自己的自信，[30]而教育絕對少不了自信：學生需要知道自己已經足夠熟練某個技能，才能將之用於實踐。然而，自負卻可能造成危害。請回想一下，謙遜意味著恰如其分，而智識型謙遜能夠緩和我們的自負心，讓我們看待自己的觀點時比較不會產生歪斜。

我們也能在情感關係裡，看到智識型謙遜的價值，尤其是在知識交流活躍的情感關係中，能看到伴侶雙方彼此分享想法、願意攜手探索複雜的主題，以及互相帶領對方踏上豐富的內在生活地景遠行。對許多人來說，這樣的開誠布公，傳達出一種特別的親密感。畢竟分享深層的信念，或甚至只是暫時的想法，會讓我們覺得自己很脆弱。要分享真正的想法或信念，可能挺可怕的，尤其如果渴望伴侶看我們的眼光是帶著善意；至少，我們或許會尋求自己的生活經驗，能夠獲得心愛又親近的對象認可。想法受到伴侶否定，可能會帶來痛苦，或許還會造成關係嚴重破裂。然而，如果伴侶體貼又反應積極，我們或許會變得較敞開而不防備，簡單來說，就是更具智識型謙遜心。[31]如果跟伴侶能安心相處，一同探索並思索想法，包括那些尚未成形的跟暫時的，那麼分享自己的想法，就會變得比較不可怕。有鑑於開誠布公能讓人們的關係更緊密，培養智識型謙遜或許讓伴侶更願意跟彼此分享。在智識型謙遜與開誠布公的態度不斷循環的情況下，關係有可能隨之強化。

「不知」是一種力量。有些研究甚至認為，「不知」有益心理健康——一種人們無法解釋的、對於內在紛擾處之泰然的謙遜。[32]提到宗教，人們總抱持某種特殊而堅定的熱情。然而，有些人卻養成了接納不確定的態度。舉例來說，當人們無法解決某些信仰的難題（例如上帝為什麼讓人類受苦，或是惡魔為何存在）時，他們經常會陷入沉思或反覆思量。那些能夠謙虛地主張自己就是「不知道」的人有福了，這麼做不只能減輕焦慮，還能藉由脫離負面想法的迴圈，獲得心智的拓展。承認自己知識上的侷限，能夠帶來不可思議的解放感，心理層面也會受益：做決定的時候，不再迴避不確定性，反而能夠探索可能產生的、嶄新而令人興奮的不確定未來。

我人生中相同的際遇，就發生在太太跟我搬到一座新的小鎮時。當時，我正打算給一對我們已經結為朋友的夫妻留下深刻印象。夫妻兩人都有一流學校的研究所學歷，並過著極富文化涵養的知識分子生活。他們讀書若渴、懂得欣賞藝術與音樂，經常到有趣或具異國情調的地方旅行，並且對食物跟美酒都有很好的品味。跟他們待在一塊兒時，我是既不安又畏縮。雙方來往初期，為了試圖讓自己看起來更博學多聞、富文化素養，我經常會謊稱自己聽過某位音樂家的音樂，或讀過某位作者的書，但其實我對他們一概不知。在那當下，我覺得那麼說的話，會讓自己比較不尷尬。但在話出口的接下來幾分鐘，我通常都會滿心困惑地聽著他們分享跟那位知名人士有關的故事或是趣聞。這種行為幾次過後，我暗下決心，再也不要做出這種事了。如果他們聊起了我不知道的某件事，或者提到我不知道的某個人，我會坦承自己的無知。第一次嘗試這種新做法的時候，我心裡惶惶不安。我總擔心承認這種事情，就等同於承認我是個沒有受過教育的冒牌貨，而我猜想他們會因為這樣嘲笑我。因此，在聽見他們只是簡單地回答說：「哦，你沒聽過他們啊？你會愛上他們的！我明天就拿一本他們的書來借你。」我真的是喜出望外。他們沒有羞辱我。他們只是跟我分享。我從他們身上學習，我的世界因而變得更寬闊。在那之後，我聽聞了無數的作者、音樂家、詩人、餐館、旅行見聞、遊戲、電視節目、電影，以及人生經驗。要是我當時只想著要保護自尊心、順從自己的羞恥心，就會錯過這一切。相反地，我因為自己的誠實，讓現在的自己擁有更豐富的人生體驗。但這一切的開端，必須是從我承認自己的無知開始。

培養智識型謙遜

以下，我提供一些實用的方法，幫助你培養智識型謙遜。

- **找出你不具備專業知識的領域。**所有人的認知都有侷限，智識型謙遜的一個重要部分，就是接受自己的侷限。學術界裡有個老笑話：大學畢業的時候，你對自己所掌握到的知識，都很有把握。接著，上了研究所，除了在一個狹窄主題的鑽研程度愈來愈深之外，你開始意識到自己有多麼無知。事實上，教育通常能幫助我們看見自己知之甚少，而且不只限於學術方面。我願意第一個承認，大部分的事情我都不知道。花點時間，做一份表格，列下你不知道的事情。範圍可以從粒子物理學，到錯綜複雜的人類解剖學，到宇宙的本質，或是古代甲殼類海洋生物的交配習慣。除非你是一名外科醫生，否則你多半不知道如何（成功地）

切下某人的脾臟。很少有人能夠對幾個不同的主題有深入的了解。我們或許能夠掌握單一領域的專業知識，但不會是所有領域。列出來的清單愈長愈好。讓你每次看到這份清單，就能提醒自己知識上的侷限。

- **回想你最近一次犯下的錯**。我知道，我們都不喜歡沉浸在過往犯下的錯誤中。除了心裡不舒服之外，我們不喜歡認為自己能力有限，或曾經犯錯。但沒有人能永遠不犯錯。請回想自己犯錯的一次經驗。想想自己或許在先前曾經確信自己正確無誤，而如果你持續堅信自己正確無誤，又可能會帶來多大的危害。在心中記住這樣的感覺，能夠提醒你停下腳步，挑戰自己預設的假定，並且尋求證據及不一樣的觀點。
- **回想你曾因為改變想法，讓生活變得更美好的一次經驗**。受困於某種意識形態中時，你可能會忘記，改變自己的想法有多麼珍貴。有時候，改變想法指的是修正你對壽司的看法（美味，而非恐怖），但其他時候，改變想法是某種更為實際的事情，例如修正你的宗教傳統或是政治信念。但這樣的改變，並非意味著你現在的人生會變得比較差。事實上，許多人表示，在調整了意識形態之後，人生反而變得更棒了。或許他們放掉了一些正向錯覺，但至少現在的他們，透過對身旁的世界進行更客觀的評估，讓人生變得更符合自己的經驗法則。
- **利用閱讀與寫作來跟自己爭辯**。想想你最近讀過的幾本書，或者思考一下你平常都從哪裡得知新聞內容。是否多數資訊來源都符合你的預設立場呢？如果你的政治想法偏向保守派，而且只看福斯新聞，或者你偏自由派，而訊息只從微軟全國廣播公司（MSNBC）接收，那麼很有可能，你沒有讓資訊來源多樣化。這麼做很簡單，感覺也好，卻讓智識型謙遜心十分難以成長。如果你真心想讓自己的意識形態能變得更公正而平衡，就需要刻意尋找那些跟自己的信念有所抵觸的消息來源。閱讀觀點與你相反的作者的文章，或者閱讀一篇批評你喜愛的書的書評，並且過程中要保持開放而非防衛的心態。想辦法使用同理心，同時理解相反的觀點。另一個辦法，是書寫相反於自身觀點的文字。想出一個你強烈捍衛的立場。寫下你可能有錯的地方，以及持反對立場的人可能說對了的地方。事實上，你要為了那個反對立場，盡可能提出各種具說服力的說法，以為辯駁。這些練習將能夠幫助你培養各種習慣，來拓展你的視野。

避開陷阱

為何智識型謙遜如此難以實踐？除了常見的認知偏誤問題，以及自我覺察的侷限之外，這種類型的謙遜，還要面對改善既有信念時帶來的額外壓力。在上一個章節中，談到了群體極化帶來的問題，也就是我們原先的態度，透過跟想法相近的人對話，得到了進一步的強化。㉝這意味著，只要是跟立場與我們一樣的人討論自己感興趣的話題，我們原先的想法就會變得更根深蒂固。透過這類對話，我們的思維不會變得更開明，而是更僵硬。結論就是，我們應該多花點心思，去找出生活中那些自己不同意的人，然後努力增進社交與職場網絡的人際多樣化。雖然一定程度上，要吸引到意識形態跟我們接近的人，感覺好像比較容易，或者跟他們待在一塊兒比較舒服，但這麼做，卻會妨礙我們培養能夠接納嶄新想法以及多重觀點的開明思維。創建意識形態的同溫層，是傲慢的表現。這種行為暗示了我們如此確信自己是對的，身旁只需要那些能夠證實我們的信念高人一等之人。

第二個阻礙是團體迷思。團體迷思會在我們身為團體的一分子，而該團體正打算做出一個困難的決定時出現。認同團體決策的動力，會壓抑個人或異議之聲，[34]舉例來說，當面臨時間壓力、上司既強勢又好命令，或者我們身處於社群媒體的同溫層中。雖然團體裡的成員或許仍有各自的擔憂，或可能擁有解決眼前問題的創新做法，但他們絕口不提自己的意見，屈從於團體的意志。結果就是，團體對於狀況的分析，經常落入草草處理跟思想狹隘，導致做出次一級的決策。團體迷思透過獎勵服從主流意見而扼殺了智識型謙遜。那些掌權者通常懲罰異議分子，而非欣賞會挑戰團體行動力的多樣化視角。要對抗這股壓力，團體應該鼓勵多元思考、允許人們透過匿名的方式提供反饋、允許「再次投票」表決（用匿名的方式），並且歡迎外部的專家或顧問加入討論。不同於團體內部的人，外部的專家跟顧問對團體或組織的「文化」沒有那麼深刻的體認，因此能夠用較為不同的角度去看待公司的事務。

一個會阻礙我們尋求智識型謙遜的麻煩傾向，就是對於維護現狀的渴望。許多文化都傾向於培養出隨著時間過去，不斷強化也受到捍衛的行為模式，縱使該文化中，那些沒有因為它的政策而受益的人，也毫不例外地支持，也許還是支持最有力的人。[35]舉例來說，研究發現，人們會努力接納並捍衛現有的社會秩序。這種制度正當化（system justification）的過程通常是隱性的，人們可能會將特定背景下的常規，內化到自己的認同中，縱使這些常規會讓他們的情況變得更糟。對多數人來說，總是喜歡一切照舊。我們在這個不斷變動的世界中渴求穩定，即便那樣的穩定並不公平，或者對我們有害。然而，如果聽見了這句藉口：「我們以前從來沒有那樣做過」，腦海裡就應該敲響警鐘，這警鐘的聲音暗示了新的想法並不受歡迎，而且還會受到抗拒。我們或許甚至也抱持這些隱性的信念，或者曾說出同樣的話語。問題在於這麼做會關上一扇門，讓我們沒辦法獲得嶄新或是更公平的想法跟做法。我們本能的思維傾向是停滯不動跟保護更大的體系，接受一系列不適用於每個人，甚至也不適用於我們的信念。如果聽見了那句藉口，腳步不應該就這麼停下，而是要知道我們正在面臨一個艱鉅的任務。

那麼要如何對付群體極化、團體迷思，以及制度正當化這三個威脅呢？要將它們全部擊敗很難。相反地，我認為重要的是，首先承認它們確實仍在運作，這樣就可以開始在自己的生活中找出這些思維模式。應當思考一下我們所處的社群：裡面的人是否想法、行為、言談、衣著打扮都跟我們很接近？新聞資訊從什麼地方得知：我們只仰賴單一來源嗎？如何幫自己的社交及知識網絡增添多樣化？可以透過什麼方法，刻意讓更多聲音及觀點進入生活，並藉此拓展知識體系？同樣地，身在團體中時，如何去建構它，才能避免團體迷思，並且鼓勵異議之聲或個人意見？要怎麼做，才能歡迎外部的人提供他們的反饋？要怎麼做，才能鼓勵人們採用那些或許是前所未有的、嶄新又不同的方式做事？有辦法將「嶄新」跟「不同」形塑成有潛力、帶來轉變的概念，而非有威脅感、帶來損害嗎？或許，我們（或我們所處的團體）之所以需要解決某一個問題，正是因為總是採取同樣的行動模式。過去或許會仰賴使用某個解方去處理某個問題，而新的問題則需要新的解方。智識型謙遜將幫助我們努力尋找，也能敏銳地感知到那些新的方法。

在堅持與好奇之間找到平衡

我們要如何在擁有核心堅持，跟保持開明與好奇之間，找到平衡呢？在一項由我規劃、針對宗教信念的研究中，同事跟我提出了一個安全感與個人成長之間的權衡取捨模型。[36]在一方面，人們對自己的信念很堅持，並且追求確定性。這樣的確定性——在諸如宗教的基本教義派，或是政治的極端主義上看見——有顯著的心理益處：它能提供清楚的架構，並降低焦慮；同時人們擁有一個有組織結構的（如果說不是死板的）理解世界的方式時，他們會覺得更平靜。壞處則出現在人際層面：抱持一個重心放在確定性上面的信念，意味著通常更無法容忍異己，並對他們有更強的偏見。另一方面，以追求自我成長作為行事方針的人，關注的重心更偏向思想開放。依據新的證據或者與他人的對話，他們樂於改變自身的信念，並修正自己原先的態度。他們對他人較為寬容，也願意學習及成長。但內在層面需要付出代價：他們會更焦慮而對於其他更專注於安全感的信念，其賦予的清楚架構及確定性，他們一概沒有。因此這樣看來，安全感與自我成長，可能存在於相反的兩極。

然而，我相信兩者之間的關係，有更細微的差異。我們需要先有安全感，才能成長。感受到威脅時，將體會到交感神經系統的反應，這種反應通常被稱為「戰鬥、逃離，或者無法動彈」。如果我們覺得受到攻擊，就會沒辦法成長。因此，需要先有一定程度的安全感，才能開始探索新的想法，跟測試其他可能性。其他研究也有類似的看法，認為唯有足夠的安全感，才有辦法自我擴展。[37] 謙遜——扎根於深刻感受到與生俱來的自我價值——可以提供一部分安全感，也能夠辨識出一定程度上不會改變的核心堅持，同時讓其他的信念結構保有彈性。[38] 那些核心原則（就像大衛・邁爾斯那兩個信念）可以提供一個大略的框架，來讓人保持安全感，同時允許極大程度的進化、成長，以及改變。

要追求這樣的平衡並不容易。我們有可能在某個時刻犯錯，在過於僵化與過於放鬆之間來回擺盪。但如果自我省察，同時願意在過程中持續修正，就會離恰當的平衡愈來愈近：有一系列能夠賦予我們安全感，又不會讓我們心胸過於狹隘的信念，並且容許我們用驚奇的眼光去面對這個世界，同時渴望學習。

永遠的學生

我承認自己對智識型謙遜的欣賞帶有偏誤，倒不是因為我是智識型謙遜的大師，而是因為我很幸運，能夠在學院裡工作，能夠不斷學習到嶄新的想法、參與知識分子之間的討論，並且透過科學程序去測試我依照經驗獲得的想法。數十位同儕審查員認為我的想法很糟糕，因此否決掉了我的論文，還有更多的同儕審查員，則提供我清楚而直接的反饋，告訴我如何提升論文的品質——一切都是以科學的名義。我做出的所有職業貢獻，都透過他人的反饋與提議而獲得提升。他人幫助我看見研究的侷限，並讓我得以提升自己的研究品質。科學，一如生命的其他部分，是一場團隊合作，我們必須有辦法一起合作，才能夠提升集體的知識。但我們要夠謙遜，才得以依據現存的最佳資訊去學習，以及再學習。就像重新訓練自己不要把手放在方向盤的十點鐘兩點鐘方向一樣，一旦相關證據出現，就能夠修正自己的其他信念與意見。否則，錯誤的資訊，可能會帶來極大的危險。

Chapter 10 — A Flourishing Community —

蓬勃發展的社群

在希臘文中，用來形容美好生活的字詞是eudaimonia。說起來，eu表示「美好」，daimon則表示「守護神」；兩個字合起來所傳達的意思為福利、圓滿，或是安康。這個詞意味著蓬勃發展。這個詞不一定是幸福——幸福的希臘文是hedonia——而是某種更豐富或深層的感覺。這是一種有美好品質的生活，有助於產生意義感跟人生目標。但我個人認為，在追尋快樂與過著充實生活兩者之間，後者每次都會勝出。快樂是短暫的，而演化使得我們變得非常容易不滿足；當我們持續適應快樂的新標準，並且不斷跟那些似乎總是擁有比我們想要的還要多的人去比較時，我們就會困在一種研究人員稱之為享樂跑步機（hedonic treadmill）的情境中。我們的快樂削弱了，但可以建立一段持續而有意義的生活，而謙遜能夠幫助我們去著手。事實上，謙遜可以幫助我們培養出蓬勃發展的社群。

我們已經見識過，謙遜促進我們生活中的真誠度與完整性的能力了。我們已經探索過，謙遜如何有效地幫助我們，消弭那些出現在各種人際關係與公民生活中的社會分歧。但隨著時間過去，謙遜可以透過幫助社群蓬勃發展，來轉化我們所生活的地方以及離我們最近的人。可以先從發自內心相信謙遜的力量開始，進而影響親近的人際關係，再將影響圈擴展到職場跟鄰里，並在最後流淌到更大的社群中。當然，謙遜不是魔法。只是接納反饋並不會解決貧窮跟飢餓的問題，也沒辦法治療疾病。但謙遜是大家要一同邁向蓬勃發展的必要元素。我們怎麼可以將貧窮與飢餓視為一個問題，卻沒有透過富有同理心的謙遜，去思考這些超越自身的問題，並且去想想我們的所作所為，是不是這些不公不義之事得以存續至今的原因之一？我們要如何改變自己的想法，並且接納相關證據，好讓醫學取得重大突破？也許同樣重要的是，如果注意力完全集中在自己身上，我們要怎麼過上富有道德感的美好生活？

最後這個章節的核心要旨是：謙遜可以讓我們成為更好的人，而且是從裡到外。謙遜能幫助我們變得更具道德意識，以及更有益於社會。謙遜幫助我們用深深的感謝，去欣賞生命中的美好事物。謙遜讓我們得以滿心敬畏地，去享受那些比我們更巨大的事物。謙遜可以激發一系列富有道德感的反應，從而轉化自身以及身旁的人。謙遜還能幫助我們，讓生命變得更具意義及價值。因此，如果大家一同走上謙遜之路，就可以看見這個轉變帶來的巨大效果，感受到做好事、尋求正義，以及友愛他人的價值與意義。但這話並非我說了就算數，要靠科學證據幫我撐腰。

關係型謙遜

在各種謙遜的類型中，真的能夠做到推己及人的是關係型謙遜，這是一種表現在親近關係上的謙遜。評估關係型謙遜的高低，通常都是藉由詢問他人，我們在三個關鍵層面的謙遜度：自我覺察、沒有自視甚高的想法，以及把他人的需求擺在優先位置。❶透過從一系列關係中取得反饋，就能在自己與他人互動時有多謙遜一事上，得到一個有條有理也更完整的觀點。畢竟，如果別人不同意，或者認為我們很自大，那麼說自己很謙遜又有什麼用呢？此外，當我們傾向於以自己的觀點為優先，從而犧牲了他人，以及渴望獲得讚美，卻不想受到指責時，謙遜有助於審視自己自私的動機。謙遜讓我們敞開，從身旁的人那邊獲得更廣泛的視野，並促使我們共享讚美、承擔責任。一旦這麼做了以後，就更有可能考量他人的需求、思考他們的情感體驗及觀點，並且把他們的幸福快樂放在優先考慮的位置。謙遜打破了我們對自我的單一觀點，並且讓我們能夠改變周圍的人的生活。

推己及人

謙遜能夠幫助我們推己及人。研究發現，長於謙遜的人，在各種情況下，包括沒有任何回報，他們的行動也更傾向於正面、有益，以及慷慨。❷在一項研究中，謙遜型的受試者在玩獨裁者賽局的遊戲時，會捐出更多的遊戲貨幣。在另一項行為評估中，研究人員給受試者金錢，告訴受試者，可以選擇把錢全部留下來，或者跟自己的學習夥伴平分。謙遜型的夥伴會給出更多的金錢。為什麼會發生這種情況呢？另一項針對超過四百名受試者的中國研究認為，謙遜者更容易對他人的觀點將心比心，而且可能在做出自私或不夠體貼的行為時，感受到更多的罪惡感。❸謙遜的人能夠敏銳地感受到他人的情緒，並且明白如果不考慮他人的需求，自己會有什麼樣的感受；他們更常去感受自己以及他人。

相當多的心理學研究，發現謙遜跟利社會行為（意味著與他人的正面相處，也就是做出任何有益於他人的行為，會加強自己的歸屬感與自我接納）有關。❹有些人認為謙遜是一種美德，可以解釋各種正向的心理狀態。❺研究結果很明確：謙遜能夠促進利社會行為及各種美德的產生。它的好處很顯著：謙遜可以刺激許多對社會有益的美德產生，這些美德能夠改善我們以及周遭人的生活，最終改變社群。讓我們透過檢視其中的幾種美德，來試著看看謙遜心誕生時，能夠產生的力量。

謙遜能促進寬恕。先前的研究發現了謙遜、同理心，以及寬恕之間的關聯性。舉例來說，為了要讓深層而持久的寬恕行為產生，既需要能夠考量冒犯者觀點的同理心，也需要能夠坦承自己就跟冒犯者一樣容易犯錯的謙遜心。[6]這在家庭中尤其重要。人們在家庭中經常（即便只是無心）彼此冒犯，但他們彼此相愛，並且致力於維持一段長久的關係。寬恕有助於讓那些仍在持續的關係蓬勃發展，但要促進這種寬恕行為發生，謙遜心是必要的。其他研究顯示，謙遜不只使我們更容易原諒他人，還可以使我們更容易得到他人原諒。我自己的一些研究發現，在遭受關係帶來的壓力時，相較於較不謙遜的伴侶，人們更容易原諒謙遜的伴侶。[7]這件事情有其道理：我們需要謙遜心，才能承認自己犯了錯，並且承擔我們的錯誤。傲慢與固執的驕傲經常阻礙真心的告解或真誠的道歉，但謙遜的人如果不小心傷害了他們在乎且喜愛的人，會承認自己的錯誤。

當這種關係型謙遜延伸到神聖的關係上時，也會看到好處。被認為對神聖事物（例如上帝、神靈，或任何他們認為神聖的事物）抱持謙遜心的人，更容易獲得遭受自己傷害之人的寬恕。[8]如果看見冒犯我們的人具有某種形式的心靈或宗教謙遜時，我們更容易寬恕他們。謙遜也與心靈層面的超越自我意識有關：謙遜者更容易表示自己感受到與所有人類有共同的連結，或者在祈禱或冥想的時候，感受到人類的一體性。[9]更具體地說，高度謙遜與心靈層面超越自我意識的結合，往往會產生較高程度的寬恕。或許可以想像，這種對普世人性的看法，以及與更偉大事物的連結，幫助人們用憐憫之心，看待那些傷害他們的人，並且理解到我們都處在這種人類共同的困境中。

謙遜也能幫助我們變得更感恩。感恩被描述為，當有人在我們並未要求的狀態下，送給我們一個禮物，或者給予我們一些好處時——會獲得這些好處，完全只是因為他人的正面目的與動機，或者其他外部因素所導致——我們會感受到的正面情緒與想法。⑩抱持感恩之情，反映了我們如何從他人的行為，或某件事情上所獲得的好處。舉例來說，如果收到朋友寄來的貼心卡片，或是接到朋友貼心的電話，抑或是有人稱讚我們，我們會覺得感恩。如果我們知道許多其他人，都在尋找一份有意義的工作時，我們或許會因為擁有一份工作，而覺得感恩。我們或許會覺得感恩，因為有能力可以品嘗一杯晨間咖啡、閱讀一本書，或只是單純地活著。感恩與更強的幸福感有關。⑪想起我們的特權，而非只是沉浸在自己的負擔中，讓人感受到生命的美好。

研究發現，謙遜心與感恩心相輔相成。寫一封感謝信，會提升你對謙遜的感受。隨著時間推移，在日常生活中感受到感恩心，就預示了你也將感受到謙遜心，反之亦然；研究論文的作者們總結，謙遜心與感恩心會彼此強化。⑫其他研究證實了謙遜心跟對上帝抱持的感恩心之間的關聯性。⑬提到與他人之間的關係，以及與超越自身之事物的關係，有鑑於謙遜能夠幫助我們在這些關係中維持「正常大小」，這也難怪我們因為他人（或許還有上帝，如果我們是信徒的話）的行為而受益時，就會感受到深深的感恩之情。一旦我們讓自己離開自我宇宙的中心，就能看見其他人如何在我們的成功與勝利中，扮演如此重要的角色。謙遜賦予我們視野，並且抑制我們對於權利所抱持的利己主義傾向，讓我們得以看見並欣賞他人給予的禮物。如果因傲慢的思維，誤以為自己擁有的正面事物本來就是生命欠我們的，就不會承認是他人使得我們的生命變得更美好，進而錯失了對他們應當要抱持的感恩之情。

研究中清楚地證實，謙遜也跟慷慨有關。自大的人通常不會給予，除非他們因此受到表揚，他們更關心的是，確保自己得到自認為應得的東西（剛好就比其他人所得到的要來得多）。一旦覺得自己高人一等，那麼等到一天結束的時候，由於大家能分的東西就這麼多，當然要先照顧好自己，我們的行事風格是基於匱乏的心理模型。這是一種根基於恐懼的做法，視所有的一切，從關係到資源都是會消耗殆盡的：如果某人手上有我們想要的東西，能得到的分量就會減少。這種心態也傳達了深深的不安以及信任的缺乏：除非自私自利，否則我們壓根兒不相信自己的需求會得到滿足。

相反地，謙遜的人擁有安全感，得以慷慨大方，並且經常為他人著想。先前的研究顯示，謙遜的人會捐出更多的錢，包括捐給那些他們素未謀面的人。[14]在一項研究中，謙遜的受試者願意把金錢給予他們不認識的、未來的研究受試者。這樣的慷慨並非源於個性、宗教信仰，或只是符合社會期待；謙遜激發了這些慷慨的舉動。一旦我們對於做自己很有安全感，也相信我們圓滿無缺，就可以抱持同理心，關注他人的需求，也有付出的動力。

我們還透過樂於助人的形式，看到這樣的慷慨。一系列研究——同時透過受試者的自我陳述與隱而不顯的方式去評估——發現，謙遜心預示了更願意幫助他人。[15]在這邊，我們也看到了優先考慮他人的需求，以及運用同理心來改善他們的生活，所帶來的好處。謙遜幫助我們推己及人，願意獻上我們的金錢與時間。此外，謙遜的人更能接受他人的善意。[16]相反地，驕傲的人可能會感到羞恥、必須扛上相對的責任，或是將接受幫助視為自己的弱點；謙遜的人在接受善意後，感受到的是正面情緒，而非負面情緒。謙遜心有助於激發利社會行為，並使我們能愉快地接受他人的這類行為。

最後，謙遜與智慧有關。一項針對超過一千五百多名成年人（中老年人）的大規模研究，揭示這兩種美德之間的正向關係。[17]此外，在生活滿意度上，兩者間也存在著交互作用。謙遜的人對自己的生活更滿意，但如果這位謙遜者也同時具有智慧，那麼謙遜所引發的效果就會更強。該研究論文的作者認為，鑑於謙遜是一種微妙的平衡，謙遜可能需要仰賴智慧，才能知道如何在生活中更有效地使用謙遜。那些培養了智慧的人，可以透過這麼做，來提升他們的生活滿意度。其他研究表明，可能還有更廣泛的一系列美德，跟程度更高的謙遜與智慧有關。[18]也就是說，愈德高望重的人，他們就愈謙遜又睿智。無論如何，謙遜與智慧有著密切的關係。

這回應了我們稍早時討論過的一些發現。如果一位謙遜者有一個自大的戀人或配偶，自大可能會破壞這段關係，同時也會對該位謙遜者的心理健康帶來嚴重的負面影響。有些人可能會試圖濫用我們的謙遜。我們也檢視過不偏不倚的健康（而非過度膨脹）自尊心的重要性。這些細微的差異很重要，能夠確保我們擁抱謙遜心，進而改善我們及他人的生活。我們需要智慧知道如何處理這些不同的需求，包括表現出來的謙遜可能還要搭配其他珍貴美德（例如勇氣跟正義）。有些人認為，智慧可以幫助我們決定在任何特定情況下，採用哪種善行最合宜；謙遜也需要智慧的協助。

有意義的生命

富有道德的生活，可以為社群帶來轉變。請想像一個致力於變得更寬容、感恩、慷慨，以及睿智的人際網絡。這群人優先考慮透過健康而誠實的方式，去解決人與人之間彼此造成的傷害、對他人贈與的禮物心懷感激、把時間跟資源奉獻給需要的人，以及可以斟酌並且決定如何依照他人的需求，來採取富有道德意識的相對應行為。一個社群如果致力於發展這些價值，並且由實踐這些美德的人所組成，那麼這個社群將會蓬勃發展，而這可能意味著很多不同的事情。我傾向於認為，所謂的蓬勃發展，指的是當生命中存在那些感受到意義與充實的時刻；當我們能與所愛之人建立連結，能夠跟他們分享真實的自我；當我們可以自由自在地追尋那些讓我們燃起熱情的事物；當社群裡的每個人都獲得重視、關心，以及傾聽；當社群裡的人們產生共生共榮的感覺，當我們都健康、成長，並享受豐富的生活。一個蓬勃發展的社群充滿活力、彼此互動、互相信任、開誠布公，以成長為導向。在這裡，人們可以安心地做自己，深深關懷周遭的人。

謙遜不僅有助於讓社群繁榮，也有助於讓我們的生命變得繁茂。透過激發出許多美德，謙遜可以讓生命變得更有意義。覺得自己很重要，而且生命有目標時，往往就會覺得生命有了意義。[19]生命意義最可靠的來源之一，就是來自人際關係。[20]人際關係符合幾項特質：可以幫助我們透過另一個人來理解這個世界，並且讓我們覺得自己很重要；對許多人來說，生命的意義來自於改善他人的生活（例如透過成為一名教師或醫師）。在追尋生命意義的道路上，人際關係或許是其中最關鍵的要素。

各種美德可以改善人際關係。學者們強調，我們尋思道德的過程，或者說如何看待對與錯的思考過程，是為了人際互動而設計的，因此其本質即屬於社會性。[21]當我們更加寬容、慷慨和樂於助人，都會改善人際關係。正因為如此，每當行善，我們就會覺得生命變得更有意義。我從研究所開始進行的一些研究，檢視了利社會行為（旨在造福或改善他人生活的行為）如何使生命變得更有意義。在我主導的一系列研究中，檢視了人們自陳的利他行為（他們助人行為的多寡），與他們自述的生命意義之間的關聯性。即使將個性與自尊心納入考量後，助人行為仍然與更深的生命意義有關聯。㉒我們後續的實驗鑽研得更深，在一項研究中，讓一些受試者寫了四封感謝信、一些受試者寫下自己最珍貴的特質（自我肯定），還有一些受試者則寫下他們計畫要在下禮拜做的四件事。我們評量做這項任務之前與之後的生命意義，發現在參與了這項小型介入性研究後，被指派去寫感謝信的受試者所回報的生命意義是最高的；高於對照組，也略高於那些執行自我肯定任務的受試者。表達感恩之情會增加人們對生命意義的感受。在針對超過四百名受試者的最終研究中，我們發現在利他行為跟生命意義的連結之間，還存在著關係的滿意度。也就是說，更樂於助人者表示他們對自己的關係更滿意，這進而又與感覺生命更有意義有關。

其他研究亦支持利社會行為與生命意義之間的關聯性。一項研究發現，從事利社會行為能增進生命意義。㉓其他研究強調了謙遜、感恩、寬恕，與幸福感之間的正面連結。㉔我的學位論文探討寬恕可能如何隨著時間進展，為人生帶來同樣的益處：花了超過六個月的時間，檢視了超過一百組戀人後，我發現持續寬恕你的伴侶，讓人覺得生命更有意義。㉕各類型的研究都得到同樣的觀點，也就是當我們做出富含道德品質或美德品質的行為時——考量並且關照他人的需求——生命變得更有意義。而有意義的生命，就是繁茂的生命。

與他人有所聯繫的生命

謙遜還有另一種幫助我們繁茂的方式：謙遜能改善人際關係，進而賦予生命意義，並且進一步對抗寂寞、焦慮，以及憂鬱。的確，富有道德品質又能繁茂的生命，必然也是與他人有所聯繫的生命。研究發現，對意義的渴望，促使我們將精力投注在社群上，透過諸如志願服務或捐款等行為。[26]正因如此，追求繁茂生命的渴望，直接將我們導向了他人。其他研究發現，能夠安心依附他人者——其特質為能夠相信他人、願意透露自己的需求跟渴望，以及慣於仰賴身旁的人——更可能自述有較高程度的寬恕心、感恩心，以及更重要的謙遜心。[27]那些擁有可以信賴並且依靠的他人的人，通常具備讓他們得以行善的安全感；他們知道有人支持自己，因此能夠從逆境中康復。我們必須以信賴與安全感作為根基，才能充分活出既謙遜又富道德感的生活。

謙遜可以從根本上改變行為動機。它使我們擺脫社會文化對於成功與自我中心的強烈執著，轉而用更全面且關愛的方式，去追求完整而健康的關係，其特質為愛、正義，以及平等。一旦我們擁有因自知圓滿無缺而帶來的安全感，有勇氣停止追求空洞的讚美，就能優先考量周邊親友的幸福。我們可以擺脫他人的認可所帶來的桎梏，這將使得我們有勇氣堅定自己的信念並且尊重他人，同時不會犧牲想要傳遞的訊息，因為我們的原則係由他人的幸福所驅動。這正是為什麼謙遜能夠帶來如此不可思議的解放感：一旦我們的使命是改善他人的生活，就能夠大無畏地著手進行，安心而清楚地知道，重要的不是因為善行而獲得的稱讚，而是正在努力迎接的轉變。我們之所以會做這些困難的事情，是因為它是一件應當做的好事，縱使沒有人在看，也改變不了這個事實。

謙遜是一種集體的努力。如果希望社會感受到謙遜帶來的正面影響，就需要共同朝這樣的變化努力。當然，這件事情要從自身做起，要改變人際關係及周圍環境，我們得投入心力。不可以要求別人變得更謙遜，這麼做只會暴露出我們的傲慢。然而，可以期盼集體合作——先從親友開始，接著是較小的團體、學校跟職場，最後是鄰里——我們或許會看見力量正在凝聚，藉此創造出不斷增強的正向改變。我們總會有做錯的時候，但不能夠單憑一己之力去做。我們需要彼此分享共同的願景，在過程中互相鼓勵，並在搞砸的時候彼此幫忙。

邁向謙遜的共同努力，會帶來實際的成效。我對伴侶的研究揭示了如果雙方都謙遜，伴侶就會一同成長茁壯；而遇到雙方謙遜程度有高有低，則會導致謙遜的那一方感受到壓力跟不滿。[28]許多人不願實踐謙遜，就是擔心會遭到剝削。我們之所以有所保留，或許就是因為擔心自己一旦謙遜，其他傲慢或自戀的人就會占便宜，而這種恐懼的確有些道理。工業化世界的許多地方，都變得愈來愈傾向於利己主義。諸如資本主義這種更大型的經濟體系，通常獎勵個人的貪婪及自私的野心。脫離共通性的相互依賴關係，轉變為人們優先考量自己的渴望及動機。因此，我們也變得更孤立而保守，縱使這會危害心理健康和幸福安康。但是，如果朝著謙遜的方向一同努力，就能顛覆這些潮流：我們能讓其他人知道，我們重視關係中的真誠與相互尊重；表明他人的觀點及幸福對我們來說很重要；積極尋求反饋，承認錯誤，可以一起改變。滴水成河，眾木成林。我們可以讓人們看見一條不同的道路，讓人們看見我們重視社會的哪些事物，以及如何對待他人。我們可以為身旁的世界帶來影響。

古老美德的沉靜力量

儘管有些人對謙遜抱持負面想法，但謙遜非常強大。謙遜已經在知識和道德的舞台上出現了一段時日。哲學家喜愛談論謙遜。舉例來說，西元一世紀的哲學家愛比克泰德（Epictetus）曾說：「如果有人跟你說，某人說你的壞話，不要為那些壞話找藉口，而是回答：『他對我其他的錯誤一無所知，不然他不會只提到這些。』」當然，神職人員也鍾愛謙遜。十七世紀的法國神父文森・德・保祿（Vincent de Paul）斷言：「謙遜是真實，驕傲是謊言。」作家與詩人都讚揚這項美德。美國作家、詩人，暨民權運動者瑪雅・安吉羅（Maya Angelou）曾說：

「你要的不是體面，你要的是謙遜。謙遜是由內而外的。它意味著，有人比我早到，而我之所以能在這兒，是因為有人幫我付出了代價。我有些事情要做，而我會去著手，因為我正在為了那些還沒來到的人，先付出代價。」

儘管有這些對於美德的正面看法，謙遜的能力依然受到嚴重的低估。批評者認為，謙遜是為了弱者而存在的，但這種說法經不起實證的檢驗。我們回顧了研究證據，證實謙遜能改善個人的身心健康、人際關係、工作，以及更大的社群。人們需要擁有一定程度的能耐跟安全感，才得以接受反饋、減輕防衛姿態、培養同理心，並且持續將精力投注在漫長而困難的個人改變，才能變得更謙遜。讓我們來看看相關研究對於存在兒童與青少年發展、學校，以及宗教環境中的謙遜之力，有什麼樣的看法。

謙遜在兒童與青少年的發展中，扮演一個能夠帶來影響的角色。一項研究發現，謙遜與孩童的攻擊性較低有關：一項針對超過一千兩百名小學及國中的大型縱向研究揭示，謙遜使得人們一年後的攻擊性較低。[29]有趣的是，攻擊性也預示著人們未來的謙遜行為較少，表示兩者之間存在相互關係：難以做到謙遜的人也更具攻擊性，而更具攻擊性的人則更可能狂妄自大。其他研究則檢視了如何透過謙遜，來解釋人生早期的負面生活經驗，與社會行為之間的連結。一項檢視將近三千名中國中學生的研究發現，人生早期的負面經驗，例如生活裡那些不可預期的情況，或是與父母的負面互動，會降低信任心及謙遜心，進而又導致對他人做出較不正面的行為。[30]那些會侵蝕信任心及安全感的經驗，讓人變得更難以做到謙遜，從而變得更自私。

謙遜也有益於校園生活。一項調查超過三百名德國學生（國二到高一）的研究發現，在校園環境中，謙遜與正面的社會意圖（例如幫助同學）有正向關係，而與反社會意圖（例如參與霸凌）則有負向關係。[31]值得注意的是，在這樣的環境下，相較於增強正面行為，謙遜更能夠降低負面行為；為了避免負面反社會意圖的出現，謙遜十分重要。有鑑於人們對正負兩種行為的反應並不對等：我們經常嚴懲攻擊行為，卻較少獎勵正面行為——心理學稱這種現象為「壞大於好」（bad is stronger than good）[32]——這項研究揭示的謙遜之力，或許能讓學生遠離麻煩。綜上所述，這些針對孩童發展（研究背景包括學校與家庭）的研究認為，兒童與青少年的謙遜心非常值得培養；我們能夠藉此即刻預期後續的正面結果，也會為孩童未來的人生帶來幫助。把謙遜心放在優先培養的目標永遠不嫌早。

最後，我們看到了謙遜在宗教環境中的重要性。宗教場所經常是一個傳授謙遜的地方，然而相關人士卻經常缺乏謙遜，因此宗教場所能透過培養這種古老的美德而受益良多。學者注意到，雖然牧師經常讚揚謙遜，但許多教會的領袖都存在顯著的自戀情結。[33]然而，缺乏謙遜心的宗教領袖，可能會帶給會眾痛苦或創傷。經常上教堂的人，可能會覺得自己受到傲慢領導者的欺騙或精神虐待，他們的抱怨或擔憂，可能多半沒有獲得關注或處理。有鑑於謙遜對宗教領袖來說如此重要，那麼他們應該如何培養謙遜呢？最近的研究認為，宗教領袖可以透過五種具潛力的途徑，來培養自身的謙遜：強化與他人的關係（保持開明、尋求反饋、主動承擔責任）、非公開的敬奉行為（禱告、冥想、閱讀經文）、自我反省（內省、走進自然）、照顧自己（休息、運動），或是服侍（幫助家人或教友）。[34]

事實證明，要改變信眾的謙遜程度很難。我和一些同事規劃了一項研究，藉此在不同的教會團體身上，測試一項基於正向心理學的介入性研究。為了讓各個教會同意參與實驗，我們不得不採用一種對社會科學來說並不理想的設計：讓各個教會自行選擇哪些人可以進入謙遜實驗組，以及又有哪些人可以進入中立對照組。介入性研究實驗組的受試者，要在四個星期內完成工作手冊的十六個練習。我們取得受試者在介入性研究執行前後的謙遜評分（包括自我評分及他人評分）。不幸的是，這些練習仍不足以對謙遜程度產生影響，不過這些練習的確提升了受評對象的自我評分跟他人評分之間的一致性。也就是說，由於介入性研究中的練習，受試者在評估自身的謙遜程度上，確實變得更加準確。但不幸的是，這項介入性研究並沒有讓他們變得更謙遜，無論是透過他們自己或其他人去觀察都一樣。這意味著無論是在一般情況或是在宗教環境，我們都需要下更多苦功去培養謙遜。

將謙遜的介入性研究形式化有一些好處。我的同事心理學家凱若琳．雷夫拉克（Caroline Lavelock）主導了一個研究項目，來測試謙遜工作手冊的功效。[35]受試者隨機分配到手冊組或對照組（他們不用進行謙遜練習，只需要填寫一些調查表格）。受試者花了兩週的時間，總計約七個半小時，完成了手冊上的練習。研究人員指示手冊組的受試者，依照縮寫為PROVE的五個步驟，去培養自己的謙遜心：

P：選擇（Pick）自己不謙遜的一次經驗。

R：從大格局的角度出發，記住（Remember）你的能力與成就在其中的位置。

O：敞開（Open）自我，適應環境。

V：珍視（Value）所有事物，以降低自我關注。

E：檢視（Examine）自我侷限，邁向謙遜生活。

這五個練習能夠幫助人們自知、自省，進而推己及人。畢竟，透過回想自身曾有過的謙遜時刻，以及承認自己的侷限，能夠提高自我覺察的能力，開始為自己的一些缺點負起責任。透過敞開自我來接納他人的觀點，珍視他人的價值，就能夠降低對自我的關注，並開始優先考量他人的需求。打定主意邁向謙遜生活，同時承認我們的一些侷限，可能會增加這件事情的難度，能夠在我們培養謙遜生活的漫長且困難的過程中，提供一定的協助。

在交回工作手冊的兩週後，受試者再次接受調查。我們發現隨著時間推移，這些謙遜練習不僅增強他們的謙遜心，也增強了他們的寬恕心跟耐心。這項珍貴的介入性研究，揭示了兩個重要的見解：首先，隨著時間的前進，謙遜會因為這些介入練習而產生改變。投入超過兩星期的時間去練習，就會開始產生相當程度的改變。其次，把關注的重心放在謙遜上，也會對其他美德產生正面影響，這表示謙遜可以帶來巨大的轉變，從而有助於發展繁茂生活的其他層面。一旦我們努力想變得更謙遜，在這個過程中，也會連帶使得生活中的其他層面變得更富含各種美德。

培養關係型謙遜

當然，除了我同事的（可免費於網路上閱覽）工作手冊以外，[36]還有其他培養關係型謙遜的方法。接下來，就讓我們來看看，如何在生活中培養關係型謙遜：

體驗敬畏心。先前的研究顯示，經常體驗敬畏心的人，會被其他人評為更謙遜；根據實驗，引發人們的敬畏心，會讓他們的言行變得更為謙遜。[37]所謂的敬畏心，指的是當你體驗或觀察到超越自己所能理解的事物時，所感受到的驚奇、詫異，或者不知所措。在某些情況下，其他人可能會引發你的敬畏心，例如看到運動員或音樂家的高水準表演，或是看到藝術家創作出一件動人的藝術品。或者，當你看到了不起的善舉或無私，例如目睹某人冒著生命危險拯救他人的英勇行徑，也可能產生敬畏心。你也可能在走入自然時，體驗到敬畏心。舉例來說，身處於大峽谷中、透過望遠鏡去凝視萬物、四周全是海洋，或沉浸在古老的樹林中，都很容易讓人感受到敬畏心。

・**培養感恩心。**你已經見識過感恩與謙遜是如何相輔相成。心存感激之時，你更可能變得謙遜，而謙遜之人也更懂得感恩。練習一下，對他人表達你的感謝之情，並想辦法用各種方式去分享你的感恩心。向那些把精力投注在你生命中的人，表達你的感謝。每天花點時間，思考生命本身何以就是一份禮物。這麼做，可能會激勵你明智而有目的地去使用這份禮物。一如我先前提到的，在一項研究中，我們讓受試者寫下一封封簡短的感謝信，去感謝三到四位讓他們的生命變得更美好的對象。受試者甚至不需要寄信，就能達到效，單單只是表達感激之情的動作，就足以產生效果。同樣地，用你自己的方式表達感激之情，例如寫在日記中，或者透過寫下真實的感謝信，給那些關懷你的人，都可能很有效果。

・**致力於關係中的安全感。**我們的回顧研究，顯示了安全感對於謙遜的重要性。真正的謙遜源於安全感。這種安全感的一部分，源自相信自己與生俱來的自我價值，而外界的標準並無法決定你的標準或自尊。但這種安全感的另一部分，則源自健康的人際關係。在生活中，你需要有能夠跟對方彼此坦誠以對的人；你需要在人際關係中感受到彼此的平等與互惠，你也需要身旁有能夠支持你的人。謙遜不是一件簡單的工作，知道在逆境或掙扎的時候有人能夠依靠，非常重要。把心力投資在建立健康的人際關係，並樹立清晰的界線，有助於創造出讓謙遜心得以成長的空間。

．**找到一個謙遜的榜樣。**社會心理學家都知道，榜樣對於行為的激勵，能產生多麼大的作用。你可能因為某些人擁有你想要仿效的特質，而十分尊敬他們，你也會開始改變自己的行為模式來效法他們。想想你生活中的某個對象，這個人表現出你想要仿效的、充盈而真誠的謙遜。這個人或許是個陌生人，他的謙遜激勵了你，雖然你跟他並不熟。在這樣的情況下，你可能會留意到他在有壓力的情況下，會有什麼樣的表現跟反應，而典型的反應是自我中心。將這個人作為一個效法的對象牢記在心，能夠幫助你透過一幅清晰的謙遜樣貌，開始形塑你的生活跟人際關係。或者你可能很熟悉這個人，因此對他的謙遜行為有更深入的了解跟欣賞。你可以跟這個人建立更密切的關係，誠實地表達你追求謙遜心的願望。詢問對方是否願意成為你生活中培養謙遜的導師。當你提到自己從他身上留意到的謙遜程度時，對方可能會表示同意，也可能很驚訝。即便他們拒絕提供指導，花時間去跟那些比你更謙遜的人相處，將會改變你在類似情況下的反應方式。畢竟，謙遜之旅的良好開端，就是承認自己一路上都需要一些幫助。

共生共榮

我們的文化經常傾向於販售廉價而快速的快樂。如果買了某個正確的商品、呈現出某種樣貌，或者在生活中的某個領域獲得足夠的成功，我們就會被告知自己很快樂。但真正有意義的生活，看起來不是這樣。我們看到了文化型謙遜在幫助我們架起跨越社會分歧的橋梁，以欣賞和重視那些異己之人的力量。理解到智識型謙遜的價值，就是承認我們的不知，並且保持好奇心跟學習心，作為成長和進步的途徑。我們知道關係型謙遜在改善社群，以及強化我們人際關係方面的重要性。真正的蓬勃發展，是一種持久的安康狀態。在這種狀態下，我們跟周遭的人都努力促進整體的完整性，我們藉此建立每個人都能感受到歸屬感及重視感的社群。在這種生活中，致力於做正確的事，讓一切變得更好——從事符合道德的行為，超越自身受到侷限的觀點，與他人建立連結。謙遜幫助我們超越對短暫快樂的自私貪求，轉而追求更崇高的共生共榮，讓社會中每個成員的需求，都能獲得重視。謙遜將會幫助我們擺脫自戀世界的束縛，並在追求真正重要事物的過程中，找到自由。

邁向存在型謙遜

老實說，有時我很難將謙遜從學術研究的重點，轉變成為我日常生活中體現在各個領域的美德。身為人類，我體內的自私驅動力就跟每個人一樣，不單強大，並且受到了歷經千百萬年進化帶來的鼓舞。但我之所以想要過更謙遜的生活，不單是基於科學證據，相反地，個人的經驗讓我清楚地認知到，保持謙遜是生命中唯一的理性行為。身為人類，我們是社交動物，有能力去努力解決重大的存在課題，而有時這樣的解決過程，會讓我們變得更謙遜。

在一次冰島之行中，我深刻體會到謙遜的重要性。莎拉跟我訂了為期三天的極光之旅，這是她一直都很想要去看的景色。在旅行前做了很廣泛的研究後，莎拉找到了幾個線上資源，能夠依據現況，追蹤觀賞極光的最佳位置跟時間。在第一天的晚餐時分，她跟我分享說她的預測顯示，當天晚上正是最佳，也可能是唯一一次能夠觀賞到極光的機會。能見度的最高峰是清晨兩點左右，相關地點距離我們下榻的冰島首都雷克雅維克約一小時車程。

起初，我猶豫了。我們搭乘的是夜間飛機，抵達時間在黎明之前。在那架飛機上，我沒有睡超過三十分鐘，所以當下的我是既有時差又筋疲力盡。我們已經將近三十六小時沒有闔眼了，中間只在飛機上小睡半小時，以及因為在開車前往冰川的路上差點睡著，將汽車安全地停靠在路邊，休息了二十分鐘。此外，我正為另一場馬拉松比賽進行訓練，計畫在早上長跑，以便在一日冒險開始之前，先看看這座城市。我想要充分休息一下。

在經歷大量的抱怨之後，我終於把話聽了進去，並且改變主意。莎拉說服了我，這可能是我們看到這個自然奇觀的唯一一次機會。晚餐之後，我們上床睡覺，把鬧鐘定在午夜過後不久。鬧鐘叫醒我們的幾分鐘之後，我們坐在車裡，逐漸駛離城市的燈火。凌晨兩點之前不久，我們將車停在公路旁一個地上沒有標線的停車場裡，該停車場的位置符合莎拉找到的GPS座標。附近還有另外一輛車，一樣載著兩個睡眼惺忪、疲憊不堪的旅客。我們站在附近掃視天空將近一整個小時，幾乎準備要放棄。

忽然間，極光出現了，並且圍繞著我們旋轉。當下的感覺，就彷彿我們將要被那片顏色不停變化的旋轉天空所吞沒，滿天綠、藍、紫、黃的光帶不斷變換色彩，並且將我們包覆其中。在某個片刻，彷彿天空將會把我們徹底吞噬殆盡。過於美麗壯闊的極光幾乎讓人無法理解，我從未感覺到自己如此渺小、恐懼，同時卻也覺得平靜。我們倆都說不出話來；我們倆都落下了眼淚。這是我最切身感受到一項事物竟能如此無與倫比，遠遠大於我這個人的經驗。

在宇宙的宏偉中，我覺得自己很渺小——恰如其分的渺小。我們在寒冷的夜裡默默站著，這樣的體驗持續了將近四十五分鐘。在開車回程的路上，我們沒說什麼話，但這件事情，讓我感受到了深刻的變化，深深的謙遜，十分地感恩。

我在這本書的開頭，提到了謙遜在某種程度上就是恰如其分。有時候在某些情況，我們會變得更顯渺小。我並不是建議，在人際關係中要自我限縮，或是遇見更強勢或大聲的音量時，就龜縮起來。可是一旦參照的範圍更大時，我們渾身上下不禁會感受到自己的渺小。有時候，當個小東西是一種大解脫。這讓我們感受到存在型謙遜。

最後的提醒

我們人類都要面對一個令人不安的現實：進化賦予了我們複雜的大腦，進而讓我們擁有超越其他動物的智力，包括自我覺察跟象徵思考的能力。這意味著我們有足夠的聰明才智解決複雜的演化難題，但也背負了知道自己終將一死的重擔。❶在一個充滿不確定性的世界裡，我們的有限性是唯一能確定之物，而透過悲傷與失去，無論是大規模暴行或與家中寵物道別，我們都不斷被提醒生命有限，自己注定消逝，哪怕這個提醒或許小之又小。

我們已經討論過每個人都被給予相互競爭的文化敘事，以明白如何過上最有意義的生活，所有這一切都在更廣泛的自戀環境中表現出來。在消費主義文化中，我們的生活目標是盡可能賺更多的錢，以便盡可能買到最多的東西，並期望透過這樣的購買，或許可以讓自己的生活充滿迫切渴望的自我價值及自我認同。我們相信，如果有夠大的房子、夠多的物質財富，或者銀行帳戶或投資組合達到一定數字，我們終將擁有一席之地。我們毫無意識地同意成為資本主義這個巨大機器中的一個小小齒輪；而龐大的資本主義只為了創造出「更多」，不去考慮人類要付出的代價，或是生態環境的惡化。由於如此，我們冒著生命危險，不斷追求更多，卻只發現這樣的努力徒勞無功：在物質主義的競爭遊戲中，沒有人是贏家。

同樣地，自戀心態成功要求我們將時間花在攀爬上——無論是朝向社會頂峰、爬上企業階梯，或者是爬到其他人頭上——一切都為了要成名跟自傲。我們透過自己的身分地位以及他人的羨慕、尊敬，來尋求自我認同。我們安慰自己，同輩或許不喜歡我們，但至少他們會尊重我們。我們經常表現出一種不計成本以追求更大成就的、無窮無盡的動力。我們接受這樣的永不安寧，但看起來更像是我們讓自己永不安寧，並且在不斷的努力中欣然接受不滿。而當意識到所有這類的不斷往上爬都是徒然的時候，往往為時已晚，因為正如美國方濟會神父理查・羅爾（Richard Rohr）❷所說：一直以來，我們的梯子都靠錯了房子。我們搞錯了努力的重點，將時間和精力，都投注在短暫乏味地追求膚淺的榮譽跟毫無意義的讚美上。畢竟，誰曾經在臨終時回顧人生，並且說：「真希望我能多花點時間在工作上」？

也許另一個更惡劣的陷阱，是誘人的虔誠，這是一種基於自身公義心的錯誤信念，看起來很像宗教，但缺少了與神產生連結而體現的同理心或勇氣，或者是與他人真正成為一個群體而產生的謙遜或同情。這絕非湧現意義的泉源，而是一個虛假不真的冒牌貨。虔誠並非一定要與宗教有關：每個人都在侍奉自己選擇的神——工作、政治、國籍、金錢、聲望、平安、安全感、舒適。一旦意識形態成為我們的神，我們就會盡責地獻上自己的時間跟忠誠。我們說服自己，說自己的動機很崇高，意圖很純粹；身旁圍繞著跟我們共享相同信念之人，而我們會去訕笑那些跟我們不同的人。我們所畫出的圓圈愈來愈窄，並且不願意與我們不認同的人有所接觸。我們的世界縮小了。我們忘記了如何去聆聽。我們也自我說服，說自己是對的，而其他人是錯的。讓我們提防驕矜自滿。必須意識到，每當自覺徹底了解某事，就是一個警訊；我們必須保持警戒，抗拒思想封閉，努力保持開明，傾聽他人的話語，並且持續學習。

所有這些承諾賦予意義、卻從未兌現諾言的文化迷思，都藏身在最大的謊言中：我們總會有更多的時間。就像一個慣於拖延的人所提出的可靠保證，我們用生命將永無止境的幻想來撫慰自己，終有一天會去行善、回饋他人、為了正義而戰、為了受壓迫者挺身而出、踏上那段旅程、讓那個人知道我們愛他（她）、享受日落，或者在水邊盡情享受一個金黃色的陽光灑在水花之上的午後。我們以為自己有時間去修正人生的道路，在五年、十年、十五年、二十年之後，就要開始過起有目標的生活。我們會搞定這件事，早晚會有那麼一天。但這些都是不一定會兌現的支票，而隨著生命前進，一天天看似漫長，一年年卻很短暫，時光飛逝而去。

在有限的時光中，我們可以決定自己要怎麼過日子；要把時間花在什麼地方、要把精力投注在哪些人的生活，以及要用哪些方式努力，來讓這個既美麗又可怕的世界變得更有愛、更公正、更富同情心、更自由、更真誠，以及更完整。我們需要捫心自問：在將療癒的力量帶入這個世界的過程中，扮演了什麼樣的角色？

就讓我們來拆穿這些關乎意義的文化迷思的真面目吧：這些不真誠的冒牌貨，試圖要提供給我們的東西，其實唯有與世界真心交流才能得到。再多的錢也不會提升我們早已擁有的內在價值。你已經完滿無缺了。任何地位、頭銜、學歷或成就，也不能定義你的尊嚴或給予自身已然擁有的認可。你已經是無價之寶了。任何疏遠他人並拒絕成長或改變的、道貌岸然的錯誤信念，都無法提供我們渴望的深刻意義。你已經被愛了。

謙遜可以幫助我們充分利用生命中的時間。我們已經見識過謙遜如何能夠幫助轉化自己的人際關係——將意義織入生活中，因為其他人通常是我們最重要時刻的核心泉源。但很多時候，我們無法真誠地去愛別人。一旦行動的出發點是源於不安，就會害怕遭到拒絕——或者可能害怕對方是因為知道了真正的我們，才拒絕我們——所以我們隱藏自己的真實部分。我們無法對他人真誠，跟人的來往只停留在表面，因為這樣很安全。但唯有在真心呈現自我的時刻，另一個人才能看到我們真實的面貌，深深地愛上我們。當然，坦誠以對有其風險，可能會帶來傷害，但同時也為真誠而深層的愛，敞開了大門。我們不應當將這種深層的愛視為理所當然，應該培養這種愛，把它擺在生命的優先位置，並且為了它永不間斷地努力。

謙遜賦予生命意義，讓每個時刻都變得重要，讓我們選擇愛而非恐懼，選擇真誠而非完美；讓我們對於學習充滿好奇，對於改變敞開心胸；讓我們不懼怕為了實現公正的未來，而需付出的辛勞與努力。在不知道自己哪天會嚥下最後一口氣的情況下，謙遜讓我們得以充分利用每一刻，讓生活中有更多的真誠與關愛，並且讓他人每一天的生命都能變得更美好、更豐富。

邁向謙遜革命

生命有限的這個存在事實，可以鼓勵我們真誠過日子，過著真正謙遜的生活。一旦明白自己的時間有限，這個事實會驅使我們充分利用自己擁有的時刻，並且揭穿其實是自戀陷阱的文化迷思，不過都是些讓人暫時分心的事物，既空虛又無法實現。我們意識到自己的愚蠢，竟然過著尋求讚美跟圖謀用各種手段控制他人，一切只為了撫慰過度膨脹的自尊心的日子。而這樣的體認賦予了我們真心過日子的自由。

謙遜將我們從徹底自戀的自我中解放出來。知道我們都被關押在同樣的自私監獄裡，讓我們得以鬆了一口氣。我們都面臨同樣的掙扎。所有人都眼光受限、思想偏誤，還抱持著令人遺憾的主觀價值。但在我們共同的破碎、共同的人性中，也有著共同的美麗。沒有人能夠對自戀跟自私的吸引力免疫，因此，我們面對一個共同的困境。意識到我們都毫無例外地有缺陷，應該能夠激發彼此多一分的同理心。

如果真的想要一場謙遜革命——不僅在生活中，也在家庭、朋友圈、工作場所、社區，乃至於整個世界——我們將需要一劑存在型謙遜為藥。必須安然地接受這樣的認知：我們不是世界的中心，只占據了一個微不足道的地方。意識到世界在我們來到之前即已存在，也將在我們離去之後繼續長存，這種駭人的敬畏，能夠幫助我們明白真正的自己——包括時間跟空間——既曇花一現又渺小可悲。但不論我們所擁有的時間有多麼微不足道、所擁有的空間有多麼滄海一粟，我們的存在依然有其意義，可以有所作為。事實上，就因為生命如此短暫，如何善用時間變得非常重要。我們需要在生活中建立目的，這需要謙遜的協助。

我們的社會旨在獎勵妄自尊大的行為。要過不同的生活，就需要有自我意識。要真正過一種不以自我為尊的生活，需要一種超越自我意識的謙遜。我們都需要存在型謙遜。在這種謙遜中，可以陶醉在宇宙中渺小的自我、對活著本身充滿感激、意識到生命裡有很多深刻而持續的問題，是我們永遠無法解答的，並且依然可以在這種不知中找到平靜——安心地知道所有人都擁有相似的、生而為人的命運，以及都存有同樣的核心恐懼。在面對焦慮、質疑、不確定、痛苦的道路上，我們並不孤單。渺小的我們可以開始培養對生命的感恩，無論人生多麼短暫，無論我們感覺自己多麼渺小。

真正的謙遜能夠給予我們深刻而持久的安全感。明白自我價值，有助於以沉著和決心去面對重大的問題，透過意識到我們可以保有這種暫時的信念，並接納生命中的不確定。

你我攜手，就能一起打造謙遜的社群，但這份工作，必須從你我開始做起。如果自己不先努力，就沒有辦法要求別人謙遜。一旦我們謙遜了，就會成為他人的榜樣，激勵他人變得更謙遜。只要我們辦到了，就會在自己的人際關係、工作場所，以及社群中感受到謙遜的力量。我們難免會犯錯，但可以繼續努力，期盼今天又比昨天做得再好一些。一起重視謙遜吧，讓我們在氣餒的時候堅持下去，並堅決地期望，謙遜能夠幫助建立一個更公正也更充滿愛的世界。讓我們承諾要變得更謙遜，這正是這個世界此刻需要的一帖良方。

謝誌

要寫一本跟謙遜有關的書，讓我覺得不知所措又不自量力。一如我在自己分享過的故事裡說得很清楚，我並不是實踐謙遜的專家。我很幸運能花費職業生涯的大量時間去鑽研謙遜，但要我在生活中完全體現謙遜仍舊是難如登天。在實踐謙遜這件事情上，我誠摯地盼望今天的自己比昨天的自己做得要好一些。

要寫好一本書絕對不可能只靠一己之力，在這過程中有很多人付出了心力，我當然得要感謝他們。感謝我的文學經紀人溫蒂・李文森（Wendy Levinson）跟安卓莉亞・宋柏格（Andrea Somberg），感謝她們與我聯繫，促使了這段寫書過程的開始，並且在過程裡的不同階段提供重要而富影響力的反饋。同樣地，我很感謝芭蒂亞・羅森布魯（Batya Rosenblum）的編輯敏銳度，幫助我讓書裡的文字能夠更清晰，並且讓我的敘述力道更集中。因為她的功勞，這本書明顯變得更棒了。

書中提到的所有研究都是眾人合作的成果。能夠有機會跟一群傑出的同事共同進行謙遜的研究，我很感恩。我深深感謝唐・戴維斯跟喬許・霍克，感謝他們持續跟我在這個領域的合作，以及多年來維持的友誼。若不是他們共同的付出，這本書不可能存在，我們研究過程獲得的樂趣也會大打折扣。

我很感謝從一群傑出又謙遜的共同研究者跟共同作者的身上學到非常多，這群人包括了傑米・亞藤（Jamie Aten）、利奇・波林格（Rich Bollinger）、馬克・布蘭特（Mark Brandt）、大衛・布羅利（David Bromley）、凱西・布魯貝克（Kacy Brubaker）、潔妮・柏內特（Jeni Burnette）、蘿拉・凱特利（Laura Captari）、愛麗絲・崔（Elise Choe）、露絲・康納利（Ruth Connelly）、理查・寇登（Richard Cowden）、傑瑞特・克勞福德（Jarret Crawford）、裘蒂・戴維斯（Jody Davis）、沃德・戴維斯（Ward Davis）、瑟琳・德布雷爾（Cirleen DeBlaere）、菲爾・迪克（Phil Dieke）、弗朗格・迪斯本薩（Franco Dispenza）、卡麗莎・德維沃達尼（Carissa Dwiwardani）、多莉・伊福斯（Dori Eaves）、梅根・愛德華斯（Megan Edwards）、鮑勃・艾蒙斯（Bob Emmons）、珍妮佛・費洛（Jennifer Farrell）、麥特・費諾（Matt Fennell）、瑞秋・賈斯（Rachel Garthe）、奧柏莉・賈特納（Aubrey Gartner）、傑弗瑞・葛林、布蘭登・葛里芬（Brandon Griffin）、漢娜・剛恩（Hanna Gunn）、莉茲・霍爾（Liz Hall）、安娜貝拉・歐帕雷—漢納庫（Annabella Opare-Henaku）、皮特・希爾（Pete Hill）、亞當・霍吉（Adam Hodge）、安・豪特曼（Ann Houtman）、提姆・賀爾西（Tim Hulsey）、傑夫・詹寧斯（Jeff Jennings）、凱瑟琳・強森（Kathryn Johnson）、特倫斯・喬登二世（Terrence Jordan II）、小島由紀（Yuki Kojima）、茱蒂絲・安薩・歐薩耶—拉爾比（Judith Ansaa Osae-Larbi）、凱洛琳・雷弗拉克—布萊特尼（Caroline Lavelock-Bratney）、克莉絲汀・雷加爾（Cristine Legare）、約翰・麥康諾（John McConnell）、麥克・麥卡洛（Mike McCullough）、史黛西、麥克羅伊—赫爾佐（Stacey McElroy-Heltzel）、班・馬爾（Ben Meagher）、瑪莉・蔡斯・布里德洛夫・麥茲（Mary Chase Breedlove Mize）、大

衛・莫舍爾（David Mosher）、托比卡・S・恩克莫（Thobeka S. Nkomo）、卡蜜拉・諾恩特拉（Camilla Nonterah）、歐松德・歐摩魯伊（Osunde Omoruyi）、安娜・奧德（Anna Ord）、傑西・歐文（Jesse Owen）、安柏・伯金斯（Amber Perkins）、布萊德・平特（Brad Pinter）、瑪西安娜・拉莫斯（Marciana Ramos）、肯・萊斯（Ken Rice）、韋德・羅瓦特（Wade Rowatt）、雀兒喜・瑞德（Chelsea Reid）、珍妮佛・雷普利（Jennifer Ripley）、約翰・魯伊斯（John Ruiz）、康斯坦丁・賽迪基德斯（Constantine Sedikides）、詹姆斯・賽爾斯（James Sells）、納森・謝夫（Nathan Sheff）、蘿拉・謝諾豪斯（Laura Shannonhouse）、約書亞・史塔佛德（Joshua Stafford）、凱莉・帝恩（Kelly Teahan）、戴夫・王（Dave Wang）、艾莉莎・伍德洛夫（Elissa Woodruff）、埃弗雷特・沃辛頓，以及張漢松（Han-song Zhang）。

除了上面提到的那些姓名之外，我還想額外感謝那些在這本書的規劃初期提供一些見解的人，包括凱莉・巴爾・布姆加登（Kelley Barr Boumgarden）、彼得・布姆加登（Peter Boumgarden）、崔帕・克利斯帝（Tripper Christie）、普雷斯登・卓別克（Preston Drobeck）、茱莉・艾克斯萊恩（Julie Exline）、陶德・霍爾（Todd Hall）、喬登・勒伯夫（Jordan LaBouff）、莉茲・克羅姆雷・曼庫梭（Liz Krumrei Mancuso）、荷莉・奧克斯韓德勒（Holly Oxhandler）、史蒂夫・桑德吉（Steve Sandage）、丹・蕭提（Dan Schulte）、凱特・蕭提（Kat Schulte）、琳恩・史塔布斯（Lynn Stubbs），以及戴夫・史塔布斯（Dave Stubbs）。

我也希望能夠感謝小島由紀，謝謝她幫忙辨別及組織相關研究論文。

最後，我很感謝我的太太莎拉，不單是因為她在持續的討論中貢獻無數、分享新的觀點及讀物，以及提供十分重要而相關的臨床與實際的見解，更感謝她耐心而文雅地跟一個研究謙遜卻非常不謙遜的人住在一起。深深感謝她讀了每一頁，並提供寶貴而必要的反饋，縱使要讓我聽進去非常不容易。感謝她鼓勵我在書中寫出完整的我，並且用我的聲音去支持正義與療癒。感謝她一路以來的呼喚，讓我活出更脆弱也更真摯的生活。

引言　何謂謙遜

1 譯者註：故事源自希臘神話。阿拉克妮是一位技藝高超的織女，她誇口自己的織布技術甚至超越雅典娜。雅典娜聽見了，於是下凡，化身爲老婦人，警告阿拉克妮別這麼自大，同時祈求神明寬恕，卻遭阿拉克妮拒絕。雅典娜隨之現出眞身，與阿拉克妮以紡織一較高下。以成品來說，阿拉克妮贏了，但她同時也觸怒了天神，便遭到了雅典娜的攻擊。因爲驚慌又羞愧，阿拉克妮立刻懸梁自盡。出於愛憐，雅典娜將阿拉克妮及其後代都變成了蜘蛛。

2 N. G. Cuellar, "Humility: A Concept in Cultural Sensitivity," *Journal of Transcultural Nursing* 29, no. 4 (2018): 317.

3 D. R. Van Tongeren et al., "Religious Differences in Reporting and Expressing Humility," *Psychology of Religion and Spirituality* 10 (2018): 174–84.

4. " 'Pride' : The Word That Went from Vice to Strength," merriam-webster.com.

5 J. Balakrishnan and M. J. Griffiths, "An Exploratory Study of 'Selfitis' and the Development of the Selfitis Behavior Scale," *International Journal of Mental Health Addiction* 16, no. 3 (2018): 722–36.

6 J. S. Mills et al., " 'Selfie' Harm: Effects on Mood and Body Image in Young Women," *Body Image* 27 (2018): 86–92.

7 J. M. Twenge and J. D. Foster, "Birth Cohort Increases in Narcissistic Personality Traits Among American College Students, 1982–2009," *Social Psychological and Personality Science* 1, no. 1 (2010): 99–106.

8 J. M. Twenge and W. K. Campbell, *The Narcissism Epidemic: Living in the Age of Entitlement* (New York: Atria, 2010).

9 J. M. Twenge, "The Evidence for Generation Me and Against Generation We," *Emerging Adulthood* 1, no. 1 (2013): 11–16.

10 D. R. Van Tongeren et al., "The Complementarity of Humility Hypothesis: Individual, Relational, and Physiological Effects of Mutually Humble Partners," *Journal of Positive Psychology* 14 (2019): 178–87.

11 M. Haggard et al., "Finding Middle Ground Between Intellectual Arrogance and Intellectual Servility: Development and Assessment of the Limitations-Owning Intellectual Humility Scale," *Personality and Individual Differences* 124 (2018): 184–93.

12 T. Pyszczynski et al., "Why Do People Need Self-Esteem? A Theoretical and Empirical Review," *Psychological Bulletin* 130, no. 3 (2004): 435–68.

13 C. C. Banker and M. R. Leary, "Hypo-Egoic Nonentitlement as a Feature of Humility," *Personality and Social Psychology Bulletin* 46, no. 5 (2020), 738–53.

14 R. D. Goodwin et al., "Trends in Anxiety Among Adults in the United States, 2008–2018: Rapid Increases Among Young Adults," *Journal of Psychiatric Research* 130 (2020): 441–46.

15 Anxiety and Depression Association of America, "Facts and Statistics," adaa.org.

16 J. M. Twenge, *iGen: Why Today's Super-Connected Kids Are Growing Up Less Rebellious, More Tolerant, Less Happy—and Completely Unprepared for Adulthood—and What That Means for the Rest of Us* (New York: Atria, 2017).

17 Mental Health America, "The State of Mental Health in America," mhanational.org.

18 United Nations Department of Economic and Social Affairs, "Mental Health and Development," un.org/development/desa/disabilities.

第一章　覺察與接納

1 K. W. Brown, R. M. Ryan, and J. D. Creswell, "Mindfulness: Theoretical Foundations and Evidence for Its Salutary Effects," *Psychological Inquiry* 18, no. 4 (2007), 211–37.

2 L. Cardaciotto et al., "The Assessment of Present-Moment Awareness and Acceptance: The Philadelphia Mindfulness Scale," *Assessment* 15, no. 2 (2008): 204–23.

3 譯者註：在中文裡，bias（複數爲biases）可譯爲偏見或偏誤，兩者經常通用；但在英文中，bias 指的是認知的特定傾向（通常被定義爲負面），prejudice 則更接近我們所說的成見、偏見等，兩者之間有細微的差異。爲了方便區別，本書中的 bias 均譯爲偏誤，而 prejudice 則譯爲偏見。

4 N. Krause, "Religious Involvement, Humility, and Self-Rated Health," *Social Indicators Research* 98, no. 1 (2010): 23–39.

5 D. R. Van Tongeren et al., "The Complementarity of Humility Hypothesis: Individual, Relational, and Physiological Effects of Mutually Humble Partners," *Journal of Positive Psychology* 14 (2019):178–87.

6 L. L. Toussaint and J. R. Webb, "The Humble Mind and Body: A Theoretical Model and Review of Evidence Linking Humility to Health and Well-Being," in *Handbook for Humility*, ed. E. L. Worthington Jr., D. E. Davis, and J. N. Hook (New York: Routledge, 2017), 178–91.

7 J. P. Tangney et al., "Are Shame, Guilt, and Embarrassment Distinct Emotions?," *Journal of Personality and Social Psychology* 70, no. 6 (1996): 1256–69.

8 C. Sedikides, L. Gaertner, and Y. Toguchi, "Pancultural Self-Enhancement," *Journal of Personality and Social Psychology* 84 (2003): 60–79.

9 S. J. Heine et al., "Is There a Universal Need for Positive Self-Regard?" *Psychological Review* 106 (1999): 766–94.

10 S. J. Heine, T. Proulx, and K. D. Vohs, "The Meaning Maintenance Model: On the Coherence of Social Motivations," *Personality and Social Psychology Review* 10, no. 2 (2006): 88–110.

11 T. Pyszczynski et al., "Why Do People Need Self-Esteem? A Theoretical and Empirical Review," *Psychological Bulletin* 130, no.3 (2004), 435–68.

12 S. E. Taylor, "Adjustment to Threatening Events: A Theory of Cognitive Adaptation," *American Psychologist* 38, no. 11 (1983), 1161–73.

13 C. Lee, "Awareness as a First Step Toward Overcoming Implicit Bias," in *Enhancing Justice: Reducing Bias*, ed. S. Redfield (Chicago: American Bar Association, 2017), 289–302.

14 E. Pronin, D. Y. Lin, and L. Ross, "The Bias Blind Spot: Perceptions of Bias in Self Versus Others," *Personality and Social Psychology Bulletin* 28, no. 3 (2002): 369–81.

15 D. R. Van Tongeren and S. A. Showalter Van Tongeren, *The Courage to Suffer: A New Clinical Framework for Life's Greatest Crises* (West Conshohocken, PA: Templeton Foundation Press, 2020).

16 S. A. Deffler, M. R. Leary, and R. H. Hoyle, "Knowing What You Know: Intellectual Humility and Judgments of Recognition Memory," *Personality*

and Individual Differences 96 (2016): 255–59.
17 Ibid.
18 D. R. Van Tongeren and J. L. Burnette, "Do You Believe Happiness Can Change? An Investigation of the Relationship Between Happiness Mindsets, Well-Being, and Satisfaction," *Journal of Positive Psychology* 13, no. 2 (2018): 101–9.
19 J. L. Burnette et al., "Mind-Sets Matter: A Meta-Analytic Review of Implicit Theories and Self-Regulation," *Psychological Bulletin* 139, no. 3 (2013): 655–701.
20 J. T. Thurackal, J. Corveleyn, and J. Dezutter, "Personality and Self-Compassion: Exploring Their Relationship in an Indian Context," *European Journal of Mental Health* 11, no. 1–2 (2016): 18.
21 N. Krause et al., "Humility, Stressful Life Events, and Psychological Well-Being: Findings from the Landmark Spirituality and Health Survey," *Journal of Positive Psycholog y* 11, no. 5 (2016): 499–510.
22 N. Krause and R. D. Hayward, "Humility, Lifetime Trauma, and Change in Religious Doubt Among Older Adults," *Journal of Religion and Health* 51, no. 4 (2012): 1002–16.

第二章　真誠的關係

1 C. E. Rusbult and P. A. M. Van Lange, "Interdependence Processes," in *Social Psychology: Handbook of Basic Principles*, ed. E. T. Higgins and A. W. Kruglanski (New York: Guilford Press, 1996), 564–96.
2 N. A. Yovetich and C. E. Rusbult, "Accommodative Behaviors in Close Relationships: Exploring Transformation of Motivation," *Journal of Experimental Social Psychology* 30 (1994): 138–64.
3 W. K. Campbell, C. A. Foster, and E. J. Finkel, "Does Self-Love Lead to Love for Others? A Story of Narcissistic Game Playing," *Journal of Personality and Social Psychology* 83, no 2 (2002): 340.
4 G. W. Lewandowski, N. Nardone, and A. J. Raines, "The Role of Self-Concept Clarity in Relationship Quality," *Self and Identity* 9 (2010): 416–33.
5 J. K. Mogilski et al., "The Primacy of Trust Within Romantic Relationships: Evidence from Conjoint Analysis of HEXACO-Derived Personality

Profiles," *Evolution and Human Behavior* 40 (2019): 365–74.

6 D. E. Davis et al., "Humility and the Development and Repair of Social Bonds: Two Longitudinal Studies," *Self and Identity* 12 (2013): 58–77.

7 D. R. Van Tongeren, D. E. Davis, and J. N. Hook, "Social Benefits of Humility: Initiating and Maintaining Romantic Relationships," *Journal of Positive Psychology* 9, no. 4 (2014): 313–21.

8 J. E. Farrell et al., "Humility and Relationship Outcomes in Couples: The Mediating Role of Commitment," *Couple and Family Psychology: Research and Practice* 4, no. 1 (2015): 14–26.

9 A. S. Peters, W. C. Rowatt, and M. K. Johnson, "Associations Between Dispositional Humility and Social Relationship Quality," *Psychology* 2, no. 3 (2011): 155–61.

10 Farrell et al., "Humility and Relationship Outcomes in Couples."

11 C. Dwiwardani et al., "Spelling HUMBLE with U and ME: The Role of Perceived Humility in Intimate Partner Relationships," *Journal of Positive Psychology* 13, no. 5 (2018): 449–59.

12 Van Tongeren, Davis, and Hook, "*Social Benefits of Humility.*"

13 C. J. Holden et al., "Personality Features and Mate Retention Strategies: Honesty–Humility and the Willingness to Manipulate, Deceive, and Exploit Romantic Partners," *Personality and Individual Differences* 57 (2014): 31–36.

14 R. F. Baumeister and M. R. Leary, "The Need to Belong: Desire for Interpersonal Attachments as a Fundamental Human Motivation," *Psychological Bulletin* 117, no. 3 (1995): 497–529.

15 I. D. Yalom, *Existential Psychotherapy* (New York: Basic Books, 1980).

16 J. Maltby et al., "The Position of Authenticity Within Extant Models of Personality," *Personality and Individual Differences* 52, no. 3 (2012): 269–73.

17 Davis et al., "Humility and the Development and Repair of Social Bonds."

18 S. E. McElroy-Heltzel et al., "Cultural Humility: Pilot Study Testing the Social Bonds Hypothesis in Interethnic Couples," *Journal of Counseling Psychology* 65, no. 4 (2018), 531–37.

19 Van Tongeren, Davis, and Hook, "Social Benefits of Humility."

20 Davis et al., "Humility and the Development and Repair of Social Bonds."
21 C. A. Bell and F. D. Fincham, "Humility, Forgiveness, and Emerging Adult Female Romantic Relationships," *Journal of Marital and Family Therapy* 45, no. 1 (2019): 149–60.
22 M. N. Pham et al., "Dishonest Individuals Request More Frequent Mate Retention from Friends," *Personal Relationships* 24, no. 1 (2017): 102–13.
23 F. Wang, K. J. Edwards, and P. C. Hill, "Humility as a Relational Virtue: Establishing Trust, Empowering Repair, and Building Marital Well-Being," *Journal of Psychology and Christianity* 36, no. 2 (2017): 168–79.
24 D. R. Van Tongeren et al., "The Complementarity of Humility Hypothesis: Individual, Relational, and Physiological Effects of Mutually Humble Partners," *Journal of Positive Psychology* 14, no. 2 (2019): 178–87.
25 J. S. Ripley et al., "Perceived Partner Humility Predicts Subjective Stress During Transition to Parenthood," *Couple and Family Psychology: Research and Practice* 5 (2016): 157–67.
26 C. A. Reid et al., "Actor-Partner Interdependence of Humility and Relationship Quality Among Couples," *Journal of Positive Psychology* 13 (2018): 122–32.
27 J. L. Burnette et al., "Forgiveness Results from Integrating Information About Relationship Value and Exploitation Risk," *Personality and Social Psychology Bulletin* 38 (2012): 345–56.

第三章　抱負和成就

1 C. Caldwell, R. Ichiho, and V. Anderson, "Understanding Level 5 Leaders: The Ethical Perspectives of Leadership Humility," *Journal of Management Development* 36 (2017): 724–32.
2 M. Frostenson, "Humility in Business: A Contextual Approach," *Journal of Business Ethics* 138, no. 1 (2016): 91–102.
3 A. Argandona, "Humility in Management," *Journal of Business Ethics* 132, no. 1 (2015): 63–71.
4 D. Vera, and A. Rodriguez-Lopez, "Strategic Virtues: Humility as a Source of Competitive Advantage, " *Organizational Dynamics* 33, no. 4 (2004): 393–408.

5 M. Sousa and D. van Dierendonck, "Servant Leadership and the Effect of the Interaction Between Humility, Action, and Hierarchical Power on Follower Engagement," *Journal of Business Ethics* 141, no. 1 (2017): 13–25.

6 K. Breevaart and R. E. de Vries, "Supervisor's HEXACO Personality Traits and Subordinate Perceptions of Abusive Supervision," *Leadership Quarterly* 28, no. 5 (2017): 691–700.

7 C.-W. Jeung and H. J. Yoon, "Leader Humility and Psychological Empowerment: Investigating Contingencies, " *Journal of Managerial Psychology* 31, no. 7 (2016): 1122–36.

8 A. J. Barends, R. E. de Vries, and M. van Vugt, "Power Influences the Expression of Honesty-Humility: The Power-Exploitation Affordances Hypothesis," *Journal of Research in Personality* 82 (2019): 1–14.

9 R. Nielsen, J. A. Marrone, and H. S. Slay, "A New Look at Humility: Exploring the Humility Concept and Its Role in Socialized Charismatic Leadership, " *Journal of Leadership and Organizational Studies* 17, no. 1 (2010): 33–43.

10 P. Liborius, "What Does Leaders' Character Add to Transformational Leadership?," *ournal of Psychology* 151, no. 3 (2017): 299–320.

11 X. Li et al., "Leader Humility and Employee Voice: The Role of Employees' Regulatory Focus and Voice-Role Conception," *Social Behavior and Personality: An International Journal* 47, no. 6 (2019): 1–12.

12 X. Lin et al., "Why and When Employees Like to Speak Up More Under Humble Leaders? The Roles of Personal Sense of Power and Power Distance," *Journal of Business Ethics* 158. No. 4 (2019): 937–50.

13 Y. Chen et al., "Can Leader 'Humility' Spark Employee 'Proactivity' ? The Mediating Role of Psychological Empowerment," *Leadership and Organization Development Journal* 39 (2018): 326–39.

14 L. R. Shannonhouse et al., "The Behaviors, Benefits, and Barriers of Humanitarian Aid Leader Humility, " *Journal of Psychology and Theology* 47, no. 3 (2019): 143–59.

15 A. Rego and A. V. Simpson, "The Perceived Impact of Leaders' Humility on Team Effectiveness: An Empirical Study," *Journal of Business Ethics* 148, no. 1 (2018): 205–18.

16 M. P. Trinh, "Overcoming the Shadow of Expertise: How Humility and Learning Goal Orientation Help Knowledge Leaders Become More Flexible," *Frontiers in Psychology* 10 (2019): 2505.

17 L. Wang et al., "Exploring the Affective Impact, Boundary Conditions, and Antecedents of Leader Humility, " *Journal of Applied Psychology* 103, no. 9 (2018): 1019–38.

18 譯者註：指的是無計可施的無力感，對任何事情都沒有興趣，也無所作爲。

19 B. P. Owens, M. D. Johnson, and T. R. Mitchell, "Expressed Humility in Organizations: Implications for Performance, Teams, and Leadership," *Organization Science* 24, no. 5 (2013): 1517–38.

20 A. Y. Ou, D. A. Waldman, and S. J. Peterson, "Do Humble CEOs Matter? An Examination of CEO Humility and Firm Outcomes," *Journal of Management* 44, no. 3 (2018): 1147–73.

21 C.-Y. Chiu, B. P. Owens, and P. E. Tesluk, "Initiating and Utilizing Shared Leadership in Teams: The Role of Leader Humility, Team Proactive Personality, and Team Performance Capability," *Journal of Applied Psychology* 101, no. 12 (2016): 1705–20.

22 B. Oc et al., "Humility Breeds Authenticity: How Authentic Leader Humility Shapes Follower Vulnerability and Felt Authenticity," *Organizational Behavior and Human Decision Processes* 158 (2020): 112–25.

23 J. S. Bourdage, J. Wiltshire, and K. Lee, "Personality and Workplace Impression Management: Correlates and Implications," *Journal of Applied Psychology* 100, no. 2 (2015): 537–46.

24 J. Yang, W. Zhang, and X. Chen, "Why Do Leaders Express Humility and How Does This Matter: A Rational Choice Perspective," Frontiers in Psychology 10 (2019): 1925.

25 D. R. Van Tongeren et al., "The Financial Appeal of Humility: How Humble Leaders Elicit Greater Monetary Contributions" (unpublished manuscript).

26 F. Zhou, and Y. J. Wu, "How Humble Leadership Fosters Employee Innovation Behavior," *Leadership and Organization Development Journal* 39 (2018): 375–87.

27 Y. Wang, J. Liu, and Y. Zhu, "How Does Humble Leadership Promote

Follower Creativity? The Roles of Psychological Capital and Growth Need Strength," *Leadership and Organization Development Journal* 39 (2018): 507–21.
28 J. Hu et al., "Leader Humility and Team Creativity: The Role of Team Information Sharing, Psychological Safety, and Power Distance," *Journal of Applied Psychology* 103, no. 3 (2018): 313–23.
29 S. Liu, L. Chen, and S. Wang, "Modesty Brings Gains: The Effect of Humble Leader Behavior on Team Creativity from a Team Communication Perspective," *Acta Psychologica Sinica* 50, no. 10 (2018): 1159–68.
30 Y. Zhu, S. Zhang, and Y. Shen, "Humble Leadership and Employee Resilience: Exploring the Mediating Mechanism of Work-Related Promotion Focus and Perceived Insider Identity," *Frontiers in Psychology* 10 (2019): 673.
31 J. Wiltshire, J. S. Bourdage, and K. Lee, "Honesty-Humility and Perceptions of Organizational Politics in Predicting Workplace Outcomes," *Journal of Business and Psychology* 29, no. 2 (2014): 235–51.
32 J. Mao et al., "Growing Followers: Exploring the Effects of Leader Humility on Follower Self Expansion, Self Efficacy, and Performance," *Journal of Management Studies* 56, no. 2 (2019): 343–71.
33 T. T. Luu, "Can Sales Leaders with Humility Create Adaptive Retail Salespersons?," *Psychology and Marketing* 37, no. 9 (2020): 1292–315.
34 譯者註：員工願意投注心力在工作職責以外的行爲，例如幫助其他同事、主動承擔更多責任、奉獻個人時間在公司事務等。
35 Y. Lee, C. M. Berry, and E. Gonzalez-Mulé, "The Importance of Being Humble: A Meta-Analysis and Incremental Validity Analysis of the Relationship Between Honesty-Humility and Job Performance," *Journal of Applied Psychology* 104, no. 12 (2019): 1535–46.
36 K. N. Walters and D. L. Diab, "Humble Leadership: Implications for Psychological Safety and Follower Engagement, " *Journal of Leadership Studies* 10, no. 2 (2016): 7–18.
37 J. Zhong et al., "Can Leader Humility Enhance Employee Wellbeing? The Mediating Role of Employee Humility," *Leadership and Organization Development Journal* 41 (2019): 19–36.

38 A. Rego et al., "How Leader Humility Helps Teams to Be Humbler, Psychologically Stronger, and More Effective: A Moderated Mediation Model," *Leadership Quarterly* 28, no. 5 (2017): 639–58.

39 X. Qin et al., "Humility Harmonized? Exploring Whether and How Leader and Employee Humility (In)congruence Influences Employee Citizenship and Deviance Behaviors," *Journal of Business Ethics* 170, no. 1 (2021): 1–19.

40 H. Zhang et al., "CEO Humility, Narcissism and Firm Innovation: A Paradox Perspective on CEO Traits, "*Leadership Quarterly* 28, no. 5 (2017): 585–604.

41 B. P. Owens, A. S. Wallace, and D. A. Waldman, "Leader Narcissism and Follower Outcomes: The Counterbalancing Effect of Leader Humility," *Journal of Applied Psychology* 100, no. 4 (2015): 1203–13.

42 L. Yuan, L. Zhang, and Y. Tu, "When a Leader Is Seen as Too Humble," *Leadership and Organization Development Journal* 39 (2018): 468–81.

43 D. K. Bharanitharan et al., "Seeing Is Not Believing: Leader Humility, Hypocrisy, and Their Impact on Followers' Behaviors," *Leadership Quarterly* 32, no. 2 (2021): 101440.

44 K. Yang et al., "The Dark Side of Expressed Humility for Non-Humble Leaders: A Conservation of Resources Perspective," *Frontiers in Psychology* 10 (2019): 1858.

45 I. Cojuharenco and N. Karelaia, "When Leaders Ask Questions: Can Humility Premiums Buffer the Effects of Competence Penalties?," *Organizational Behavior and Human Decision Processes* 156 (2020): 113–34.

46 譯者註：團體在決策過程中，由於成員傾向於讓自己的觀點與團體一致，因而使得整個團體缺乏不同的思考角度，無法進行客觀分析。本書後面的章節也會再次提及這個詞彙。

第四章　尋求反饋

1 J. Crocker and L. E. Park, "The Costly Pursuit of Self-Esteem," *Psychological Bulletin* 130, no. 3 (2004): 392–414.

2 R. S. Nickerson, "Confirmation Bias: A Ubiquitous Phenomenon in Many

Guises," *Review of General Psychology* 2, no. 2 (1998): 175–220.
3 K. P. Sentis and E. Burnstein, "Remembering Schema-Consistent Information: Effects of a Balance Schema on Recognition Memory," *Journal of Personality and Social Psychology* 37, no. 12 (1979): 2200–11.
4 A. H. Hastorf and H. Cantril, "They Saw a Game; A Case Study," *Journal of Abnormal and Social Psychology* 49, no. 1 (1954): 129–34.
5 C. Sedikides and M. J. Strube, "Self-Evaluation: To Thine Own Self Be Good, to Thine Own Self Be Sure, to Thine Own Self Be True, and to Thine Own Self Be Better," *Advances in Experimental Social Psychology* 29 (1997): 209–69.
6 C. Sedikides and J. D. Green, "Memory as a Self Protective Mechanism," *Social and Personality Psychology Compass* 3, no. 6 (2009): 1055–68.
7 C. Sedikides et al., "Mnemic Neglect: Selective Amnesia of One's Faults," *European Review of Social Psychology* 27, no. 1 (2016): 1–62.
8 J. D. Green and C. Sedikides, "Retrieval Selectivity in the Processing of Self-Referent Information: Testing the Boundaries of Self-Protection," *Self and Identity* 3, no. 1 (2004): 69–80.
9 B. Pinter et al., "Self-Protective Memory: Separation/Integration as a Mechanism for Mnemic Neglect," *Social Cognition* 29, no. 5 (2011): 612–24.
10 J. D. Green et al., "Two Sides to Self-Protection: Self-Improvement Strivings and Feedback from Close Relationships Eliminate Mnemic Neglect," *Self and Identity* 8, no. 2–3 (2009): 233–50.
11 譯者註：一種流行於西方多國的二對二紙牌遊戲，至今有兩百多年的歷史。
12 C. S. Dweck and E. L. Leggett, "A Social-Cognitive Approach to Motivation and Personality," *Psychological Review* 95, no. 2 (1998): 256–73.
13 J. L. Burnette et al., "Mind-Sets Matter: A Meta-Analytic Review of Implicit Theories and Self-Regulation, " *Psychological Bulletin* 139, no. 3 (2013): 655–701.
14 D. R. Van Tongeren and J. L. Burnette, "Do You Believe Happiness Can Change? An Investigation of the Relationship Between Happiness Mindsets,

Well-Being, and Satisfaction," *Journal of Positive Psychology* 13, no. 2 (2018): 101–9.

15 J. L. Burnette et al., "Growth Mindsets and Psychological Distress: A Meta-Analysis," *Clinical Psychology Review* 77 (2020): 101816.

16 J. D. Green, B. Pinter, and C. Sedikides, "Mnemic Neglect and Self Threat: Trait Modifiability Moderates Self Protection," *European Journal of Social Psychology* 35, no. 2 (2005): 225–35.

17 Green et al., "Two Sides to Self-Protection."

18 J. Crocker and C. T. Wolfe, "Contingencies of Self-Worth," *Psychological Review* 108, no. 3 (2001): 593–623.

19 R. F. Baumeister, L. Smart, and J. M. Boden, "Relation of Threatened Egotism to Violence and Aggression: The Dark Side of High Self-Esteem," *Psychological Review* 103, no. 1 (1996): 5–33.

20 B. J. Bushman and R. F. Baumeister, "Threatened Egotism, Narcissism, Self-Esteem, and Direct and Displaced Aggression: Does Self-Love or Self-Hate Lead to Violence?," *Journal of Personality and Social Psychology* 75, no. 1 (1998): 219–29.

21 B. R. Meagher, "Ecologizing Social Psychology: The Physical Environment as a Necessary Constituent of Social Processes," *Personality and Social Psychology Review* 24, no. 1 (2020): 3–23.

第五章　減輕防衛姿態

1 S. L. Koole, J. Greenberg, and T. Pyszczynski, "Introducing Science to the Psychology of the Soul: Experimental Existential Psychology," *Current Directions in Psychological Science* 15, no. 5 (2006): 212–16.

2 I. D. Yalom, *Existential Psychotherapy* (New York: Basic Books, 1980).

3 T. Pyszczynski, S. Solomon, and J. Greenberg, "Thirty Years of Terror Management Theory: From Genesis to Revelation," in *Advances in Experimental Social Psychology*, vol. 52, ed. J. M. Olsen and M. P. Zanna (New York: Academic Press, 2015), 1–70.

4 T. Pyszczynski et al., "Mortality Salience, Martyrdom, and Military Might: The Great Satan Versus the Axis of Evil," *Personality and Social Psychology Bulletin* 32, no. 4 (2006): 525–37.

5 T. Pyszczynski et al., "Why Do People Need Self-Esteem? A Theoretical and Empirical Review," *Psychological Bulletin* 130, no. 3 (2004): 435–68.
6 S. J. Heine, T. Proulx, and K. D. Vohs, "The Meaning Maintenance Model: On the Coherence of Social Motivations," *Personality and Social Psychology Review* 10, no. 2 (2006): 88–110.
7 F. Martela and M. F. Steger, "The Three Meanings of Meaning in Life: Distinguishing Coherence, Purpose, and Significance," *Journal of Positive Psychology* 11, no. 5 (2016): 531–45.
8 L. S. George and C. L. Park, "Meaning in Life as Comprehension, Purpose, and Mattering: Toward Integration and New Research Questions," *Review of General Psychology* 20, no. 3 (2016): 205–20.
9 C. G. Lord, L. Ross, and M. R. Lepper, "Biased Assimilation and Attitude Polarization: The Effects of Prior Theories on Subsequently Considered Evidence," *Journal of Personality and Social Psychology* 37, no.
10 L. Festinger, H. W. Riecken, and S. Schachter, *When Prophecy Fails* (Minneapolis: University of Minnesota Press, 1956).
11 D. R. Van Tongeren and J. D. Green, "Combating Meaninglessness: On the Automatic Defense of Meaning, " *Personality and Social Psychology Bulletin* 36 (2010): 1372–84.
12 F. Heider, *The Psychology of Interpersonal Relations* (New York: John Wiley & Sons, 1958).
13 A. Waytz, H. E. Hershfield, and D. I. Tamir, "Mental Simulation and Meaning in Life," *Journal of Personality and Social Psychology* 108, no. 2 (2015): 336–55.
14 Yalom, *Existential Psychotherapy*.
15 Heine, Proulx, and Vohs, "The Meaning Maintenance Model."
16 C. M. Steele, "The Psychology of Self-Affirmation: Sustaining the Integrity of the Self," in *Advances in Experimental Social Psychology*, vol. 21, ed. L. Berkowitz (New York: Acadmic Press, 1988), 261–302.
17 B. J. Schmeichel and A. Martens, "Self-Affirmation and Mortality Salience: Affirming Values Reduces Worldview Defense and Death-Thought Accessibility," *Personality and Social Psychology Bulletin* 31, no. 5 (2005): 658–67.

18 D. R. Van Tongeren et al., “A Meaning-Based Approach to Humility: Relationship Affirmation Reduces Cultural Worldview Defense,” *Journal of Psychology and Theology* 42 (2014): 62–69.
19 D. Whitcomb et al., “Intellectual Humility: Owning Our Limitations,” *Philosophy and Phenomenological Research* 94, no. 3 (2017): 509–39.
20 D. Kahneman, *Thinking, Fast and Slow* (New York: Macmillan, 2011).
21 Heider, *The Psychology of Interpersonal Relations*.
22 J. L. Davis and C. E. Rusbult, “Attitude Alignment in Close Relationships,” *Journal of Personality and Social Psychology* 81, no. 1 (2001): 65–84.
23 G. W. Allport, *The Nature of Prejudice* (Reading, MA: Addison-Wesley,1954).
24 譯者註：此修正案保障了美國人的持槍權，引發了長久以來關於槍枝氾濫與槍枝犯罪的爭議及矛盾。

第六章　建立同理心

1 譯者註：他們的姓氏均有所更動。
2 R. Elliott et al., “Empathy,” in *Psychotherapy Relationships That Work*, ed. J. Norcross, 2nd ed. (New York: Oxford University Press, 2011), 132–52.
3 C. N, DeWall and B. J. Bushman, “Social Acceptance and Rejection: The Sweet and the Bitter,” *Current Directions in Psychological Science* 20, no. 4 (2011): 256–60.
4 M. H. Davis, “Measuring Individual Differences in Empathy: Evidence for a Multidimensional Approach, ” *Journal of Personality and Social Psychology* 44, no. 1 (1983): 113–26.
5 M. Iacoboni, “ Imitation, Empathy, and Mirror Neurons,” *Annual Review of Psychology* 60 (2009): 653–70.
6 C. D. Batson et al., “Empathic Joy and the Empathy-Altruism Hypothesis,” *Journal of Personality and Social Psychology* 61, no. 3 (1991): 413–26.
7 C. D. Batson et al., “Five Studies Testing Two New Egoistic Alternatives to the Empathy-Altruism Hypothesis, ” *Journal of Personality and Social*

Psychology 55, no. 1 (1988): 52–77.

8 C. D. Batson et al., "Moral Hypocrisy: Addressing Some Alternatives," *Journal of Personality and Social Psychology* 83, no. 2 (2002): 330.

9 C. D. Batson et al., "Moral Hypocrisy: Appearing Moral to Oneself Without Being So," *Journal of Personality and Social Psychology* 77, no. 3 (1999): 525.

10 J. L. Burnette et al., "Forgiveness Results from Integrating Information About Relationship Value and Exploitation Risk," *Personality and Social Psychology Bulletin* 38 (2012): 345–56.

11 M. E. McCullough et al., "Interpersonal Forgiving in Close Relationships: II. Theoretical Elaboration and Measurement," *Journal of Personality and Social Psychology* 75, no. 6 (1998): 1586.

12 L. B. Luchies et al., "The Doormat Effect: When Forgiving Erodes Self-Respect and Self-Concept Clarity, " *Journal of Personality and Social Psychology* 98, no. 5 (2010): 734–49.

13 D. E. Davis et al., "Relational Humility: Conceptualizing and Measuring Humility as a Personality Judgment, " *Journal of Personality Assessment* 93, no. 3 (2011): 225–34.

14 M. H. Davis and H. A. Oathout, "Maintenance of Satisfaction in Romantic Relationships: Empathy and Relational Competence," *Journal of Personality and Social Psychology* 53, no. 2 (1987): 397–410.

15 D. Cramer and S. Jowett, "Perceived Empathy, Accurate Empathy and Relationship Satisfaction in Heterosexual Couples," *Journal of Social and Personal Relationships* 27, no. 3 (2010): 327–49.

16 E. C. Long et al., "Understanding the One You Love: A Longitudinal Assessment of an Empathy Training Program for Couples in Romantic Relationships," *Family Relations* (1999): 235–42.

17 R. A. Emmons, "Narcissism: Theory and Measurement," *Journal of Personality and Social Psychology* 52, no. 1 (1987): 11–17.

18 P. J. Watson et al., "Narcissism and Empathy: Validity Evidence for the Narcissistic Personality Inventory, " *Journal of Personality Assessment* 48, no. 3 (1984): 301–5.

19 K. Ritter et al., "Lack of Empathy in Patients with Narcissistic Personality Disorder," *Psychiatry Research* 187, no. 1–2 (2011): 241–47.

20 W. K. Campbell and C. A. Foster, "Narcissism and Commitment in Romantic Relationships: An Investment Model Analysis," *Personality and Social Psychology Bulletin* 28, no. 4 (2002): 484–95.

21 S. N. Wurst et al., "Narcissism and Romantic Relationships: The Differential Impact of Narcissistic Admiration and Rivalry," *Journal of Personality and Social Psychology* 112, no. 2 (2017): 280.

22 B. M. Farrant et al., "Empathy, Perspective Taking and Prosocial Behaviour: The Importance of Parenting Practices," *Infant and Child Development* 21, no. 2 (2012): 175–88.

23 譯者註：又譯爲情感無能，爲心理學詞彙，指的是一個人不喜歡去感受自己的情緒、不喜歡跟他人分享自己的情緒，或不喜歡表現及回應他人的情緒。

24 譯者註：1979年的小說，敘述來自波蘭的蘇菲，於經歷過戰爭、集中營等事件的人生中，做出了幾次重大抉擇，使得她懷抱痛苦而負罪的心情過活，並於故事的最後邁向自己的死亡。1982年拍成電影，演員包括梅莉・史翠普、凱文・克萊等人。

25 M. E. McCullough, E. L. Worthington Jr., and K. C. Rachal, "Interpersonal Forgiving in Close Relationships, " *Journal of Personality and Social Psychology* 73, no. 2 (1997): 321–36.

26 Luchies et al., "The Doormat Effect."

27 B. J. Zinnbauer and K. I. Pargament, "Spiritual Conversion: A Study of Religious Change Among College Students," *Journal for the Scientific Study of Religion* (1998): 161–80.

28 譯者註：由心理學家亞瑟・艾倫（Arthur Aron）所提出的理論，指的是在一段親密的關係——包括家庭、友誼、戀愛等——中，自己會將對方視爲自己的一部分，進而使得自己的物資、社交資源、觀點、認同等獲得增加。後來的研究顯示，自我也能透過團體或社群來擴展。

29 B. L. Fredrickson, "The Role of Positive Emotions in Positive Psychology: The Broaden-and-Build Theory of Positive Emotions," *American Psychologist* 56, no. 3 (2001): 218–26.

30 譯者註：美國每逢感恩節前後常舉辦的競走或跑步比賽。跑步的目的經常與慈善有關。跑者也常會扮裝出賽，尤其是扮成火雞。

31 B. L. Fredrickson, "Positive Emotions Broaden and Build," in *Advances in Experimental Social Psychology*, vol. 47, ed. P. Devine and A. Plant (New York: Academic Press, 2013), 1–53.

32 譯者註：典出《聖經・雅各書》，摘錄中文版譯文如下：我親愛的弟兄姊妹，請記住：每個人都要快快地聽，慢慢地說，慢慢地動怒。因爲人的憤怒不能成就上帝的公義。所以你們要除去所有的汙穢和一切的惡習，謙卑地領受那已經栽種在你們心裡、能救你們靈魂的眞道。

第七章　自律的重要性

1 P. Hampson, " 'By Knowledge and by Love' : The Integrative Role of Habitus in Christian Psychology, " *Edification* 6 (2012): 5–18.

2 J. D. Green and D. R. Van Tongeren, "Self-Regulation and a Meaning-Based Approach to Virtues: Comments on Hampson' s Habitus," *Edification* 6 (2012): 19–23.

3 K. D. Vohs and R. F. Baumeister, "Understanding Self-Regulation," in *Handbook of Self-Regulation: Research, Theory, and Applications* (New York: Guilford Press, 2004), 1–12.

4 T. E. Moffitt et al., "A Gradient of Childhood Self-Control Predicts Health, Wealth, and Public Safety, " *Proceedings of the National Academy of Sciences* 108, no. 7 (2011): 2693–98.

5 A. L. Duckworth, "The Significance of Self-Control," *Proceedings of the National Academy of Sciences* 108, no. 7 (2011): 2639–40.

6 J. B. Schweitzer and B. Sulzer Azaroff, "Self Control: Teaching Tolerance for Delay in Impulsive Children, " *Journal of the Experimental Analysis of Behavior* 50, no. 2 (1998): 173–86.

7 M. Muraven, R. F. Baumeister, and D. M. Tice, "Longitudinal Improvement of Self-Regulation Through Practice: Building Self-Control Strength Through Repeated Exercise," *Journal of Social Psychology* 139 (1999): 446–57.

8 M. Muraven, "Building Self-Control Strength: Practicing Self-Control Leads to Improved Self-Control Performance," *Journal of Experimental Social Psychology* 46, no. 2 (2010): 465–68.

9 T. F. Denson et al., "Self-Control Training Decreases Aggression in

Response to Provocation in Aggressive Individuals," *Journal of Research in Personality* 45, no. 2 (2011): 252–56.
10 M. Milyavskaya et al., "Saying 'No' to Temptation: Want-To Motivation Improves Self-Regulation by Reducing Temptation Rather than by Increasing Self-Control," *Journal of Personality and Social Psychology* 109, no. 4 (2015): 677.
11 M. R. Leary, C. E. Adams, and E. B. Tate, "Hypo Egoic Self Regulation: Exercising Self Control by Diminishing the Influence of the Self," *Journal of Personality* 74, no. 6 (2006): 1803–32.
12 E. M. Tong et al., "Humility Facilitates Higher Self-Control," *Journal of Experimental Social Psychology* 62 (2016): 30–39.
13 Z. Yu et al., "Humility Predicts Resistance to Substance Use: A Self-Control Perspective," *Journal of Positive Psychology* 16, no. 1 (2021): 105–15.
14 J. J. Sosik et al., "Self-Control Puts Character into Action: Examining How Leader Character Strengths and Ethical Leadership Relate to Leader Outcomes," *Journal of Business Ethics* 160, no. 3 (2019): 765–81.
15 譯者註：這裡指的是針對某種行爲，自己所訂定的衡量標準。例如你想要的是「更懂得聆聽他人」，那麼正面的行爲指標可能是「讓他人把話說完，過程中不妄下判斷」「盡量不以外貌或行爲來預先評判一個人」等等。負面的行爲指標則可能是「覺得自己已經理解了，就打斷對方的話」「認爲對方行爲粗暴，就覺得對方說出來的話一定沒有參考價值」等等。

第八章　消弭分歧

1 J. N. Hook et al., "Cultural Humility: Measuring Openness to Culturally Diverse Clients," *Journal of Counseling Psychology* 60, no. 3 (2013): 353–66.
2 D. G. Myers and H. Lamm, "The Group Polarization Phenomenon, *Psychological Bulletin* 83, no. 4 (1976): 602–27.
3 S. Iyengar and S. J. Westwood, "Fear and Loathing Across Party Lines: New Evidence on Group Polarization," *American Journal of Political Science* 59, no. 3 (2015): 690–707.
4 J. Goplen and E. A. Plant, "A Religious Worldview: Protecting One's

Meaning System Through Religious Prejudice," *Personality and Social Psychology Bulletin* 41, no. 11 (2015): 1474–87.

5 H. A. McGregor et al., "Terror Management and Aggression: Evidence That Mortality Salience Motivates Aggression Against Worldview-Threatening Others," *Journal of Personality and Social Psychology* 74, no. 3 (1998): 590–605.

6 C. Foronda et al., "Cultural Humility: A Concept Analysis," *Journal of Transcultural Nursing* 27, no. 3 (2016): 210–17.

7 I. Martín-Baró, *Writings for a Liberation Psychology*, ed. A. Aron and S. Corne (Cambridge, MA: Harvard University Press, 1994).

8 P. Freire, *Pedagogy of the Oppressed*, rev. ed., trans. M. B. Ramos (New York: Penguin, 1996).

9 E. Duran, J,. Firehammer, and J. Gonzalez, "Liberation Psychology as the Path Toward Healing Cultural Soul Wounds" *Journal of Counseling and Development* 86, no. 3 (2008): 288–95.

10 M. Lehmann, A. N. Kluger, and D. R. Van Tongeren, "Am I Arrogant? Listen to Me and We Will Both Become More Humble" (forthcoming).

11 譯者註：指的是標籤或定義某些人或某些團體不符合一個社會團體的常規，進而將之次等化。

12 譯者註：一種過度化的助人表現。可能會幻想出對方的困難與需要，不惜犧牲自己，也要「拯救」對方。但當對方不接受自己的好意時，又會產生巨大的情緒波動，可能硬要插手、影響對方。

13 N. Haslam, "Dehumanization: An Integrative Review," *Personality and Social Psychology Review* 10, no. 3 (2006): 252–64.

14 K. Kristofferson, K. White, and J. Peloza, "The Nature of Slacktivism: How the Social Observability of an Initial Act of Token Support Affects Subsequent Prosocial Action," *Journal of Consumer Research* 40, no. 6 (2014): 1149–66.

15 R. Menakem, *My Grandmonther's Hands: Racialized Trauma and the Pathway to Mending Our Hearts and Bodies* (Las Vegas: Central Recovery Press, 2017).

16 M. Clair and J. S. Denis, "Sociology of Racism," *International Encyclopedia of the Social and Behavioral Sciences* 19 (2015): 857–63.

17 譯者註：也譯爲嫌惡型種族主義，指的是會持續避免與特定的族群交流。
18 J. F. Dovidio and S. L. Gaertner, "Aversive Racism," in *Advances in Experimental Social Psychology*, vol. 36, ed. M. P. Zanna (London: Elsevier Academic Press, 2004), 1–52.
19 G. Hodson, J. F. Dovidio, and S. L. Gaertner, "Processes in Racial Discrimination: Differential Weighting of Conflicting Information," *Personality and Social Psychology Bulletin* 28, no. 4 (2002): 460–71.
20 D. E. Davis et al., "Microaggressions and Perceptions of Cultural Humility in Counseling," *Journal of Counseling and Development* 94, no. 4 (2016): 483–93.
21 K. M. King, L. D. Borders, and C. T. Jones, "Multicultural Orientation in Clinical Supervision: Examining Impact Through Dyadic Data," *Clinical Supervisor* 39, no. 2 (2020): 248–71.
22 M. J. Brandt, J. T. Crawford, Jand D. R. Van Tongeren, "Worldview Conflict in Daily Life," *Social Psychological and Personality Science* 10 (2019): 35–43.
23 A. S. Hodge et al., "Political Humility: Engaging Others with Different Political Perspectives," *Journal of Positive Psychology* 16, no. 4 (2021): 526–35.
24 A. S. Hodge et al., "Political Humility and Forgiveness of a Political Hurt or Offense," *Journal of Psychology and Theology* 48, no. 2 (2020): 142–53.
25 J. E. Farrell et al., "Religious Attitudes and Behaviors Toward Individuals Who Hold Different Religious Beliefs and Perspectives: An Exploratory Qualitative Study," *Psychology of Religion and Spirituality* 10, no. 1 (2018): 63–71.
26 D. E. Davis et al., "Humility, Religion, and Spirituality: A Review of the Literature," *Psychology of Religion and Spirituality* 9, no. 3 (2017): 242.
27 D. R. Van Tongeren et al., "Religious Differences in Reporting and Expressing Humility," *Psychology of Religion and Spirituality* 10, no. 2 (2018): 174–84.
28 E. Woodruff et al., "Humility and Religion: Benefits, Difficulties, and a

Model of Religious Tolerance," in *Religion and Spirituality Across Cultures*, ed. C. Kim-Prieto (New York: Springer, 2014), 271–85.
29 S. A. Hodge et al., "Attitudes of Religious Leaders Toward Integrating Psychology and Church Ministry, " *Spirituality in Clinical Practice* 7, no. 1 (2020): 18–33.
30 H. Zhang et al., "The Effect of Religious Diversity on Religious Belonging and Meaning: The Role of Intellectual Humility," *Psychology of Religion and Spirituality* 10, no. 1 (2018): 72.
31 譯者註：英文字分別對應的意思爲女同性戀者（L）、男同性戀者（G）、雙性戀者（B）、跨性別者（T）、拒絕接受傳統性別二分法的酷兒（Q），以及意味著性別無限可能的＋號。
32 D. K. Mosher et al., "Cultural Humility of Religious Communities and Well-Being in Sexual Minority Persons," *Journal of Psychology and Theology* 47 (2019): 160–74.
33 A. A. Singh, "Moving from Affirmation to Liberation in Psychological Practice with Transgender and Gender Nonconforming Clients," *American Psychologist* 71, no. 8 (2016): 755–62.
34 C. D. Olle, "Breaking Institutional Habits: A Critical Paradigm for Social Change Agents in Psychology, " *Counseling Psychologist* 46 (2018): 190–212.
35 J. A. Terrizzi Jr., N. J. Shook, and W. L. Ventis, "Disgust: A Predictor of Social Conservatism and Prejudicial Attitudes Toward Homosexuals," *Personality and Individual Differences* 49, no. 6 (2010): 587–92.
36 G. M. Herek and J. P. Capitanio, " 'Some of My Best Friends' : Intergroup Contact, Concealable Stigma, and Heterosexuals' Attitudes Toward Gay Men and Lesbians," *Personality and Social Psychology Bulletin* 22, no. 4 (1996): 412–24.
37 M. C. Parent, C. DeBlaere, and B. Moradi, "Approaches to Research on Intersectionality: Perspectives on Gender, LGBT, and Racial/Ethnic Identities," *Sex Roles* 68, no. 11 (2013): 639–45.
38 C. C. Bell, "Racism, Narcissism, and Integrity," *Journal of the National Medical Association* 70, no. 2 (1978): 89–92.

39 L. D. Campos-Moreira et al., "Making a Case for Culturally Humble Leadership Practices Through a Culturally Responsive Leadership Framework," *Human Service Organizations: Management, Leadership and Governance* 44, no. 5 (2020): 407–14.
40 S. A. Crabtree et al., "Humility, Differentiation of Self, and Clinical Training in Spiritual and Religious Competence," *Journal of Spirituality in Mental Health* 23, no. 4 (2021): 342–62.
41 S. L. Koole, J. Greenberg, and T. Pyszczynski, "Introducing Science to the Psychology of the Soul: Experimental Existential Psychology," *Current Directions in Psychological Science* 15, no. 5 (2006): 212–16.
42 D. R. Van Tongeren and S. A. Showalter Van Tongeren, *The Courage to Suffer: A New Clinical Framework for Life's Greatest Crises* (West Conshohocken, PA: Templeton Foundation Press, 2020).

第九章　取得進展

1 E. J. Krumrei-Mancuso et al., "Links Between Intellectual Humility and Acquiring Knowledge," *Journal of Positive Psychology* 15, no. 2 (2020): 155–70.
2 M. Haggard et al., "Finding Middle Ground Between Intellectual Arrogance and Intellectual Servility: Development and Assessment of the Limitations-Owning Intellectual Humility Scale," *Personality and Individual Differences* 124 (2018): 184–93.
3 L. Zmigrod et al., "The Psychological Roots of Intellectual Humility: The Role of Intelligence and Cognitive Flexibility," *Personality and Individual Differences* 141 (2019): 200–208.
4 T. Porter and K. Schumann, "Intellectual Humility and Openness to the Opposing View," *Self and Identity* 17, no. 2 (2018): 139–62.
5 M. J. Jarvinen and T. B. Paulus, "Attachment and Cognitive Openness: Emotional Underpinnings of Intellectual Humility," *Journal of Positive Psycholog y* 12, no. 1 (2017): 74–86.
6 M. R. Leary et al., "Cognitive and Interpersonal Features of Intellectual Humility," *Personality and Social Psycholog y Bulletin* 43, no. 6 (2017): 793–813.

7 S. E. McElroy et al., "Intellectual Humility: Scale Development and Theoretical Elaborations in the Context of Religious Leadership," *Journal of Psycholog y and Theolog y* 42, no. 1 (2014):19–30.
8 R. H. Hoyle et al., "Holding Specific Views with Humility: Conceptualization and Measurement of Specific Intellectual Humility," *Personality and Individual Differences* 97 (2016): 165–72.
9 Leary et al., "Cognitive and Interpersonal Features of Intellectual Humility."
10 McElroy et al., "Intellectual Humility: Scale Development and Theoretical Elaborations."
11 Hoyle et al., "Holding Specific Views with Humility."
12 D. Whitcomb et al., "Intellectual Humility: Owning Our Limitations," *Philosophy and Phenomenological Research* 94, no. 3 (2017): 509–39.
13 Hoyle et al., "Holding Specific Views with Humility."
14 Leary et al., "Cognitive and Interpersonal Features of Intellectual Humility."
15 McElroy et al., "Intellectual Humility: Scale Development and Theoretical Elaborations."
16 T. L. Friedman, "How to Get a Job at Google," *The New York* Times, February 22, 2014, nytimes.com.
17 M. P. Lynch et al., "Intellectual Humility in Public Discourse," *IHPD Literature Review*, https://humilityandconviction.uconn.edu/wp-content/uploads/sites/1877/2016/09/IHPD-Literature-Review-revised.pdf.
18 C. N. DeWall, "Fostering Intellectual Humility in Public Discourse and University Education," in *Handbook of Humility: Theory, Research, and Applications*, ed. E. L. Worthington Jr., D. E. Davis, and J. N. Hook (New York: Routledge, 2016), 249–61.
19 J. M. Twenge et al., "Egos Inflating over Time: A Cross Temporal Meta Analysis of the Narcissistic Personality Inventory," *Journal of Personality* 76, no. 4 (2008): 875–902.
20 J. M. Twenge and J. D. Foster, "Birth Cohort Increases in Narcissistic Personality Traits Among American College Students, 1982–2009," *Social*

Psychological and Personality Science 1, no. 1 (2010): 99–106.

21 D. R. Van Tongeren et al., "Religious Residue: Cross-Cultural Evidence That Religious Psychology and Behavior Persist Following Deidentification," *Journal of Personality and Social Psychology* 120 (2021): 484–503.

22 R. John Marriott, M. E. Lewis Hall, and L. A. Decker, "Psychological Correlates of Reasons for Nonbelief: Tolerance of Ambiguity, Intellectual Humility, and Attachment," *Mental Health, Religion and Culture* 22, no. 5 (2019): 480–99.

23 E. J. Krumrei-Mancuso, "Intellectual Humility' s Links to Religion and Spirituality and the Role of Authoritarianism," *Personality and Individual Differences* 130 (2018): 65–75.

24 D. Rodriguez et al., "Religious Intellectual Humility, Attitude Change, and Closeness Following Religious Disagreement," *Journal of Positive Psychology* 14, no. 2 (2019): 133–40.

25 E. J. Krumrei-Mancuso and B. Newman, "Intellectual Humility in the Sociopolitical Domain," *Self and Identity* 19, no. 8 (2020): 989–1016.

26 S. A. Deffler, M. R. Leary, and R. H. Hoyle, "Knowing What You Know: Intellectual Humility and Judgments of Recognition Memory," *Personality and Individual Differences* 96 (2016): 255–59.

27 B. R. Meagher et al., "An Intellectually Humbling Experience: Changes in Interpersonal Perception and Cultural Reasoning Across a Five-Week Course," *Journal of Psychology and Theology* 47, no. 3 (2019): 217–29.

28 H. Battaly, "Can Humility Be a Liberatory Virtue?," in *The Routledge Handbook of Philosophy of Humility*, ed. M. Alfano, M. Lynch, and A. Tanesini (New York: Routledge, 2020).

29 J. N. Hook et al., "Intellectual Humility and Forgiveness of Religious Leaders," *Journal of Positive Psychology* 10, no. 6 (2015): 499–506.

30 I. J. Kidd, "Educating for Intellectual Humility," in *Intellectual Virtues and Education: Essays in Applied Virtue Epistemology*, ed. J. Baehr (New York: Routledge, 2015), 54–70.

31 H. T. Reis et al., "Perceived Partner Responsiveness Promotes Intellectual Humility," *Journal of Experimental Social Psychology* 79 (2018): 21–33.

32 J. J. Knabb et al., " 'Unknowing' in the 21st Century: Humble Detachment for Christians with Repetitive Negative Thinking," *Spirituality in Clinical Practice* 5, no. 3 (2018): 170–87.

33 D. G. Myers and H. Lamm, "The Group Polarization Phenomenon," *Psychological Bulletin* 83, no. 4 (1976): 602–27.

34 I. L. Janis, *Group Think: Psychological Studies of Policy Decisions and Fiascoes*, 2nd ed. (Boston: Houghton Mifflin, 1982).

35 J. T. Jost, M. R. Banaji, and B. A. Nosek, "A Decade of System Justification Theory: Accumulated Evidence of Conscious and Unconscious Bolstering of the Status Quo," *Political Psychology* 25, no. 6 (2004): 881–919.

36 D. R. Van Tongeren et al., "Security Versus Growth: Existential Tradeoffs of Various Religious Perspectives, " *Psychology of Religion and Spirituality* 8, no. 1 (2016): 77–88.

37 T. Pyszczynski, J. Greenberg, and J. L. Goldenberg, "Freedom Versus Fear: On the Defense, Growth, and Expansion of the Self," in *Handbook of Self and Identity*, ed. M. R. Leary and J. P. Tangney (New York: Guilford Press, 2003), 314–43.

38 D. R. Van Tongeren and S. A. Showalter Van Tongeren, *The Courage to Suffer: A New Clinical Framework for Life's Greatest Crises* (West Conshohocken, PA: Templeton Foundation Press, 2020).

第十章　蓬勃發展的社群

1 D. E. Davis et al., "Relational Humility: Conceptualizing and Measuring Humility as a Personality Judgment, " *Journal of Personality Assessment* 93, no. 3 (2011): 225–34.

2 L. Nockur and S. Pfattheicher, "The Beautiful Complexity of Human Prosociality: On the Interplay of Honesty-Humility, Intuition, and a Reward System," *Social Psychological and Personality Science* 12 (2021): 877–86.

3 Y. Fang, Y. Dong, and L. Fang, "Honesty Humility and Prosocial Behavior: The Mediating Roles of Perspective Taking and Guilt Proneness," *Scandinavian Journal of Psychology* 60, no. 4 (2019): 386–93.

4 E. J. Krumrei-Mancuso, "Intellectual Humility and Prosocial Values: Direct and Mediated Effects," *Journal of Positive Psychology* 12, no. 1 (2017):

13–28.
5 P. C. Hill and S. J. Sandage, "The Promising but Challenging Case of Humility as a Positive Psychology Virtue," *Journal of Moral Education* 45, no. 2 (2016): 132–46.
6 E. L. Worthington Jr., "An Empathy-Humility-Commitment Model of Forgiveness Applied Within Family Dyads," *Journal of Family Therapy* 20 (1998): 59–76.
7 D. R. Van Tongeren, D. E. Davis, and J. N. Hook, "Social Benefits of Humility: Initiating and Maintaining Romantic Relationships," *Journal of Positive Psychology* 9 (2014): 313–21.
8 D. E. Davis et al., "Relational Spirituality and Forgiveness: Development of the Spiritual Humility Scale (SHS), " *Journal of Psychology and Theology* 38, no. 2 (2010): 91–100.
9 C. Powers et al., "Associations Between Humility, Spiritual Transcendence, and Forgiveness," in *Research in the Social Scientific Study of Religion*, vol. 18, ed. R. L. Piedmont (Boston: Brill, 2007), 75–94.
10 M. E. McCullough, R. A. Emmons, and J.-A. Tsang, "The Grateful Disposition: A Conceptual and Empirical Topography," *Journal of Personality and Social Psychology* 82, no. 1 (2002): 112–27.
11 R. A. Emmons and M. E. Mccullough, "Counting Blessings Versus Burdens: An Experimental Investigation of Gratitude and Subjective Well-Being in Daily Life," *Journal of Personality and Social Psychology* 84, no. 2 (2003): 377–89.
12 E. Kruse et al., "An Upward Spiral Between Gratitude and Humility," *Social Psychological and Personality Science* 5, no. 7 (2014): 805–14.
13 N. Krause and R. D. Hayward, "Humility, Compassion, and Gratitude to God: Assessing the Relationships Among Key Religious Virtues," *Psychology of Religion and Spirituality* 7, no. 3 (2015): 192–204.
14 J. J. Exline and P. C. Hill, "Humility: A Consistent and Robust Predictor of Generosity," *Journal of Positive Psychology* 7, no. 3 (2012): 208–18.
15 J. P. LaBouff et al., "Humble Persons Are More Helpful than Less Humble Persons: Evidence from Three Studies," *Journal of Positive Psychology* 7, no. 1 (2012): 16–29.
16 J. J. Exline, "Humility and the Ability to Receive from Others," *Journal of*

Psychology and Christianity 31, no. 1 (2012): 40–50.

17 N. Krause, "Assessing the Relationships Among Wisdom, Humility, and Life Satisfaction," *Journal of Adult Development* 23, no. 3 (2016): 140–49.

18 N. Krause and R. D. Hayward, "Virtues, Practical Wisdom and Psychological Well-Being: A Christian Perspective," *Social Indicators Research* 122, no. 3 (2015): 735–55.

19 F. Martela, and M. F. Steger, "The Three Meanings of Meaning in Life: Distinguishing Coherence, Purpose, and Significance," *Journal of Positive Psychology* 11, no. 5 (2016): 531–45.

20 M. B. O' Donnell et al., "You, Me, and Meaning: An Integrative Review of Connections Between Relationships and Meaning in Life," *Journal of Psychology in Africa* 24, no. 1 (2014): 44–50.

21 J. Haidt, "The New Synthesis in Moral Psychology," *Science* 316, no. 5827 (2007): 998–1002.

22 D. R. Van Tongeren et al., "Prosociality Enhances Meaning in Life," *Journal of Positive Psychology* 11, no. 3 (2016): 225–36.

23 N. Klein, "Prosocial Behavior Increases Perceptions of Meaning in Life," *Journal of Positive Psychology* 12, no. 4 (2017): 354–61.

24 F. Sapmaz et al., "Gratitude, Forgiveness and Humility as Predictors of Subjective Well-Being Among University Students," *International Online Journal of Educational Sciences* 8, no. 1 (2016): 38–47.

25 D. R. Van Tongeren et al., "Forgiveness Increases Meaning in Life," *Social Psychological and Personality Science* 6, no. 1 (2015): 47–55.

26 T. A. FioRito, C. Routledge, and J. Jackson, "Meaning-Motivated Community Action: The Need for Meaning and Prosocial Goals and Behavior," *Personality and Individual Differences* 171 (2021): 110462.

27 C. Dwiwardani et al., "Virtues Develop from a Secure Base: Attachment and Resilience as Predictors of Humility, Gratitude, and Forgiveness," *Journal of Psychology and Theology* 42, no. 1 (2014): 83–90.

28 D. R. Van Tongeren et al., "The Complementarity of Humility Hypothesis: Individual, Relational, and Physiological Effects of Mutually Humble Partners," *Journal of Positive Psychology* 14 (2019):178–87.

29 E. T. MacDonell and T. Willoughby, "Investigating Honesty Humility and

Impulsivity as Predictors of Aggression in Children and Youth," *Aggressive Behavior* 46, no. 1 (2020): 97–106.

30 J. Wu, M. Yuan, and Y. Kou, "Disadvantaged Early-Life Experience Negatively Predicts Prosocial Behavior: The Roles of Honesty-Humility and Dispositional Trust Among Chinese Adolescents," *Personality and Individual Differences* 152 (2020): 109608.

31 K. Allgaier et al., "Honesty–Humility in School: Exploring Main and Interaction Effects on Secondary School Sudents' Antisocial and Prosocial Behavior," *Learning and Individual Differences* 43 (2015): 211–17.

32 譯者註：也譯爲壞事強過好事、壞比好更強大等。指的是人類慣於記住或強調負面事物的傾向，典型的例子爲「好事不出門，壞事傳千里」，這也解釋了爲什麼大眾喜歡看八卦、醜聞、陰謀論等。這樣的傾向有其演化意義。人們忽略好事，頂多只是讓未來獲得好處的可能性降低。但如果忽略壞事，輕則受傷，重則喪命，因此事關重大。

33 E. Ruffing et al., "Humility and Narcissism in Clergy: A Relational Spirituality Framework," *Pastoral Psychology* 67, no. 5 (2018): 525–45.

34 P. J. Jankowski et al., "A Mixed-Method Intervention Study on Relational Spirituality and Humility Among Religious Leaders," *Spirituality in Clinical Practice* (2021), advance online publication.

35 C. R. Lavelock et al., "The Quiet Virtue Speaks: An Intervention to Promote Humility," *Journal of Psychology and Theology* 42, no. 1 (2014): 99–110.

36 Everett Worthington, "DIY Workbooks," evworthington-forgiveness.com/diy-workbooks.

37 J. E. Stellar et al., "Awe and Humility," Journal of Personality and Social Psychology 114, no. 2 (2018): 258.

總結　邁向存在型謙遜

1 J. Greenberg, T. Pyszczynski, and S. Solomon, "The Causes and Consequences of a Need for Self-Esteem: A Terror Management Theory," in *Public Self and Private Self*, ed. R. F. Baumeister (New York: Springer, 1986), 189–212.

2 譯者註：知名當代作家、演說家，經常受邀出席廣播節目，也會在報章雜誌撰文，出版超過二十本著作，其中數本翻譯成繁體中文。

Soul 011

謙遜：讓自己從自戀世界的陷阱中解放

作　　者｜戴瑞・凡・湯格蘭
譯　　者｜朱浩一
出 版 者｜大田出版有限公司
台北市一〇四四五中山北路二段二十六巷二號二樓
E-mail｜titan@morningstar.com.tw http://www.titan3.com.tw
編輯部專線｜（02）2562-1383 傳真：（02）2581-8761
總 編 輯｜莊培園
副總編輯｜蔡鳳儀
行政編輯｜楊雅涵／鄭鈺澐
校　　對｜黃薇霓／朱浩一
內頁美術｜陳柔含

初　　刷｜二〇二三（民112）年三月一日　定價：四九九元

網路書店｜http://www.morningstar.com.tw（晨星網路書店）
TEL:（04）23595819 FAX:（04）23595493
購書Email｜service@morningstar.com.tw
郵政劃撥｜15060393（知己圖書股份有限公司）
印　　刷｜上好印刷股份有限公司
國際書碼｜978-986-179-779-3　CIP：192.1/111017144

填回函雙重禮
① 立即送購書優惠券
② 抽獎小禮物

國家圖書館出版品預行編目資料

謙遜：讓自己從自戀世界的陷阱中解放／戴瑞・凡・湯格蘭著；朱浩一譯．——初版——台北市：大田，2023.03
面；公分．——（Soul；011）

ISBN 978-986-179-779-3（平裝）

192.1　　111017144